Familien

Familien

Die besten Familiengeschichten
aus dem Süddeutsche Zeitung Magazin

Süddeutsche Zeitung Edition

Inhalt

5

Vorwort

VON GABRIELA HERPELL

Warum denn jetzt ein Buch über Familie? Familie, das Alltäglichste, was es gibt. Wir alle entstammen einer Familie. Wir lieben unsere Familie, und wir sind genervt von unserer Familie. Familie macht so viel Freude wie Ärger, familiäre Bindungen lösen die stärksten Gefühle in uns aus: Liebe und Hass, Glück und Kummer, Angst und Vertrauen.

Familie ist ja irgendwie auch das Wichtigste, das es gibt. Ohne unsere Herkunftsfamilie würden wir gar nicht existieren, und ohne unsere selber gegründete oder selber gewählte Familie wäre unser Leben ärmer. Familie ist ja auch viel mehr als früher, als noch der lateinische Begriff familia für den Besitz des Mannes stand, für seinen Grund und Boden, sein Haus, seine Frau, seine Kinder, sein Vieh. Familie ist heute eine durch Partnerschaft, Heirat, durch Abstammung oder Adoption begründete Lebensgemeinschaft, die immer bunter wird.

Eine Familie kann klein sein und groß, alt und jung, glücklich und nicht so glücklich. Darum haben wir für dieses Buch Geschichten ausgewählt, die Familie in allen Facetten zeigt. Vater, Mutter, Kinder genauso wie Mutter, Mutter, Kinder. Oder Vater, Vater, Kinder. Adoptierte Kinder. Unterdrückte Kinder. Freie Kinder. Verlassene Eltern. Verlassene Kinder. Rebellische Eltern. Rebellische Kinder. Tolerante Eltern. Verschwiegene Kinder. Erwachsene Kinder.

Und wir haben Geschichten ausgewählt, die aus den verschiedensten Perspektiven erzählt werden: Ein Enkel schreibt über seinen Großvater, ein Vater fotografiert seinen Sohn und den Vogel, den die Familie gerettet hat und der dann irgendwie auch die Familie rettet. Fünf Regenbogen-kinder unterhalten sich über ihre Eltern, eine Tochter, die gerade Mutter geworden ist, erkennt plötzlich ihre Mutter in sich selber, eine andere Tochter erzählt, wie ihre Mutter den Kontakt zu ihr und ihrem Bruder ohne jede Erklärung abbrach.

Kleine Kinder, kleine Sorgen, große Kinder, große Sorgen – ein Spruch, den jeder schon mal gehört hat. Und es ist was dran am Spruch. Auch wenn eine junge Mutter das Gefühl hat, noch nie so viel Angst um einen Menschen gehabt zu haben wie um das eigene, noch winzige Kind – die Sorgen einer Mutter um ihren erwachsenen Sohn, der den Kontakt zu ihr verweigert, sind vielleicht tatsächlich größer. Auf jeden Fall sind es andere. Aber die Liebe von Eltern zu ihren Kindern, egal wie alt sie sind, bleibt bestehen. Ziemlich egal, was passiert.

Die Überlebens- künstlerin

VON BERNHARD ALBRECHT   **FOTOS** MYRZIK UND JARISCH

21 Wochen, fünf Tage: Laut Lehrbuch hat ein Baby, das so früh geboren wird, nicht die geringste Chance. Heute ist Frieda zwei Jahre alt und ein gesundes Kind. Ihre Eltern, ihre Ärzte, sie selbst: eine Geschichte über Menschen, die nicht aufgeben wollten.

Frieda hat alle Hürden genommen und entwickelt sich ihrem Alter entsprechend: Sie liebt Pommes und Schokolade.

Als sie einander vier Jahre kannten, kauften Yvonne und Johannes Halter* in einer Kleinstadt ein restauriertes Bauernhaus aus dem Jahr 1672. Kachelofen, knarzende Dielen, niedrige Decken. Im großen Garten wollten sie Gemüse anbauen. Hier sollten ihre Kinder groß und sie beide alt werden, das war der Plan.

Wenn die Kinder da wären – sie wollte drei, er zwei –, würde sie ihre Arbeit als Kinderkrippenleiterin aufgeben, er verdiente als Förderschullehrer genug. Als sie drei Jahre lang nicht schwanger wurde, ließen sie sich beide untersuchen. Es lag an ihm. »Ich würde auch adoptieren«, sagte er. »Es gibt so viele Kinder, die gute Eltern brauchen.« Yvonne war ohne Geschwister aufgewachsen und hoffte, als Mutter zu erleben, was ihr verwehrt geblieben war: dass die Kinder ihre Schulfreunde zum Mittagessen mitbringen und nachmittags im Garten toben. Dass die anderen Eltern auf ein Gläschen bleiben, wenn sie sie abends abholen. Dass in ihrem Bauernhaus immer das Leben pulsiert. Sie wollte den Traum vom eigenen Kind noch nicht aufgeben. Zusammen entschieden sie sich für künstliche Befruchtung.

Am 5. Juli 2010 verlegte Johannes bei seiner Mutter im Hof Bodenplatten, als sein Handy klingelte. Yvonne! Tag 14 nach der Befruchtung, am Vormittag hatte sie einen Termin zur Blutentnahme gehabt. »In unserem Leben wird jetzt vieles anders, Johannes«, sagte Yvonne, ihre Stimme brach. »Du wirst Vater!«

Tag 25: Zwillinge, eindeutig, der Ultraschall ließ keine Zweifel zu. Vor Yvonnes innerem Auge lief ein Film ab, als ihr Frauenarzt es ausgesprochen hatte. Sie daheim, zwei Babys, das eine schreit nach der Brust, das andere hat die Windeln voll, gleich schließen die Geschäfte. Und Johannes weit weg in der Schule. Wie würde sie allein die ganze Arbeit geregelt bekommen? Johannes freute sich sofort. »Wir wollten doch mindestens zwei Kinder, warum nicht gleich so?«

Yvonnes Bauch wuchs rasch. Bald glaubte sie zu spüren, wie sich die beiden in ihr bewegten. Der Herbst kam, der Himmel blieb den ganzen Tag grau, Regen prasselte auf die Fenstersimse, und durch die alten Mauern drang Feuchtigkeit. Yvonne fühlte sich erschöpft. Eines Morgens hatte sie 39,5 Grad Fieber, eine schwere Grippe, die in eine chronische Nasennebenhöhlenentzündung überging. In diesen Tagen befiel sie eine unbestimmte Angst.

Der Chef der Gynäkologie, Professor Ludwig Spätling, war ein Mann mit grauem Bart und Charisma. Er strahlte Ruhe aus, und Yvonnes Panik schwand allmählich. Nachdem er die Situation erfasst hatte, erklärte er ihr, dass ihr Muttermund sich zu weit geöffnet habe. Die Fruchtblase, in der ihre Zwillinge schwammen, habe sich drei Zentimeter in ihre Vagina vorgeschoben, sie drohe zu platzen. »Aber machen Sie sich keine Sorgen, das bekommen wir in den Griff!«

Der Eingriff dauerte eine halbe Stunde. Spätling legte mit wenigen Stichen ein Kunststoffbändchen um den Gebärmutterhals und zog dieses zu – wie einen Tabakbeutel. »Bis zur 38. Woche werden die beiden es nicht aushalten«, sagte er. In der 38. Woche, wusste Yvonne, leiten die Ärzte bei Zwillingen normalerweise die Geburt ein. Sie wagte nicht zu fragen, was passiert wäre, wenn er nicht so rasch eingegriffen hätte.

Als Yvonne plötzlich heftige Unterleibsschmerzen bekam, war sie genau 21 Wochen und fünf Tage schwanger. Es war Sonntag, der 7. November 2010, seit zehn Tagen lag sie im Klinikum Fulda. Sie sprang auf und schrie: »Ich glaube, ich habe Wehen!« Ihr Herz raste. Diese Krämpfe!

Dann ging alles ganz schnell. Untersuchungsraum, grelles Licht, kaltes Metall im Körper. Kein Fruchtwasser, sagte der diensthabende Arzt. Schmerzmittel, zurück aufs Zimmer. Sie wehrte sich, rief wieder die Schwester. Das konnten nur Wehen sein, noch nie zuvor hatte sie diese in Wellen wiederkehrenden Schmerzen gespürt! Wieder Gynäkologenstuhl. Der Arzt sagte: »Jetzt kann man es eh nicht mehr aufhalten.« Er wollte sie wieder zurück aufs Zimmer schicken. Sie schrie ihn an: »Sie können mich jetzt nicht alleine lassen! Bringen Sie mich in den Kreißsaal.« Nach wenigen Minuten eilte eine junge Ärztin hinzu, ergriff ihre Hand, beschwichtigte sie, versprach ihr, sie würden jetzt alles tun, um ihr zu helfen.

Als der Anruf aus der Klinik kam, war der Chefarzt der Kinderklinik, Professor Reinald Repp, gerade auf dem Rückweg von einem Wochenendbesuch auf dem hessischen Land bei seinen Eltern. Eine 33-Jährige mit Zwillingen, Schwangerschaft seit 21 Wochen und 5 Tagen.

* Name von der Redaktion geändert

»Die Eltern wollen Maximaltherapie!«, sagte der Oberarzt am Telefon.

»Die Zwillinge können unmöglich überleben. Haben Sie das den Eltern gesagt?«, fragte Repp.

»Natürlich! Dass kein Fall bekannt ist, in dem ...«

»Ich komme. Und sagen Sie den anderen Bescheid, ja?«

Sie würden zu viert sein, drei Oberärzte und er selbst. So wären sie auf der sicheren Seite, zwei pro Baby. Emotionaler Back-up, so nannte Repp das Prinzip, man fühlte sich einfach sicherer, wenn hinter einem jemand stand, der sofort übernehmen konnte. Nachdem die Frühchen entbunden waren, würden Sekunden darüber entscheiden, ob sie lebten oder nicht.

Hatte irgendwo auf der Welt ein Frühgeborenes überlebt, das vor der 22. Schwangerschaftswoche geboren wurde? Repp müsste es doch wissen! In den vergangenen Jahrzehnten war er immer wieder an die Grenzen gegangen. Diese Grenzen verschwammen zusehends.

Als Repp in den Achtzigerjahren als Assistenzarzt in Gießen arbeitete, galt es als großer Erfolg, wenn ein Frühgeborenes in der 28. Schwangerschaftswoche ohne größere gesundheitliche Schäden überlebte. Heute entwickelten sich solche Babys fast genauso wie alle anderen.

Was wussten Ärzte schon darüber, wie mittlerweile die langfristigen Chancen derer standen, die in den Neonatologie-Leitlinien trocken als »Frühgeburt an der Grenze zur Lebensfähigkeit« bezeichnet wurden? War es nicht anmaßend, eine solche Grenze zu ziehen? Es gab keine Studien, aus denen man sichere Schlüsse ziehen konnte. Vielmehr kristallisierte sich nun heraus, dass die Prognose der jüngsten Neugeborenen ganz entscheidend davon abhing, wo sie zur Welt kamen. Repp hatte Statistiken des Landes Hessen, die das belegten. Erst ab Schwangerschaftswoche 27 herrschte Gleichstand. Kinder aber, die vor Woche 23 geboren wurden, hatten bisher landesweit nur an seiner Klinik überlebt, und zwar in zwei Fällen. Auch die schweren Komplikationen, die später zu körperlichen und geistigen Behinderungen führten, traten an seiner Klinik seltener auf. Er dachte an Hannes, geboren im Jahr 2009 im Alter von 22 Wochen 0 Tagen. Jetzt war der Junge bald ein Jahr alt und entwickelte sich bislang recht gut. In den Niederlanden oder der Schweiz hätten die Ärzte nichts für Hannes getan – dort wurden Frühgeborene vor der abgeschlossenen 24. Woche als Spätaborte betrachtet. Auch wenn ihre Herzen schlugen, sie gar die Augen aufrissen, wenn sie die Welt erblickten.

In Deutschland hatten die Fachgesellschaften der Frauenärzte und Kinderärzte jahrelang um verbindliche Empfehlungen gerungen, und das Ergebnis lag seit einigen Wochen auf Repps Schreibtisch: die neueste Fassung der Leitlinien der Fachgesellschaften der Frauen- und Kinderärzte. Vor der vollendeten 23. Schwangerschaftswoche, hieß es dort, sei die Entscheidung »im Konsens mit den Eltern« zu treffen. Im Klartext: Die Ärzte sollten die Eltern darüber aufklären, dass ihr Kind mit hoher Wahrscheinlichkeit schwer behindert sein würde, wenn es überlebte. Falls sich die Eltern dann gegen das Kind entschieden, würde es nicht intubiert und beatmet, kaum dass es den Mutterleib verlassen hatte.

Wie mit Frühgeborenen vor der 22. Schwangerschaftswoche zu verfahren sei, darüber ließen die Leitlinien keinen Zweifel: »In der Regel wird man auf eine initiale Reanimation verzichten.« Von einem Konsens mit den Eltern war hier nicht die Rede.

Doch die Eltern, die Repp jetzt im Kreißsaal erwarteten, hatten die Ärzte ihres Entscheidungsspielraumes beraubt. »Maximaltherapie!« Im Auto nahm Repp sich vor, noch einen Anlauf zur Aufklärung zu unternehmen: dass die Zwillinge zwar vorübergehend am Leben gehalten werden konnten, aber ob dies zum Wohle der Kinder sei?

Doch im Krankenhausflur hörte er schon aus der Ferne die Schreie der Gebärenden, und er wusste: Die Zeit für grundlegende Diskussionen war verstrichen.

Der Junge kam am 7. November 2010 um 14.59 Uhr, drei Stunden, nachdem die Wehen eingesetzt hatten. Er wog 469 Gramm, kaum mehr als viereinhalb Tafeln Schokolade, und maß 28 Zentimeter, weniger als ein DIN-A4-Papier lang ist. Er hatte die Augen geschlossen, lag schlaff in einem weißen Moltontuch, das die Hebamme den Kinderärzten entgegentrug, die direkt neben dem Bett warteten. Die Knochen schimmerten weiß durch die hauchdünne rote Haut, die von Blutergüssen übersät war. Er war mit den Füßen voraus gekommen, eine ungünstige Lage, der Gynäkologe hatte nicht vermeiden können, ihn hier und dort anzufassen, die hochempfindlichen Adern waren sofort geplatzt. Alle paar Sekunden schnappte er nach Luft wie ein Fisch auf dem Trockenen, aber vergeblich. Seine Lungen hatten sich noch nicht entfaltet.

»Sieht doch gar nicht so schlecht aus«, sagte Repp leise zu seinem Oberarzt Isselstein. Er hatte schon kleinere Frühchen gesehen, immerhin hatte sich dieser Junge altersgerecht entwickelt. Sein Oberarzt beherrschte die Intubation wie kein anderer, Repp war froh, ihn im Team zu haben. Er beobachtete die geübten Handgriffe und hielt den Atem an. Wie leicht konnte der Schlauch, die Öffnung kaum größer als die einer Makkaroninudel, die Luftröhre des Babys beim Einführen verletzen. Schon bei der geringsten Dehnung würde die papierdünne Schleimhaut reißen. Im schlimmsten Fall würde sie so rasch zuschwellen, dass weitere Versuche unmöglich würden – der Junge würde vor ihren Augen ersticken. Repp würde in Sekundenschnelle übernehmen, falls Isselstein scheiterte. Niemand stand diese nervliche Anspannung zwei Mal durch. Doch Isselstein traf. Die erste Hürde war genommen.

Das Mädchen sollte so lange wie möglich im Leib der Mutter bleiben. Vielleicht könnten sie die Geburt noch einen oder gar zwei Tage hinauszögern. So hatte es der Chefarzt der Gynäkologie am Telefon entschieden. Auch er war mittlerweile auf dem Weg in die Klinik.

Es wäre sehr ungewöhnlich: Zwillinge, geboren an zwei unterschiedlichen Tagen – keiner der anwesenden Ärzte hatte je davon gehört. Aber man könnte es versuchen.

Jetzt endlich konnte Repp mit den Eltern sprechen. Er sagte, dass sie jetzt von Tag zu Tag gemeinsam sehen müssten, wie sich die Babys entwickelten. Dass sie alle offen dafür sein sollten, ihre Entscheidung später zu revidieren. Dass Sterben manchmal die bessere Option sei, auch wenn Leben technisch möglich sei.

Yvonne und Johannes hörten aufmerksam zu. Wie das Leben mit einem behinderten Kind aussehen würde, daran dachten beide damals

nicht. Niemand hatte mit ihnen ausführlich darüber gesprochen, der Gesprächstermin mit einem Arzt war erst für die folgende Woche angesetzt gewesen. Später würden beide sagen, dass sie sich vielleicht gegen das Leben entschieden hätten, wenn sie damals genau nachgedacht hätten. Dass es ein großes Glück sei, dass sie diese Chance nicht gehabt hätten.

Ein Pater taufte den Jungen auf den Namen Kilian, noch bevor seine Schwester zur Welt kam. Das Mädchen hatte noch sieben Stunden länger im Mutterleib ausgehalten. Seine Geburt vollzog sich rascher und problemloser als die von Kilian. Zuerst erschien eine weißlich schimmernde Blase, in der sich schemenhaft der Kopf abzeichnete. Das Mädchen wurde mit Glückshaube geboren – von seinen Eihäuten umgeben.

Im Mittelalter galt das als gutes Omen, es hieß, diese Babys seien zu Geistesgröße und Großmütigkeit auserkoren. Repp war überzeugt, dass die Glückshaube dem Mädchen wirklich Glück brachte. Wie ein Airbag schützte sie seinen zarten Körper beim Durchtreten der Engstellen des Geburtskanals, es trug keine Blutergüsse davon wie sein Bruder.

Yvonne hatte die schwersten Stunden ihres Lebens hinter sich gebracht, Stunden, in denen sie glaubte zu sterben. Am Abend hatte sie hohes Fieber bekommen, sie schlotterte am ganzen Leib. Die Infektion ging vom Muttermund aus und drohte den Bauch und das Kind zu erfassen. Die Ärzte hatten ihren ursprünglichen Plan aufgegeben und die wehenhemmenden Mittel abgesetzt.

Um Mitternacht taufte der Pater das Mädchen auf den Namen Frieda. Er hatte den Eindruck, sie sei schwächer und dünner als ihr Bruder.

Die Beatmungsmaschinen, zwei hohe Türme neben den Brutkästen, muteten unheimlich an und klangen auch nicht so, wie Yvonne es aus Filmen kannte. Kein regelmäßiges Rauschen und Klicken, eher wie ein gleichmäßig brummender Dieselmotor. Die kleinen Brustkörbe von Kilian und Frieda vibrierten, dass Yvonne schwindlig wurde.

Hochfrequenzbeatmung. Die Maschine pumpte nur kleine Mengen Luft in die Lungen, dafür aber um ein Vielfaches rascher, als ein Mensch atmen kann: 900 Stöße pro Minute. Dafür kam sie mit minimalen Druckdifferenzen aus und schonte so die unreifen Lungen der Kleinen – an-

ders als konventionelle Beatmungsgeräte, deren hoher Druck die Lunge überblähen konnte.

Frieda schlief fast den ganzen Tag. Kilian hatte immer die Augen offen. Was hatte das zu bedeuten, fragte sich Yvonne. War Frieda zu schwach? Oder schonte sie ihren zerbrechlichen Körper, indem sie sich vor der Welt der Intensivstation zurückzog, fast so, als wäre sie noch im Mutterleib?

Und Kilian – was ging in seinem werdenden Gehirn vor? Wollte er so viele Eindrücke wie möglich von einer Welt erhaschen, auf der ihm vielleicht nicht viel Zeit vergönnt war? War er zu gestresst, um die Augen zu schließen? Hatte er Angst zu schlafen, weil er vielleicht nie wieder aufwachen würde? Früh sagte sie zu Johannes: »Kilian wird unser Sorgenkind.«

Der Junge bekam eine Hirnblutung des höchsten Schweregrads. Manche Frühgeborene erleiden sie in den ersten fünf Tagen, andere nicht. Warum, darüber gibt es nur Theorien. Die Krankenschwestern montierten neben Kilians Inkubator ein zweites Gestell, damit alle Perfusoren Platz hatten, über die elektronisch gesteuert Medikamente in sein Blut liefen. »Es muss nicht zwangsläufig zu Behinderungen führen«, versuchte Repp die Eltern zu trösten.

Frieda hatte Glück. Keine Blutung. Sorgen bereitete Repp aber, dass sie bei ihr noch keine Ader gefunden hatten, in die man Nadeln schieben konnte. Bei Kilian hatte er immerhin eine Fußvene entdeckt – ein kleines Wunder, denn die Hautvenen entwickeln sich normalerweise erst in der 24. Woche. Friedas Leben würde noch für viele Tage an der Nabelvene hängen. Falls die sich entzündete, könnte er keine Medikamente mehr verabreichen. Jeder noch so harmlose Keim konnte sie dann töten, denn sie hatte noch kein funktionierendes Immunsystem – Antibiotika mussten es ersetzen. Nieren und Lunge arbeiteten noch nicht richtig, ihr Blutdruck schwankte gefährlich, ihre Blutgerinnung versagte, sie verlor Salze aus dem Blut – für alles gab es Medikamente, doch all die Perfusoren gaben ihre Wirkstoffe in diese einzige Vene ab. Ein Rennen gegen die Zeit.

Ende November, Frieda war zwanzig Tage alt, begann ihre Haut aufzuquellen, und sie legte rasant an Gewicht zu. Yvonne war verzweifelt: »Sie sieht aus wie ein Michelin-Männchen …« Repp hatte das Krankheitsbild nur einmal zuvor gesehen: das Kapillarlecksyndrom. In Friedas Körper waren die kleinsten Adern porös geworden, Flüssigkeit trat aus ihnen massiv ins Gewebe über. Die Ursache der Krankheit war unbekannt, es gab nur 150 beschriebene Fälle. Friedas Haut war schließlich so gespannt, dass sie buchstäblich zu platzen drohte. Keine Therapie schlug an. An einem Frei-

»Die Zwillinge können unmöglich überleben«, sagte der Chefarzt. Er musste es den Eltern beibringen. Dann hörte er die Schreie der Mutter und wusste: Die Zeit für grundlegende Diskussionen war verstrichen.

tagabend wusste Repp nur noch einen Ausweg. Er rief die Halters zu Hause an, vor ihm lag der Beipackzettel eines Medikaments, das Adern abzudichten vermochte. Das Problem war nur: Es wurde ausdrücklich vor einem Therapieversuch beim Kapillarlecksyndrom gewarnt. Thrombosegefahr!

»Ich glaube aber, dass es trotzdem wirken kann. Und uns bleibt nicht wirklich eine Alternative. Außer aufgeben«, sagte er. Die Eltern waren einverstanden. Das Medikament wirkte fast sofort. Frieda war gerettet.

Für Reinald Repp gab es zwei Situationen, vor denen er immer Angst hatte: Ein Kind entwickelte sich in Richtung Sterben, und er erkannte es nicht rechtzeitig. Oder ein Kind entwickelte sich in Richtung Leben, aber so wollte niemand leben: taub, blind, gelähmt.

Der Wendepunkt für Kilian kam am 29. November, er war 22 Tage alt. Von außen war wenig zu sehen: Sein Bauch war überbläht, es kam kein Stuhlgang. Als die Kinderchirurgen ihn drei Tage später operierten, entdeckten sie, dass Teile des Dickdarmes abgestorben waren und sich Löcher gebildet hatten, durch die Stuhl in die Bauchhöhle ausgetreten war. Der ganze Bauch hatte sich entzündet. Es war eine der gefürchteten Komplikationen bei Frühgeborenen, ausgelöst durch Bakterien. Kilians Blut übersäuerte gefährlich. Die

Ärzte versuchten mit Pufferlösung gegenzusteuern, aber so viel sie auch gaben, es reichte nicht.

Am späten Nachmittag des 18. Dezember brach Yvonne weinend vor einer Krankenschwester zusammen: »Wann hat es unser Kilian denn endlich geschafft?« Es war das Signal, auf das sie in der Klinik seit Tagen gewartet hatten. Reinald Repp kam. Der Pater kam. Sie besprachen das Nötige. Dann stellte Repp die Zufuhr des Säurepuffers ab. Yvonne durfte Kilian in den Arm nehmen. Die Krankenschwester knipste die Lichtschalter im großen Raum der Intensivstation aus, wo neben Kilian noch fünf andere Frühchen in ihren Inkubatoren lagen. Frieda schlief. Nur noch die Kreislaufmonitore und Warnleuchten der Perfusoren spendeten ein spärliches Licht im dunklen Raum. Normalerweise piepte immer irgendwo ein Alarm, doch jetzt war es lange still. Yvonne hatte das Gefühl, dass sich all die kleinen Seelen von Kilian verabschiedeten.

Sie blickte auf den erleuchteten Christbaum vor dem Fenster. An Weihnachten wären sie nur noch zu dritt. Repp war bei ihnen geblieben. Als der Monitor schon lange eine Nulllinie zeigte, trat Johannes zum Chefarzt, reichte ihm die Hand: »Sie haben alles getan. Danke!« Was war das? Der Angehörige tröstet den Arzt? Repp wollte nicht, dass sie sahen, dass er Angst hatte. Angst, auch Frieda zu verlieren. Sie hatte die gleiche Darmentzündung wie Kilian.

Doch Frieda überwand die Krankheit. Sie nahm täglich neue Hürden. Als Yvonne und Johannes am 4. Januar 2011 in die Klinik kamen, nahm sie die Krankenschwester, die mittlerweile fast zu einer Freundin geworden war, beiseite und flüsterte verschwörerisch: »Wissen Sie, was heute für ein Tag ist? Heute wollen wir versuchen, Frieda zu extubieren!« Yvonne freute sich und hatte Angst zugleich. Sie wollte nicht zusehen. Die beiden fuhren nach Würzburg zum Shoppen, suchten ein Paar Sportschühchen für Frieda aus, kauften es dann aber nicht – wer wusste schon, ob sie jemals Schuhe brauchen würde. Doch als sie zurück ins Krankenhaus kamen, hatte Frieda nur noch zwei Schläuche in der Nase, atmete aus eigenem Antrieb, eine Maschine unterstützte sie.

Der amerikanische Popsänger Stevie Wonder ist blind, weil er zu früh geboren wurde. Damals, im Jahr 1950, kannten die Ärzte noch kein Mittel gegen die drohende Netzhauterkrankung der Frühgeborenen. Heute werden die davon betroffenen Kinder etwa zehn Wochen nach der Geburt mit Augenlaser behandelt. Die Strahlen verhindern, dass Adern in die Netzhaut hineinwachsen und diese zerstören. Dabei aber richten sie auch Schaden an.

Deshalb habe er, Repp, mit Frieda etwas Besseres vor, erklärte er den Halters. Er wolle sie an die Uniklinik Gießen bringen, wo eine Professorin für Augenheilkunde Neugeborenen ein Mittel ins Auge injiziere, das eigentlich aus der Krebstherapie stamme, aber auch das Einwachsen von Adern in die Netzhaut verhindern könne. Die Methode sei gefahrloser und effektiver, aber noch im Versuchsstadium. Eine einzige Injektion reiche aus. Ob sie Bedenkzeit wollten?

Die Halters wechselten nur einen kurzen Blick. Sie hatten schon so oft zu Repps Maßnahmen Ja gesagt. Nie waren sie der Versuchung erlegen, im Internet zu recherchieren, ob es Alternativen gab, ob eine zweite Meinung sinnvoll wäre. Sie wollten nicht immer wissen, was alles passieren könnte. Warum also sollten sie sich jetzt Bedenkzeit ausbitten?

Und so fuhr am 1. Februar 2011 ein Krankentransport nach Gießen, hinten Frieda in ihrem Inkubator, und neben ihr: Chefarzt Reinald Repp. Er hatte sich verschiedene Gründe zurechtgelegt, warum es unbedingt nötig sei, dass nicht ein Assistenzarzt, sondern er selbst die vorgeschriebene ärztliche Begleitung übernahm.

Zum einen wollte er das Prozedere in der Augenklinik selbst in Augenschein nehmen. Auch hielt Repp generell nicht viel von Anästhesisten, wenn es um Narkosen von Frühgeborenen ging. Er hatte deshalb schon öfter Streit riskiert. Frieda in einer fremden Klinik irgendeinem Anästhesisten überlassen, das konnte er nicht zulassen – er selbst würde die Narkose machen und überwachen!

Es könnte aber auch sein, gab er später zu, dass Frieda mittlerweile sein Augenstern war. Dass er stolz war, dass sie es schon so weit gebracht hatte. Dass es ihm schwer gefallen wäre, sie für so viele Stunden allein zu lassen.

Sie hat blaue Augen, die unablässig die Welt erforschen. Wer Frieda zum ersten Mal sieht, wundert sich über den durchdringenden Blick, mit dem sie ihr Gegenüber mustert – um dann zu lächeln und die Hand auszustrecken. Der Blick unterscheidet Frieda von den meisten Altersgenossen, außerdem die Tatsache, dass sie fast nie weint oder schreit.

19. März 2013, Frühlingsanfang. Weite Teile Deutschlands liegen seit Wochen unter einer dicken Schneedecke. Der Winter hat sich festgekrallt, ein eiskalter Wind fegt durch die Straßen. Frieda hat eine frische Erkältung, ihre Nase läuft unablässig. Sie hat schlecht geschlafen und ist früh aufgewacht. Auf dem Weg ins Krankenhaus fragt sich Yvonne unablässig, ob die entscheidende Untersuchung ausgerechnet heute stattfinden sollte – die Untersuchung, in der Friedas Intelligenz und ihre neurologische Entwicklung vermessen werden. Zwei Stunden soll sie dauern, und am Ende wird eine Zahl stehen: der EQ, Entwicklungsquotient. Er soll vorhersagen, wie Frieda für das Leben gerüstet ist. Welche Hürden wird sie nehmen, an welchen könnte sie scheitern? Wird sie jemals lesen lernen? Kommt sie in eine Grundschule oder Förderschule? Wird sie später einen Beruf erlernen oder wird sie eine Behindertenwerkstatt besuchen? All das sind Fragen, mit denen sich Yvonne seit zwei Jahren quält, heute wird sie richtungsweisende Antworten bekommen.

Frieda war der lebende Beweis für das, woran ihr Arzt immer schon geglaubt hatte: dass man sich in der Medizin nicht nur von Statistiken leiten lassen darf.

Frieda wäre heute zwei Jahre und vier Tage alt, wenn sie zum errechneten Geburtstermin auf die Welt gekommen wäre. Ihr echtes Alter zählt drei Monate und fünfzehn Tage mehr, aber für Kinderärzte ist das »korrigierte Alter« entscheidend für die Beurteilung des Entwicklungszustands.

Bei den regulären Vorsorgeuntersuchungen hat der Kinderarzt Friedas geistigen Zustand zuletzt mit »altersgerecht« bewertet, aber das bedeutet nicht viel, sondern gibt nur einen ungefähren Anhaltspunkt, weiß Yvonne. Frieda hört gut, sie ist auf einem Auge kurz-, auf dem anderen weitsichtig, braucht aber keine Brille. Ihr größtes Problem: Mit 79 Zentimetern und 8,3 Kilogramm wiegt Frieda weniger und ist kleiner als 97 Prozent ihrer Altersgenossen. Fast alle extrem kleinen Frühgeborenen sind davon betroffen. Frieda liebt Kalorienbomben, fettige Pommes frites und Schokolade, doch sie isst so wenig, dass es nicht zum Zunehmen reicht. Ein Trost ist für Yvonne die Aussage ihres Kinderarztes, dass sich die Essstörung bei den meisten Frühgeborenen bis zum vierten Lebensjahr »auswächst«.

Wo bleibt nur der Arzt? Um halb zehn war Termin, jetzt ist es kurz vor zehn. In spätestens zwei Stunden wird Frieda müde werden, heute wegen der schlechten Nacht vielleicht noch früher. Endlich taucht er auf, ein großgewachsener schlanker Mann um die 50 mit Designerbrille, wenigen grauen Stoppelhaaren. Es ist Dr. Isselstein, der Mann, der Kilian und Frieda im ersten Versuch intubiert hat, dessen ruhiger Hand das Mädchen sein Leben verdankt. Er hat zunächst nur Augen für sie, spricht mit ihr, strahlt sie an. Sie lächelt zurück, gibt ihm das Händchen.

»Zeig mir doch mal, wo deine Nase ist«, sagt er. Frieda kann alles korrekt zuordnen, auch Mamas Lippen und seinen Bauch – versteht also die Bedeutung von »mein« und »dein«. Die Spannung ihrer Muskeln ist normal, keine Spastik, sie kann auf einem Bein stehen, sie kann rennen, auch wenn es »etwas tapsig« aussieht, wie Isselstein meint. »Aber das kann sie noch leicht aufholen«, beeilt er sich zu sagen, als er die Sorgenfalte auf Yvonnes Stirn bemerkt. Friedas Körpergröße solle sie in den kommenden zwei Jahren im Blick behalten, meint er. »Damit wir rechtzeitig abpassen, ob sie Wachstumshormone braucht. Nicht dass sie später nur die einsvierzig erreicht und Ihnen Vorwürfe macht.« Nach zwanzig Minuten sein Fazit: leichte Entwicklungsverzögerungen im motorischen Bereich, mit Ergotherapie und Turnen noch gut aufholbar.

Beatrix Ruppel ist Erzieherin und zuständig für die psychologischen Tests. Frieda soll geometrische Bausteine in die dazu passenden Formen

DIE ELTERN

Sie ist Kinderkrippenleiterin,
er arbeitet als Förderschullehrer: Yvonne
und Johannes Halter haben beruflich
mit Kindern zu tun. Heute sagen sie, dass
sie ihr Glück mit Frieda kaum fassen
können. Manchmal scheint es ihnen,
als wolle ihre Tochter mit ihrem sonnigen
Wesen sie das ganze Leid der ersten Wochen
vergessen lassen. Nun wünschen sie
sich noch ein Kind, das dritte, denn natürlich
zählen sie den verstorbenen Kilian mit.

legen, Türme aus Bauklötzchen bauen, auf Zeichnungen Gegenstände benennen. Als sie einen Frosch als »Losch« bezeichnet, dann aber auch der Käse »Losch« heißt, wird die Mutter nervös: »Das kennst du doch schon, Frieda, isst du doch so gern.« Das Wort »Auto« kennt sie, aber immer wenn sie das Bild vorgelegt bekommt, sagt sie »Brrm Brrm« oder »Tatütatü«.

»Kann sie schon Zwei-Wort-Sätze?«, fragt die Erzieherin. »Auch Drei-Wort-Sätze, seit Weihnachten schon«, sagt die Mutter. Während die Untersuchung fortschreitet, brabbelt Frieda in einem fort. Jedes neue Wort lässt sich die Erzieherin von der Mutter »übersetzen«, notiert es auf einem Extrazettel, am Ende sind 50 zusammengekommen.

Für Yvonne ist schwer zu erkennen, wie sich Frieda schlägt. Manche Tests wiederholt die Erzieherin viele Male, stoppt die Zeit und scheint immer noch nicht zufrieden. Unablässig notiert sie die Ergebnisse in einer Skala, auf der links die Zahl der Monate steht, zu denen Kinder imstande sein sollten, die jeweiligen Aufgaben zu lösen. »N« für nein, »J« für ja. Sechs Bauklötzchen zu stapeln ist Minimum, Frieda schafft nur fünf: »N«, gnadenlos! Nach eineinhalb Stunden aber bricht Frieda ein.

»Sie hatte so eine schlechte Nacht...«

»Nicht schlimm, das reicht mir schon...«

Kurzes Schweigen, die Erzieherin vollendet ihre Notizen, Frieda versucht sich immer noch an dem Turm aus Bauklötzen.

»Und was denken Sie?«

Die Erzieherin blickt auf, strahlt: »Es ist ein Wunder.«

Reinald Repp weiß, dass er Glück mit Frieda hatte. Ihr EQ ist hoch, Frieda liegt im oberen Drittel aller Kinder im gleichen Alter, inklusive der regelrecht Geborenen. Soweit er es jetzt beurteilen kann, werden ihr alle Türen des Lebens offenstehen, vielleicht könnte sie sogar das Gymnasium und Abitur schaffen.

Die Zeitungen feierten Frieda als »jüngstes Frühgeborenes Europas«. Nur einmal, 1987, war in Kanada ein gleich alter Junge zur Welt gekommen. Jedoch zweifelt Repp, ob das stimmen kann, denn damals war die Technik noch nicht gerüstet für so junge Frühchen, und eine Fachpublikation fehlt. Es gibt nur Zeitungsberichte und einen Eintrag im Guinness Buch der Rekorde.

Repp ist nicht stolz auf den »Rekord«, das Wort findet er unangebracht angesichts der Dramatik extremer Frühgeburten. Aber er ist erleichtert, dass alles so gut abgelaufen ist. Trotz dieses Erfolgs haben ihn immer noch genug Fachkollegen auf den Kongressen angegriffen oder in Interviews gesagt, er hätte Friedas Überleben auf keinen Fall zulassen dürfen. Das Mädchen werde sein Leben

Nur sechs Wochen hat Kilian gelebt. Im Haus der Eltern steht eine kleine Holzkiste mit Erinnerungen an ihn: Fotos, Zeilen von Antoine de Saint-Exupéry, ein Sterbekärtchen und die Wollsöckchen, die er nie getragen hat.

lang behindert sein. Er hätte eine Grenze überschritten, die die Ärzte nicht überschreiten sollten. Technik mache heute Unmögliches möglich, die Leidtragenden seien später die Eltern und Kinder. Repp aber fand, er hätte nicht anders handeln können, die Halters hatten ihren Willen zu klar kundgetan.

Er wusste auch: Wenn Frieda eine der vielen Abzweigungen in Richtung Tod genommen hätte, so wie Kilian, stünde er für alle am Pranger. Jetzt aber war Frieda der lebende Beweis für das, woran er immer schon geglaubt hatte: dass sich die Ärzte nicht nur von Zahlen leiten lassen dürfen, egal, ob Schwangerschaftswochen und -tage oder aber das Geburtsgewicht.

Yvonne will jetzt lernen, Frieda loszulassen. Bisher hat sie ihre Tochter nur wenigen Menschen anvertraut – ihren Eltern, Johannes' Mutter, Friedas Patentante. Doch immer wächst ihre Angst nach wenigen Stunden ins Unermessliche, kriecht ihr in die Brust und den Bauch. Es ist die Angst, dass Frieda sterben könnte. Seit zweieinhalb Jahren ist diese Angst nicht von ihr gewichen. Eine Erkältung Friedas, ein leichter Husten reichen schon aus, um sie aufflammen zu lassen.

Die Tagesmutter haben Yvonne und Johannes schon ausgesucht. Sie ist selbst Mutter, 32 Jahre alt. Frieda war schon zwei Mal für eine Stunde dort. Sie versteht sich gut mit der Frau.

Am 20. März 2013, nur einen Tag nach der Untersuchung, beginnt nun ein neuer Lebensabschnitt für Frieda und Yvonne. Fünf Stunden täglich, Montag bis Freitag, soll das Mädchen bei der Tagesmutter verbringen. In der ersten Woche bleibt Yvonne noch dabei. Am dritten Tag verlässt sie die Wohnung der Tagesmutter für eine halbe Stunde. Für Frieda ist das in Ordnung – sie scheint darauf zu vertrauen, dass die Mutter wiederkehren wird. Ein Zeichen für eine gute Mutter-Kind-Bindung, die vorübergehende Trennungen aushalten wird.

In den folgenden Monaten wird Yvonne jederzeit erreichbar sein, kann vorbeikommen, falls sich Frieda nicht eingewöhnt. Sie hat auch wieder angefangen zu arbeiten. Es ist an der Zeit, zu einem normalen Leben zurückzukehren, findet sie.

Yvonne und Johannes wollen noch ein zweites Kind – beziehungsweise »ein drittes«, denn Kilian zählt mit. Ihr Bauernhaus steht zum Verkauf. Hier werden sie nie aufhören, an Kilian zu denken. Eine Holzkiste im Wohnzimmer trägt seinen Namen, ein Geschenk der Klinik. Sein erstes Mützchen, an dem die Atemmaske befestigt war. Ein Paar Schühchen aus Wolle, gestrickt von einer Freundin, Yvonnes Daumen passt hinein. Kilian hat sie nie getragen. Eine CD mit Fotos, aufgenommen nach seinem Tod, ohne Schläuche, ohne Maske – sie haben nur ein Bild davon angeschaut, es war nicht mehr ihr Kilian.

Und eine Postkarte mit Sätzen von Antoine de Saint-Exupéry:

Wenn du bei Nacht
den Himmel anschaust,
wird es dir sein,
als lachten alle Sterne,
weil ich auf einem von ihnen wohne,
weil ich auf einem von ihnen lache.
Du allein wirst Sterne haben,
die lachen können!

Bilder einer Aufstellung

VON MASASHI ASADA

Normale Erinnerungsfotos sind der Familie Asada zu langweilig. Die vier Japaner betreiben aus Lust an der Verkleidung einen Aufwand, der andere Menschen total schlauchen würde.

Stets voll im Einsatz: die Asadas bei der Feuerwehr.

Sie machen auch vor der Unterwelt nicht halt:
die Asadas als Einbrecher und Motorrad-Gang.

Obwohl die Fotos komplett inszeniert sind, es bleiben Familienfotos. Die Protagonisten bilden eine Einheit, eine Räubertruppe, eine Rockerbande.

Was ist daran eigentlich so komisch? Vier Menschen schlüpfen in immer andere Rollen – eine einfache Idee und eigentlich nichts Neues, Schauspieler machen das dauernd. Aber diese Leute hier sind zu viert, es sind immer dieselben vier, und sie ähneln einander: weil sie alle sich Krankenhausnachthemden oder Monteursanzüge überziehen, Strohhüte oder Kochmützen aufsetzen und so tun, als würden sie alle bei der Feuerwehr, in der Suppenküche, im Labor arbeiten. Manchmal tun sie auch so, als würden sie etwas zusammen unternehmen: einbrechen, zum Beispiel. Oder um die Wette essen. In einer Band spielen. Alles Dinge, über die jeder glaubt gut Bescheid zu wissen.

Aber diese vier ähneln sich auch noch auf andere Weise. Denn es sind Vater, Mutter, großer Bruder, kleiner Bruder. Die Asadas, eine japanische Familie. Sie sind einander vertraut, sie sind sich nah, und es ist diese Verbundenheit inmitten der Künstlichkeit, die diese Bilder ausmacht. Denn obwohl die Fotos komplett inszeniert sind: Es bleiben Familienfotos. An jedem Ort ist alles anders, doch die Protagonisten sind dieselben. Und sie bilden eine Einheit – eine Räubertruppe, eine Rockerbande, ein Team beim Modeshooting. Ihr

Lachen, ihre Blicke, ihre Gesten beziehen sich aufeinander, und ja, gemeinsam wirken sie stark.

Der Mann, der sich diese Fotoserie ausgedacht hat, ist der kleine Bruder auf den Bildern. Der mit den zumeist längeren Haaren: Masashi Asada, und sein Projekt nennt er *Asadake*. Sieben Jahre lang hat er regelmäßig Familientreffen einberufen und Fotosessions draus gemacht. Es ging ihm, wie er sagt, »um eine andere Art der Erinnerungsfotografie«.

Dafür hat der mehrfach ausgezeichnete Fotograf seine Familie in einige recht seltsame Situationen gebracht. Doch meistens lacht die Familie drüber. Das ist es auch, was sich auf den Betrachter überträgt: der Spaß der Asadas daran, sich in allerlei möglichst stereotype Welten hineinzuversetzen, höchst aufwendig, höchst perfekt, mit der größten Überzeugung, mit dem Mut zur Lächerlichkeit, aber im Schutz der Familie.

In Japan ist *Asadake* als Buch erschienen. Es hat zwei Cover, damit man es von zwei Seiten her aufblättern kann: von rechts, wie die Japaner. Und von links, wie wir. Am Ende ist dem Betrachter so, als würde er die Asadas ziemlich gut kennen. Schließlich hat er ja auch ihr Familienalbum durchstöbert.

Total flexibel (von links oben im Uhrzeigersinn): die Asadas beim Wettessen,
als Rockband, als Invaliden auf der Krankenhausterrasse und in der Restaurantküche.

Immer wieder anders, immer wieder gut (von links oben im Uhrzeigersinn):
die Asadas als Bauern, Elektriker, Chemiker und beim Modeshooting.

Ganz die Mama

VON LARA FRITZSCHE

Was ist eigentlich so schlimm daran, wenn man immer mehr wie die eigene Mutter wird?

Meine Muttermorphose begann vor ein paar Jahren. Zunächst waren es harmlose Verhaltensweisen, die ich von meiner Mutter übernommen habe. So was wie: mir selbst Blumen kaufen. Oder auf Flugreisen bequeme Unterhosen anziehen. Aber dabei ist es nicht geblieben: Ich schmiere inzwischen für jede noch so kurze Autofahrt Butterbrote, habe Wollsocken in der Handtasche, lecke mir zum Magazinedurchblättern die Zeigerfingerkuppen an, beschimpfe andere Verkehrsteilnehmer, bügle Geschirrtücher, lache aus Höflichkeit, wische das Spülbecken trocken und kann es nicht leiden, wenn Leute vor mir langsam oder hinter mir schnell gehen. Seit einer Weile führe ich im Supermarkt Selbstgespräche.

»Du wirst wie deine Mutter«: In Kinokomödien ist das immer der letzte Satz vor dem ganz großen Streit. Im echten Leben ist es genauso. Wer schon mal bei einem Pärchenabend war, bei dem die Gastgeber einander auf diese Art attackieren, wünscht sich, jemand hätte Teller an die Wand geschmissen.

Es gibt ein eigenes Wort für die Angst, wie die Mutter zu werden: Matrophobie. Und wie bei jeder anderen Angst gibt es auch die Infrastruktur, die sie nährt – und bekämpft. Frauenmagazine bieten Psychotests: »Sind Sie schon wie Ihre Mutter?« Dann erklärt ein Familientherapeut, wie man dem entgegensteuert. Im Buchladen füllen Mütter-Töchter-Beziehungsratgeber ein Regalbrett. Wem das Selbststudium nicht reicht, besucht ein Seminar: Die Bonner Soziologin Marianne Krüll tingelt seit Jahren mit dem Thema durch die Republik und ist immer ausgebucht. Es scheint, als wolle halb Deutschland mit ihr im Stuhlkreis sitzen und darüber klagen, wie kompliziert und zwiespältig das Verhältnis zur Mutter ist. Der Philosoph Peter Sloterdijk sagt, die Moderne sei das Zeitalter der immer unähnlicheren Kinder, weil »die Jungen erst gar nicht anfangen, werden zu wollen wie ihre Eltern«. Fast hätte ich das Interview ausgeschnitten und meiner Schwester geschickt. Die wird nämlich auch wie unsere Mutter. Ich konnte mich gerade noch zurückhalten. Denn Zeitungsartikel ausschneiden und per Post quer durchs Land schicken: Das ist ein Klassiker meiner Mutter.

Aber ist wirklich der Individualismus schuld, dass niemand mehr sein möchte wie Mama? Oder haben fast alle Mütter fast alles falsch gemacht? Vielleicht ist der Punkt auch, dass viele Mütter so sind wie meine. Sie kocht mir mein Lieblingsessen, wenn ich zu ihr fahre. Wenn sie zu mir kommt, bringt sie es mit. Sie kennt jeden Geburtstag auswendig und versäumt nie anzurufen. Sie bestellt nicht bei Amazon, trennt den Müll, benutzt keine Plastiktüten. Ihr gehen nie Tesa-, Klo- und Alufolierollen aus. Sie heftet alles sofort ab und kocht leckere Sachen aus Resten. Sie schickt mir zur Wiesn Kopfschmerztabletten, im Winter Zinkkapseln, und wenn ich mich aufs Sofa lege, deckt sie mich zu bis unters Kinn. Sie schaut nie aufs Handy, während man ihr was erzählt. Sie kann Nacken kraulen, Haare kämmen, Fingernägel lackieren und sagt nie Nein, wenn man sie bittet. Sie ist seit Jahrzehnten morgens als Erste wach, merkt sich von jedem, wie er sein Ei mag. Sie schreibt aus dem Urlaub Karten und bringt Geschenke mit, für Platz im Koffer lässt sie auch mal ein Paar Schuhe zurück.

Bei ihr zu Besuch zu sein, ist wie Urlaub. Sie zu Besuch zu haben, ist wie Urlaub. Aber ganz so werden wie sie möchte ich trotzdem nicht: Es ist mir einfach zu viel Arbeit.

Aus den Angeln gehoben

VON ANNA MARIA MEIERHOFER   **ILLUSTRATION** BIANCA BAGNARELLI

Der Sohn bricht den Kontakt zur Mutter ab. Sie verliert nicht nur ihn, sondern auch die gemeinsame Vergangenheit. Unter Pseudonym erzählt die Mutter ihre Geschichte.

Wenn man von seinem Kind verstoßen wird, denkt man auch an seine eigene Kindheit zurück.

Ich habe mein Kind verloren. Und das Traurigste daran ist: So, wie die Dinge stehen, will ich es nicht zurück. Mein Sohn, ältestes meiner vier Kinder, verabschiedete sich aus meinem Leben. Oder er warf mich aus seinem. Wie immer man's nimmt. Er schrieb mir eine – vorerst – letzte E-Mail mit den schon üblichen Vorwürfen, Beschimpfungen, Beleidigungen, und am Ende den Satz: »Ich will für den Rest meines Lebens nie wieder von dir hören!« Sieben Jahre ist das jetzt her.

Schriebe ich, dass mein Sohn mir nicht fehlt, wäre das gelogen. Behauptete ich, dass ich ihn vermisse, wäre das nicht wahr.

Mein Kind ist kein Kind mehr. Er ist jetzt dreißig. Ein junger Mann, klug, zornig und voller Verachtung. In einem Ausmaß, das ich immer schwerer fand zu begreifen. Gegen das ich mich nicht länger, wenn überhaupt jemals, in der Lage sah, mich angemessen zu wehren. Angesichts dessen ich alle Hoffnung verlor. Und schließlich den Willen, eine Annäherung auch nur irgendwie noch weiter zu versuchen. Ist das unmütterlich? Ist es egoistisch? Oder ist es nur logisch, wenn auch nicht fair?

Mein Sohn und ich sind nicht allein. Psychologen schätzen: Etwa eines von 25 erwachsenen Kindern bricht mit seinen Eltern. Rund 100 000 verstoßene Eltern sollen es in Deutschland sein. In den USA sind es mehr. Mit steigender Tendenz. Der Psychologe Joshua Coleman mit Praxis in San Francisco hat sich spezialisiert auf das Gebiet »Elterliche Entfremdung«. Er spricht regelmäßig in amerikanischen und britischen Medien zum Thema. Er ist stellvertretender Vorsitzender des »Beirats zur zeitgemäßen Familienführung«. Die Titel seiner wöchentlichen Web-Seminare spiegeln die Hilflosigkeit der Eltern weltweit: »Wie ich behandelt werde, ist so unfair!« – »Meine Tochter nennt mich einen Narzissten.« – »Egal was ich mache, alles ist falsch.«

Coleman nennt die Entwicklung eine »stille Epidemie«: »Still, weil kein Betroffener gern darüber spricht.« Aus Scham. Aus Furcht. Vor dem Urteil der anderen, die nicht oder noch nicht Teil dieser Zahlen sind. Vor deren mit hochgezogenen Brauen gestellten Fragen: Was haben die Verstoßenen ihren Kindern angetan? Was unterlassen? Auf welche Art haben sie als Eltern und Menschen versagt? Es hasst doch kein Kind ohne Grund seine Mutter! Seltener: den Vater.

Einmal, kurz vor jener letzten Mail, fragte ich meinen Sohn: »Woher kommt all der Hass?« – »Hass?!«, brüllte er und lachte. »Mach dir nichts vor! Du bist mir SCHEISSEGAL!«

Früher dachte ich mal: Wir haben doch eine Beziehung. Nicht honigsüß, nicht überschwänglich. Einfach nur: ganz okay. An meiner eigenen Elternbeziehung gemessen, fand ich das eine Menge. Wir hörten gemeinsam Max Goldt. Sprachen über das Leben, den Tod, über Musik, Gott, keinen Gott, über Kunst und Kondomgrößen. Und einmal, auf der langen Fahrt in das Ferienhaus an der Küste, legte mein Sohn seinen Teenagerkopf in meinen Schoß und ließ sich das lange Haar kraulen.

Heute weiß ich: Meine Erinnerungen sind nicht seine. Ich kenne seine Erinnerungen, seine Vorwürfe im Detail nicht. Ich kenne sie nur in ihrer vernichtenden Pauschalität: Ich bin ein selbstsüchtiger Witz von einer Mutter. Ich habe nie jemals etwas für ihn getan. Ich bin ein Schädling, ein Narzisst. Ich bin verrückt. Neben seiner Erinnerung hat meine keinen Platz. Mit meinem Kind verlor ich auch unsere gemeinsame Vergangenheit. Das ist der schmerzhafteste, verstörendste Verlust von allen.

Coleman sagt, auch er war einst zweifellos auf der Seite der Kinder. Überzeugt, dass in jedem Fall sie die Opfer waren. Dass sie beste Gründe hatten, den Eltern jeden Kontakt zu versagen. Heute sieht er die Entwicklung auch als Symptom einer Gesellschaft, in der jeder nur noch sich selbst sieht. Und spürt. Die eine Generation von Kindern großzieht, die keine Verantwortlichkeiten mehr kennt. Keine Verpflichtungen. Keinen Respekt. Gegenüber deren maßloser Anspruchshaltung wir zunehmend hilflos sind. Eine Generation selbstgefälliger, aggressiver Opfer. Haben wir, in dem ehrenhaften Bemühen, es besser zu machen als unsere Eltern, es also in die andere Richtung vergeigt? Nach Colemans Beobachtung breitet die Epidemie sich vor allem in der Mittelschicht aus. »Arbeiterfamilien scheinen gegen sie so gut wie immun.«

Zweifellos ist: Kein Kontaktabbruch kommt aus heiterem Himmel. Er hat seine Gründe. Hintergründe. Er hat eine Geschichte. Welche? Wie alt ist die meines Sohnes? Und meine?

Scheidung erhöht für Eltern das Risiko, später von ihren erwachsenen Kindern verstoßen zu werden. Siebzig Prozent aller kontaktabbrechenden Kinder seien Scheidungskinder, sagt Coleman. »Vielleicht entfremdet ein Elternteil dem anderen Elternteil das Kind. Vielleicht fühlte sich das Kind in der neuen Familie verloren.« Mein Sohn war drei, sein Bruder anderthalb, als ich mich von ihrem Vater scheiden ließ. Er war 19, als ich mich von seinem Stiefvater trennte.

Tina Soliman, Autorin des Buches *Funkstille – Wenn Menschen den Kontakt abbrechen*, schreibt: »Schweigen ist ein Werkzeug, das in vielen Familien als Bestrafung benutzt wird.« Kam es innerhalb einer Familie einmal zu einem Kontaktabbruch, sei das Risiko groß, dass sich das Muster wiederholt. Zwischen denselben und anderen Familienmitgliedern. Über Generationen. Konflikte werden nicht angesprochen. Nicht ausgetragen. Schweigen ist die nichts lösende Lösungsstrategie der Betroffenen. Und ich dachte: Darin ist unsere Familie erstklassig. Und sehr versiert. Im Schweigen. Verschweigen. Und nicht zuletzt im Verschwinden. Was ja die effektivste, weil endgültige Form des Schweigens ist.

Mein Exmann zum Beispiel, Vater jenes Sohnes: von dem ich mich trennte, weil er gewalttätig war. Und der kurz nach der Scheidung ohne ein Wort verschwand.

Mein Vater zum Beispiel: der meine Mutter verließ, warnungslos, wortlos, da war ich noch nicht mal geboren.

Meine Mutter zum Beispiel. Die mich als Kind für meine »Vergehen« mit bösen Blicken, Zähneknirschen und Schweigen strafte. Über Tage. Die mich meinem Stiefvater über das erste Jahr, das sie miteinander ausgingen, verschwieg. Und mein Stiefvater, der das später schweigend zur Kenntnis nahm. Der noch heute keine andere Möglichkeit kennt, sich gegen das wiederholte, fortdauernde Schweigen meiner Mutter zu wehren als mit: Schweigen. Weil ich weiß, wie er sich fühlen muss, tut er mir manchmal leid. Öfter macht mich seine stumme Komplizenschaft sprachlos vor Wut.

Einmal, ich war Anfang dreißig, schwieg ich gegenüber meiner Mutter. Nicht aus Rache. Nicht aus Bösartigkeit. Ich schwieg aus Verzweiflung. Ich sagte: »Ich breche nicht den Kontakt zu dir ab, um dich zu strafen. Ich tue es, um mich zu schützen.« Bei meinem Stiefvater, mit dem ich mich mehr oder weniger im selben Boot sah, bat ich um eine Familientherapie. Mehr als das: Ich machte die Therapie zur Bedingung, damit ich wieder mit meiner Mutter spräche. Ich hielt das für eine kluge Idee. Ich glaubte, ihre Bereitschaft – oder ihr Unwillen – sei ein tauglicher Gradmesser ihres Interesses an einer Beziehung zwischen uns allen, die diese Bezeichnung verdient. Mein Stiefvater erstickte fast vor Empörung: »Auf die Couch? Mädchen, da gehören ganz andere drauf, aber sicher nicht deine Mutter und ich!« Ich wollte erwidern, dass die meisten, die auf die Couch gehören, leider auch nicht gehen. Und schwieg.

Ich schwieg über anderthalb Jahre. Fehlte mir meine Mutter? Ich glaube nicht. Was mir fehlte, war eine Familie, die sich zusammen- und auseinandersetzte. Die einander anhörte und respektierte. Stattdessen stand eines Nachmittags mein Stiefvater in meiner Küche und sagte: »Mädchen, deine Mutter ist draußen und bittet dich inständig, hereinkommen zu dürfen.« Und ich, in einem artigen Anfall der alten Sprachlosigkeit, murmelte: »Okay.« Meine Mutter kam die Treppen herauf, hängte sich mir an den Hals und schluchzte: »Ich kann nicht ertragen, wenn du so bist!« Damit war für sie alles und für mich nichts geklärt.

Joshua Coleman sagt: »Es ist wahnsinnig schwer, den richtigen Tonfall zur Versöhnung zu treffen. Viel schwerer, als man denkt.« Der Elternteil muss Verantwortung auf sich nehmen. Mehr, als ihm richtig erscheint. Oder fair. Er muss willens sein, seine Fehler anzuerkennen und einzugestehen und sein Kind um Verzeihung zu bitten. Coleman hat Eltern aus seiner Praxis geschmissen, die Versöhnung mit ihrem Kind wollten, aber nicht bereit waren, die dazu notwendige harte Arbeit zu leisten. Und er hat Eltern erlebt, die aus seiner Praxis stürmten, weil er auf dieser Arbeit bestand. Die nicht hören wollten, dass die Entfremdung nicht allein Schuld ihres Kindes war. Und doch, sagt er, plädiert er nicht für Versöhnung um jeden Preis.

Ich weiß, meine Mutter sieht sich als diejenige, die verzieh: mir. Ich weiß, sie sieht das als Ausdruck von Selbstlosigkeit. Als Beweis ihrer bedingungslosen und beispiellosen Liebe. Zu ihrem Kind. Zu mir. Und es liegt nur noch Traurigkeit, keine Bitterkeit mehr darin, wenn ich schreibe: Mehr, als es so zu sehen, ist ihr nicht möglich. Ich weiß, es gibt keine Möglichkeit, ihr zu erklären, dass ich mich, statt geliebt, überrumpelt fühlte. Missachtet. Betrogen. Dass ihr Entgegenkommen für mich nicht mehr ist als die Fortsetzung ihres, unseres Schweigens mit anderen Mitteln. Dass es nur eine Facette des gleichen Musters ist. Das sich weiterfrisst. Und weiterfrisst. Durch Generationen.

Weil ich das nicht wollte, sprach ich mit ihr. Spreche ich weiter mit ihr, worüber zu sprechen uns möglich ist. Das Wetter. Ihre Nachbarn. Ihre Gebrechen. Das reicht ihr. Mir auch. Es reicht mir, weil ich weiß: Ich tue es nicht für sie.

Ich war jetzt Mitte dreißig und zum zweiten Mal geschieden. Mein Sohn war Anfang zwanzig und zog gerade in seine erste eigene Wohnung. Seine Gefühle zur Scheidung fasste er zusammen in einem Satz: »Da hätte ich ja gar nicht gehen brauchen!« Ich schämte mich, wortreich. Und dachte: Jetzt oder nie! Ich ging zur Therapie. Allein. Ich ging zur Familientherapie, mit meinen jüngeren Kindern. Mein Ältester sagte: »Für diese Psychoscheiße habe ich keine Zeit.« Er sagte: »Mit mir hat das alles nichts mehr zu tun!« In einem Tonfall, dass ich verzichtete, ihn weiter zum Mitkommen einzuladen.

Ich sah meine Fehler, Verantwortlichkeiten. Ich erkannte in mir, mit Entsetzen, Züge meiner Mutter. Spuren des Giftes von Generationen. Dafür bat ich jedes meiner Kinder um Verzeihung. Traf ich den richtigen Ton? Vielleicht nicht. Nicht für alle. Mein Ältester sagte: »Schön für meine Geschwister, dass du scheinbar noch mal die Kurve kriegst. Für mich kommt das leider zu spät.« Der Satz verletzte mich, beschämte mich. Ich fühlte mich unheilbar schuldig. Heute denke ich: Der Satz leistete, was er leisten sollte. Wie viele vor ihm. Und noch verletzendere, rasendere Sätze, die auf ihn folgten. Ich dachte: Je mehr ich mich bemühe, die Kurve zu kriegen, umso zorniger tobt mein Ältester dagegen an. Oder? Ist das nur Psychoscheiße?

Coleman sagt, manchmal ist Versöhnung, oder auch nur Verständigung, einfach nicht drin. Manchmal ist es das Beste für einen Elternteil, er gibt auf. Ohne Rücksicht darauf, ob es auch für das Kind das Beste ist. »Das ist schwieriges Terrain. Speziell für Mütter, die dahingehend sozialisiert werden, das Wohlbefinden des Kindes über ihr eigenes zu stellen.« Coleman nennt gute Gründe gegen ein Weiterversuchen: »Wenn es Sie psychisch zu viel kostet. Wenn Sie bei jedem Versuch, auf Ihr Kind zuzugehen, aufs Neue mit Scheiße beworfen werden. Wenn Sie bei jedem Versöhnungsversuch Ihr Selbstwertgefühl an den billigsten Bieter verscherbeln – Ihr Kind.« Und nicht zuletzt, sagt er, sind die Chancen auch davon abhängig, welche Personen wie Einfluss auf das Kind nehmen.

Mein Sohn ließ, über den Lauf dieser zwischen uns stummen sieben Jahre, auch den Kontakt zu seinen Geschwistern abbrechen. Zu einem nach dem anderen. Jahr um Jahr. Das tut mir leid. Ich hoffte: Was immer zwischen ihm und mir ist, es musste, es sollte nicht auch noch ihn und die Geschwister trennen. Ich hoffte, zwischen ihnen wenigstens, auf ein Inselchen halbwegs »okayer« Familie. Auf so etwas wie Normalität. Coleman sagt: »Im Gegenteil.« Normal sei, dass auch der Kontakt zwischen ihm und den Geschwistern starb. Auf jene Art, wie diese Dinge in ihrem eigenen Ablauf, in ihrer eigenen Welt, normal sind. Und logisch.

Mein Sohn spricht nur noch mit meiner Mutter. Mit meinem Stiefvater. Und mit seinem lange verschollenen Vater. Der ist plötzlich zurück. Nach 27 Jahren. In denen ich es anders machen wollte als meine Mutter und darum versuchte, seinen Söhnen wenigstens den Kontakt zu seiner Familie zu erhalten. In denen er dreimal schrieb. Das erste Mal an seinen Ältesten, als der ein Teenager war: »Ich habe gehört, du hast Ärger mit deiner Mutter. Kein Wunder, sie ist ein schrecklicher Mensch!« Das zweite Mal kurz darauf, an beide Kinder: »Lasst mich in Ruhe! Ihr habt eure Leben, ich meins!« Und das dritte Mal an den Ältesten auf Facebook: »Hallo, ich nehme an, du weißt, wer ich bin. Jetzt bist du dran, den nächsten Schritt zu tun!« Das war kurz bevor unser Sohn mich aus seinem Leben schmiss.

Und obwohl ich weiß, dass diese Beziehungen keine sind, die ich neiden muss, obwohl ich weiß, dass sie nur eine Fortsetzung des alten Musters sind, erbärmlich, zerstörerisch, war ich doch fassungslos, als ich online die Heile-Welt-Bilder sah. Vater und Sohn, von meiner Tochter auf Facebook entdeckt. Ich dachte, in einem Anfall hilfloser Wut: »Klar, wer nicht da war, machte auch keine Fehler!« Wie sonst sollte man das verstehen?

Das fragte ich Coleman. Er war nicht überrascht. »Dieses Muster sehe ich oft: Das erwachsene Kind bricht den Kontakt zu jedem Familienmitglied ab, das sein Bild von dem verstoßenen Elternteil gefährden könnte. Je schwächer seine Position mit diesem Bild ist, umso rigoroser schottet es sich ab. Umso heftiger wütet es und verdammt den Elternteil. Nennt ihn narzisstisch, verrückt, verloren. Dafür sucht es Verbündete. Da ist der – oftmals gewalttätige – Expartner ideal.« Coleman fragte: »Ist das ein Trost?« Ich sagte: »Auf jene traurige, hoffnungslose Art, wie solche Dinge tröstlich sind.« Ja, sagte Coleman: »Sie sind leider nur logisch. Nicht fair.«

In meiner letzten Antwortmail, vor sieben Jahren, schrieb ich meinem Sohn: »Für meine Fehler habe ich deine Geschwister und dich um Verzeihung gebeten. Oft, aufrichtig. Ob dir das reicht, bestimmst allein du. Ich für meinen Teil bin es leid, nach deiner ewig gleichen Melodie von Schuld und Sühne zu tanzen. Wenn du eine neue Platte auflegen willst, gern. Du weißt, wo ich bin.«

Mein Sohn schweigt. Das ist nicht fair. Es ist nur, unter den Umständen, gut so.

»Ich fände es seltsam, wenn mein Vater eine Freundin hätte«

INTERVIEW MAX FELLMANN, KERSTIN GREINER, CLAUDIO MUSOTTO   **FOTOS** MAREK VOGEL

2013 wurde das Adoptionsrecht für homosexuelle Paare geändert. Endlich. Aber wie lebt es sich eigentlich als Kind einer ungewöhnlichen Beziehung? Eine Art Familientreffen.

Menschen mit klarem Standpunkt: Malte, Mia, Lisa, Nell und Felix (von links).

Fünf junge Menschen zwischen 14 und 21, aus Berlin und Düsseldorf, aus Marburg, dem Westerwald und Schwäbisch Gmünd. Sie kennen sich nicht, treffen an diesem Tag zum ersten Mal aufeinander. Wir wollen mit ihnen über das sprechen, was sie eint: über ihre Familien. Sie alle sind anders aufgewachsen als Kinder aus klassischen Familien: Ihre Eltern sind lesbisch, schwul oder transgender (vereinfacht gesagt: Sie haben das Geschlecht gewechselt). Mia, Nell, Felix, Malte und Lisa sind in sogenannten Regenbogenfamilien aufgewachsen.

SZ-MAGAZIN Wann ist euch klar geworden, dass in euren Familien etwas anders ist als bei anderen?
NELL In der Grundschule. Wenn beim Weihnachtsbazar meine Mutter nicht mit meinem Vater gekommen ist, sondern mit ihrer Freundin. Dann wurde gefragt: Wer ist das denn? Also hab ich erklärt: Meine Eltern sind ein lesbisches und ein schwules Paar, vier Menschen, die zusammen zwei Kinder haben – meine Schwester Mia und mich.
FELIX Ich war auch schon in der Schule, als meine Mutter nach der Trennung von meinem Vater eine Beziehung zu einer Frau anfing. Ihre Freundin ist bald bei uns eingezogen, später haben sie geheiratet, sie waren mit die ersten Lesben, die das in Deutschland gemacht haben. Das alles habe ich auch gern in der Schule erzählt, mit sieben denkt man sich nichts dabei. Ich habe zu meiner Schwimmlehrerin gesagt, dass meine Mutter nackt mit einer Frau im Bett schläft.
Wie hat die Lehrerin reagiert?
FELIX Gut! Heute ist sie die beste Freundin meiner Mütter. Es stellte sich heraus, dass sie auch lesbisch ist.
Wie haben andere Kinder in der Schule reagiert?
MIA Kinder nehmen das alles total normal auf. Wenn, dann waren es immer die Eltern, die damit ein Problem hatten. Es gab ein Mädchen, das durfte ich deswegen nicht mehr treffen. Die Mutter kam aus Osteuropa und fand Nell und mich keinen guten Umgang.
MALTE Ich habe schon ab und zu doofe Sprüche gehört, weil ich der Sohn von zwei Frauen bin. Aber in der Schule hört man sich doch alles Mögliche an, egal ob man zwei Mütter hat oder eine komische Frisur.

Lisa, bei dir ist alles noch mal anders: Deine Mutter hat eine Geschlechtsumwandlung hinter sich, sie ist heute dein Vater. Wie reagieren Menschen, wenn du das erzählst?
LISA In meinem Freundeskreis gibt es zwei Gruppen, die einen kenne ich vom Tanzen, die lachen viel und sind nett. Und dann gibt es welche, die aus einem anderen Viertel kommen, die ständig »krass, Alter« sagen und so. Die machen schon mal komische Sprüche über meinen Vater. Aber viel schlimmer finde ich, dass ich ab und zu die Sprache von denen übernehme. Weil ich die ja jeden Tag höre!
NELL Ich finde es manchmal traurig, dass wir uns ständig erklären müssen. Erst das macht unsere Familien ja zu was Besonderem.
Wie erklärt ihr anderen den Unterschied zwischen eurer und ihrer Familie?
LISA Einem Jungen zum Beispiel sage ich immer, dass er sich vorstellen soll, er würde über Nacht eine Frau – und sich dann nichts sehnlicher als seinen Jungenkörper zurückwünschen. So hat sich mein Vater vor seiner Operation gefühlt. Das kapieren echt viele.
Wie hast du dich gefühlt, als dir deine Mutter gesagt hat, dass sie gern ein Mann sein möchte?
LISA Das war voll komisch, ich dachte, dass jetzt komplett alles anders werden würde. Aber weil ich wusste, dass meine Mutter, also mein Vater, sich in seinem Körper gar nicht mehr wohlfühlt, habe ich gesagt: Natürlich, mach. Nach und nach hab ich gemerkt, dass sein Lächeln wieder stärker wurde. Lukas war richtig glücklich, und das hat mich auch glücklich gemacht.
Du sagst zu deinem Vater Lukas. Wie nennt ihr anderen eure Eltern?
MALTE Ich sage meistens Mama oder Mutter. Wenn man allerdings mit jemand anderem spricht, dann gibt's schnell Durcheinander, weil ich ja beide Mutter nenne. Aber es wäre doof, »meine leibliche Mutter« und »meine nicht-leibliche Mutter« zu sagen. Einen Vater gibt es bei mir ja nicht, ich bin durch einen anonymen Samenspender gezeugt worden.
FELIX Bei mir heißt eine Mutter Sabine und die andere Anne, als Kinder haben wir »Sahne« daraus gemacht. Das rufen wir heute noch oft, damit sind dann beide gemeint.
MALTE Wichtig ist auch die Tonlage: Wenn ich

NELL KRAUSE
16, zwei Väter, zwei Mütter.

Anders als ihre große Schwester Mia
wurde Nell nicht durch Geschlechtsverkehr,
sondern durch Insemination gezeugt:
Ihr Vater Markus spendete Samen, ihre
Mutter Sylvia gebar sie. Nell wächst
bei ihren Müttern in Düsseldorf auf. Ihren
Vater besucht sie regelmäßig.

»Mama« ins Haus rufe, dann wissen die, je nachdem, wie ich es betone, wer gemeint ist. Wenn ich eine Erlaubnis brauche oder mit Freunden wegfahren will, dann rufe ich halt so »Mamaaa…«. Die Richtige hört schon hin – und ich weiß ja, bei wem ich schneller durchkomme.

FELIX Mein Problem ist, dass ich meistens, wenn ich von meinen Eltern rede, vergesse, dass es zwei Mütter sind. Ich sage »Eltern«. Chaotisch wird's, wenn die Frage nach den Berufen kommt. Ich sage, meine Mutter ist Frauenärztin und meine Mutter ist Hebamme. Und alle so: hä?

Wenn ihr über eure Familien sprecht, werdet ihr meistens gefragt: Und wie bist du auf die Welt gekommen?

MIA Bei uns wollen viele wissen, wo die Gene herkommen. Meine leibliche Mutter und mein leiblicher Vater waren ja ein Paar, bevor sie lesbisch und er schwul wurde. Sieben Jahre nach ihrer Trennung haben sie beschlossen, zusammen Kinder zu bekommen. Für meine Zeugung haben sie sich getroffen, Nell wurde später durch Insemination mit unserem Vater als Samenspender gezeugt.

Wie reagiert man auf blöde Sprüche?

MIA Das kommt drauf an, ob ich mit einer Antwort tatsächlich irgendwas bewirken kann. Bei manchen Leuten denke ich mir, mit dem hat das sowieso keinen Sinn…

MALTE Wenn einer zu mir käme mit einem blöden Spruch, wäre ich vermutlich der Letzte, der den Mund aufkriegt, weil dem schon drei meiner Freunde die Meinung gesagt haben.

MIA Das ist bei uns auch so. Alle unsere Freunde finden unsere schwulen Väter cool. Da käme nie einer mit einem Spruch durch.

FELIX Ich gehe eigentlich immer ganz gern auf Konfrontation. Wenn ich merke, manche Leute könnten ein Problem haben – dann sage ich erst recht: Ich habe zwei Mütter. Und warte gespannt auf die Reaktion.

In euren Familien werden die Rollen neu erfunden. Wer kümmert sich um das Essen? Wer kümmert sich um das Geldverdienen? Wird so etwas verhandelt?

MIA Alles total flexibel. Alle gehen arbeiten, alle kochen mal.

FELIX Die Frage höre ich oft: Wer nimmt den männlichen Teil ein, wer den weiblichen? Ich verstehe die Frage ehrlich gesagt nicht. Ich finde sie relativ sinnlos.

MIA Diese alten Modelle werden immer seltener. Ich glaube, ich kenne keine Familie, in der die Mutter eine Hausfrau ist.

Wie ist das bei dir, Lisa? Welche Rolle nimmt dein Vater für dich ein?

LISA Er übernimmt beide Rollen. Er war meine

FELIX ARFSTEN
20, Sohn zweier Mütter.

Felix studiert Medizin und ist mit Mutter,
Vater und Schwester im Westerwald
aufgewachsen. Als er sieben Jahre alt war, verliebte
sich seine Mutter Anne in Sabine. Seitdem leben
er und seine jüngere Schwester in einer
Regenbogenfamilie. Als Eltern bezeichnet er
heute seine beiden Mütter. Nachdem der
Vater einer Adoption zustimmte, tragen alle
Sabines Familiennamen Arfsten.

Mutter, er ist jetzt mein Vater, also ist er irgendwie beides. Wenn meine Freundinnen erzählen, dass sie auf der Couch ein bisschen mit Mama kuscheln – das mache ich alles mit ihm. Meine Stiefmutter hält sich da komplett raus.

Hattet ihr alle schon oft Kontakt mit anderen Kindern aus Regenbogenfamilien?

MIA Lustigerweise noch nie. Aber vor Kurzem bin ich mit meinem jetzigen Freund zusammengekommen. Und irgendwann hat sich herausgestellt, dass seine Mama auch lesbisch ist. Und die Mutter vom Freund seiner Schwester auch!

FELIX Das hier ist mein erstes Treffen mit anderen Regenbogenkindern.

MALTE Ich habe schon viele Regenbogenfamilien kennengelernt. Bei uns kam das vor allem über das Thema Insemination. Weil das noch total neu war vor 20 Jahren. Deshalb haben meine Eltern auch »Ilse« mitgegründet. Das ist eine Initiative lesbischer und schwuler Eltern, die Regenbogenfamilien mit Kinderwunsch unterstützt. Darüber kenne ich viele Kinder mit der gleichen Geschichte.

Malte, du bist eines der ersten Kinder in Deutschland, die durch Insemination gezeugt wurden. Hast du jemals den Wunsch gehabt, deinen leiblichen Vater kennenzulernen?

MALTE Das werde ich oft gefragt. Aber ich muss sagen, nein, das kann doch total nach hinten los-

gehen. Dann hat man vor sich einen sitzen und denkt, oh, mit dem will ich aber nicht meine Gene teilen! Wahrscheinlich wäre es am besten, wenn ich den Mann mal eine halbe Stunde durch ein Fenster oder im Fernsehen anschauen könnte. Einfach nur, damit ich wüsste, wie er aussieht, wie er drauf ist. Mehr nicht.

Die Möglichkeit hattest du nicht.

MALTE Nein, meine Mütter wollten einen anonymen Samenspender. Ab und zu, wenn meine nicht-leibliche Mutter mir was verbietet, spiele ich auch auf unsere Nicht-Verwandtschaft an. Dann sage ich: Meine Mama würde mir das erlauben! Oder ich sage zu meinem jüngeren Bruder, der von meiner nicht-genetischen Mutter auf die Welt gebracht wurde: Deine Mama ist heute aber komisch drauf!

Ist einem von euch so etwas schon mal im Ernst rausgerutscht?

MIA Als ich klein war, habe ich zu Susanne, meiner nicht-genetischen Mutter, mal gesagt: Du bist nicht meine Mama, du hast mir nichts zu sagen. Darauf sie: Dann muss ich dir auch jetzt nicht die Schulbrote schmieren.

Habt ihr in der Pubertät mal die Homosexualität eurer Eltern als Vorwurf verwendet?

MIA Damals nicht. Heute werfe ich meinem Vater

»Bei mir heißt eine Mutter Sabine und die andere Anne, als Kinder haben wir ›Sahne‹ daraus gemacht. Damit sind beide gemeint.«

FELIX ARFSTEN

vor, dass er im Alter immer spießiger wird. Und wenn er und sein Freund so rumtunteln, mach ich sie manchmal nach.

NELL Manchmal haben wir unsere Mütter geärgert: Ihr seid grad voll wie Männer!

Malte, Felix, hat euch der Vater irgendwann mal gefehlt?

MALTE Mir nie. Kann gut sein, dass man an bestimmten Punkten im Leben eine männliche Vorbildrolle sucht, ohne dass man es weiß. Wenn man sich entwickelt und älter wird, möchte man manches vielleicht nicht gerade seine Mutter fragen. Aber so etwas hat eben der Rest der Familie übernommen, mein Onkel zum Beispiel.

Lisa, besprichst du mit deinem Vater auch typische Mädchenthemen, also alles, was die meisten eher mit ihrer Mutter besprechen würden?

LISA Schon viel, ja. Oft auch mit seiner Schwester. Ich könnte aber alles auch mit meinem Vater besprechen, mir wäre da nichts peinlich.

Wie war das bei euch anderen in der Pubertät?

FELIX Ich konnte mit meinen Müttern über alles reden. Aufklärung war bei einer Frauenärztin und einer Hebamme kein Problem, klar.

Wenn ihr richtig klassische konventionelle Familien seht – gibt es da etwas, was ihr auch gerne hättet?

FELIX Ich stell mir deren Leben langweilig vor. Klar, es kommt auf die Leute an, man kann auch zwei Mütter haben, die megalangweilig sind. Aber ich empfinde es als Vorteil, dass es bei uns eine zusätzliche Ebene gibt: Meine Familie ist lustig – und die ganze Regenbogenfamilien-Sache, die ganze Offenheit kommt noch dazu.

LISA Andere Familien leben voll nach Regeln und haben immer den gleichen Tagesablauf. Das ist langweilig. Mein Vater Lukas geht auch mal mit Kollegen weg. Er versteht sich auch mit meinen Freunden und unterhält sich mit denen. Er ist aus meiner Sicht der einzige Vater, der mit anderen Kindern Kontakt hat. Andere Eltern sind halt so richtige Eltern. Eltern-Eltern. Lukas ist für mich mehr Freund-Eltern.

Eine Studie besagt, dass Eltern aus Regenbogenfamilien sehr auf ihre Kinder eingehen, weil viele davon Wunschkinder sind.

MALTE Glaub ich sofort! Wenn man wie meine Mütter in einer homosexuellen Beziehung lebt, hat man sich sehr lang mit seiner Identität auseinandergesetzt. Durch diese Denkweise kommt eine ganz andere Offenheit in die Familie. Bei vielen meiner Freunde gibt es in den Familien Spannungen, die nur dadurch entstehen, dass nicht alle offen miteinander reden. In den Regenbogenfamilien, die ich kenne, ist das nicht so.

Mia, Nell, ist das bei euch ähnlich, mit zwei

»Wir haben uns immer eine Doppelhochzeit gewünscht: dass unsere Mütter und unsere Väter gleichzeitig heiraten.«

MIA KRAUSE

Müttern auf der einen und zwei Vätern auf der anderen Seite?

MIA Ja, weil unsere Eltern sich absprechen mussten, uns zu bekommen. Und das haben wir immer gespürt.

LISA Mich würde es mal interessieren, einen Familientausch zu machen. Manchmal würde ich gerne wissen, wie das ist, wenn alles komplett normal ist. Ich könnte es wohl gar nicht mehr.

FELIX Aber es ist ja auch bei uns vieles sehr bürgerlich. Meine Mütter haben geheiratet, dann hat unsere Stiefmutter meine Schwester und mich adoptiert. Sie waren eins der ersten verheirateten Paare, und wir waren die ersten Kinder, die in so einer Familie adoptiert wurden. Mein Vater musste zustimmen, aber wir haben einfach gesagt, er muss keinen Unterhalt mehr zahlen, und dann ging das sofort klar. Jetzt habe ich den Namen meiner Stiefmutter. Meine leibliche Mutter hat auch den Namen meiner Stiefmutter angenommen.

War das für dich komisch, auf einmal anders zu heißen?

FELIX Cool war's. Schön, auf einmal eine Familie zu sein, auch vom Namen her.

Wie war das bei dir, Malte?

MALTE Ganz ähnlich. Aber bevor meine Mütter geheiratet haben, war die eine quasi eine Lebensgefährtin, die zwar sozial dazu befähigt war, etwas zu uns zu sagen – aber rein rechtlich nicht. Deshalb wurde dann meine nicht-leibliche Mutter zugleich meine Patentante: weil's das früher gesellschaftlich ein bisschen einfacher gemacht hat. Es hat offiziell eine Form von Nähe hergestellt.

Also als positives Zeichen?

MALTE Mehr! Es gibt ja auch Situationen, in denen es rein rechtlich wichtig ist, dass beide entscheiden dürfen. Bei medizinischen Belangen, bei einer Operation. Wenn meine biologische Mutter bei einem Unfall ums Leben gekommen wäre, hätte meine andere Mutter als Lebensgefährtin nicht unbedingt die Kinder bekommen. Vielleicht sogar eher irgendein Onkel. Deshalb ist die Stiefkindadoption so wichtig.

NELL Als wir jünger waren, hat meine Mutter ein Schreiben aufgesetzt: Wenn etwas passieren würde, sollten wir zu Susanne, ihrer damaligen Lebensgefährtin, kommen. Nicht zu unserem Vater.

MIA Wir beide haben uns immer eine Doppelhochzeit gewünscht: dass unsere Mütter und unsere Väter gleichzeitig heiraten. Aber alle haben gesagt, wenn es keine steuerlichen Vorteile gibt, wie bei der normalen Ehe, wollen sie es nicht.

Euer Vater ist euer leiblicher Vater. Mia ist auf klassische Weise gezeugt worden, Nell durch Insemination. Spielt das für euch eine Rolle?

NELL Ich wusste das selbst lange nicht! Rausge-

MIA KRAUSE
21, zwei Väter, zwei Mütter.

Mias Eltern Sylvia und Markus waren ein Paar,
bevor sie lesbisch und er schwul wurde. Sieben Jahre
nach ihrer Trennung beschlossen sie, inzwischen
jeweils mit neuem Partner, Mia zu zeugen. Mia pendelte
zwischen zwei lesbischen Müttern (in Düsseldorf)
und zwei schwulen Vätern (in Berlin). Sie hat eine
jüngere Schwester, Nell. Heute lebt Mia in Berlin.

kommen ist das bei einem Gespräch mit einem
Reporter: Der hat gefragt, ob wir auf natürlichem
Wege entstanden sind. Dann hieß es: Ja, Mia schon,
Nell nicht, sie ist durch Insemination entstanden.
Und ich so: Was? Wie? Ah, okay.

MIA Aber das war ja dann auch sofort kein Thema
mehr.

NELL Klar, so wusste ich: Ich bin das totale Wunschkind. Lustig war aus heutiger Sicht, dass bei meiner Geburt so viel los war im Kreißsaal: Es waren
alle da … Volles Haus!

**Bemerkenswert ist, dass du, Mia, durch
Geschlechtsverkehr gezeugt worden bist – von
einer lesbischen Frau und einem schwulen Mann.**

MIA Ich habe meine Eltern mal danach gefragt,
und die meinten, ach, wir waren doch früher mal
ein Paar und fanden uns anziehend, das geht schon
noch. Die haben sich damals getrennt, meine Mutter wurde lesbisch, mein Vater schwul, aber mein
Vater hat gesagt: Wenn du irgendwann Kinder
willst, meld dich. So ungefähr.

**Was für Familienkonstellationen habt ihr im
Kindergarten gespielt?**

NELL Also, ich immer ganz klassisch Vater-Mut-
ter-Kind.

MIA Ich auch.

LISA Ich auch.

Habt ihr in der Pubertät viel mit euren Eltern

gestritten? War das anders als bei euren Freunden?

MALTE Ich glaube, es war entspannter bei uns. Da
gab es auch Meinungsverschiedenheiten, aber das
waren eher Diskussionen.

NELL Bei uns ging es zu wie bei allen anderen
Familien. Es gab genauso viel Stress: Vielleicht,
weil wir vier Frauen waren. Papa lebt ja in Berlin.

LISA Ich bin 14, ich erlebe die Streitereien ja jetzt
gerade. Für mich ist es immer komisch, wenn ich
bei meinem leiblichen Vater bin. Wir können keine
zwei Wochen zusammen aushalten. Wenn wir auf-
einanderhocken, in den Ferien, drei Wochen – da
streiten wir so was von!

**Würdet ihr sagen, dass eure Eltern euch mehr
erlauben als andere ihren Kindern?**

FELIX Nein, meine Mütter sind ziemlich streng.
Ich durfte nur eine Stunde am Tag Fernsehen
schauen. Ich habe sie dafür gehasst. Aber im Nachhinein finde ich das gut.

MALTE Bei uns war das voll die Vertrauenserzie-
hung. Sie haben mich vieles selbst entscheiden lassen.

MIA Bei uns wurde auch sehr viel vertraut. Ich
durfte schon früh feiern gehen. Und lange wegblei-
ben. Ich sollte aber nicht mit der U-Bahn heimfah-
ren, sondern immer ein Taxi nehmen. Und weil mir
so vertraut wurde, habe ich mich an diese Regeln
immer gehalten.

LISA Vertrauen ist voll gut. Mein Vater lässt mich

LISA ZWILLICH
14, ihr Vater war früher ihre Mutter.

Trotz der frühen Trennung ihrer
Eltern lebte Lisa ein relativ klassisches
Familienleben – bis sich ihre Mutter
Nadine vor sieben Jahren dazu entschloss,
körperlich ein Mann zu werden. Heute
heißt Nadine Lukas und ist mit einer Frau
verheiratet. Lisa lebt mit beiden
zusammen und empfindet Lukas als Vater
und mütterlichen Freund zugleich.

manchmal ein ganz kleines bisschen Alkohol nippen. Bei Verboten wird doch alles nur interessanter.

FELIX Ich denke, dass sich unsere Eltern mehr Gedanken machen. Wenn die Hürde zum Kinderkriegen höher ist, macht man sich mehr Gedanken über die Erziehung, als wenn die Kinder quasi aus Versehen entstanden sind.

Wie ist das, wenn man selbst anfängt, sich für Jungs oder Mädchen zu interessieren – denkt man über seine eigenen sexuellen Vorlieben besonders nach, wenn man aus einer Regenbogenfamilie kommt?

MIA Also ich hab mich das ganz doll gefragt. Wenn es um meine Zukunft ging, habe ich immer ein Haus gesehen, mich und eine Frau und einen Hund. Aber das hat sich gelegt, als ich mich eben nicht in Mädchen, sondern in Jungs verliebt habe.

MALTE Ich glaube, ich hätte Schwierigkeiten damit, mich als Schwulen zu sehen. Nicht weil ich es schlimm fände, aber es wäre so eine Art Sieg meiner Eltern, den ich ihnen nicht gönnen will. Ha, ha, nein, so kann ich das nicht sagen ... Vielleicht, weil ich nicht einfach was nachmachen will.

LISA Ich möchte später in einem gelben Haus leben, ein Mann, eine Tochter, ein Sohn, eine Katze und ein schöner Garten. So eine richtig typische Familie. Das war schon immer mein Traum.

MIA Ich möchte eine kitschige weiße Hochzeit,

mit Haus und Hund, und ein adoptiertes Kind, das schon vier sein soll – damit es aus dem anstrengenden Babyalter raus ist.

Haben eure Eltern hauptsächlich schwule oder lesbische Freundeskreise?

MIA Das ist doch heute längst nicht mehr so. Mein Vater hat viele schwule Freunde, aber nicht nur.

FELIX Bei uns ist das auch nicht so.

MALTE Ich glaube, viele wollen genau das Gegenteil. Die hatten schon so einen Stress mit dem Outing, jetzt wollen sie nicht auch noch die große Suche nach Freunden unternehmen. Ist ja nicht so, dass man Gleichgesinnte im Supermarkt trifft.

NELL Von den Freunden meiner Mutter ist kein Einziger schwul oder lesbisch.

Wie wäre es, wenn sich ein Elternteil plötzlich doch für eine heterosexuelle Beziehung entscheiden würde?

MIA Ich fände es ganz seltsam, wenn mein Vater eine Freundin hätte. Ich wäre da irgendwie ... eifersüchtig. Und mit unserer Mutter geht's mir genauso.

NELL Wenn meine Mutter mit einem Typen ankommen würde, die Vorstellung wäre echt voll eklig!

Was ist eigentlich mit dem Wort »schwul« passiert? Erst war es ein Schimpfwort, dann ganz normal, jetzt ist es in der Jugendsprache wieder ein Schimpfwort. Warum?

MIA Stimmt, mich nervt das total. Wenn jemand

»Mein Vater übernimmt beide Rollen. Er war meine Mutter, er ist jetzt mein Vater, also ist er irgendwie beides.«

LISA ZWILLICH

sagt, das und das sieht voll schwul aus, bin ich immer kurz davor zu sagen, mein Vater sieht aber nicht so aus.

MALTE Das Wort hat, glaube ich, zwei Bedeutungen. Es wird heute eher für Dinge benutzt, seltener für Personen. So im Sinne von »langweilig«. Deshalb habe ich nicht so ein Problem damit. Ich benutze es auch selber manchmal.

LISA Bei mir sagen das immer die von der »Krass, Alter«-Gruppe. Aber neulich war ich bei H & M, hab ein hässliches Kleid gesehen – und dann habe ich das auch gesagt! »So ein schwules Kleid.« Und ich dachte mir: Hey, warum sage ich so was eigentlich?

Was sagen eure Eltern, wenn ihr etwas als »schwul« bezeichnet?

FELIX Also, mir ist es auch schon rausgerutscht, aber nicht zu Hause, denn dann würden die Fetzen fliegen. Meine Eltern achten sehr auf Sprache: Sie sind darauf bedacht, dass man Sachen weiblich nennt statt männlich, die »LehrerINNEN« und nicht die »Lehrer«. Ich denke, das Wort »schwul« wird viel für feminine Sachen genutzt: wenn jemand feminin aussieht. Viele finden halt immer noch, der Mann soll männlich sein. Tja.

Der Umweltminister Peter Altmaier lebt allein – in vielen Zeitungen wurde darüber spekuliert, ob der Mann schwul ist oder nicht. Was haltet ihr von solchen Diskussionen?

MALTE Genau davor warnen mich meine Eltern immer. Dass alle bloß nach den Defiziten suchen. Dass alle Fragen negativ ausgerichtet sind.

Zum Beispiel?

LISA Bei mir sind das Fragen über meinen leiblichen Vater. Wo der ist und so. Aber das mag ich gar nicht. Lukas ist halt für mich mein Vater.

MALTE Bei mir sind das Fragen zur Insemination. Ob ich gezüchtet wurde. Ob man 20 000 Eizellen befruchtet und die mit dem coolsten Gencode genommen hat. Sehr witzig.

Stehen Familienkonstellationen wie eure in den Schulen auf dem Lehrplan?

NELL Bei mir in der Schule gar nicht.

MALTE Das Thema gehört auch nicht in die Schule.

MIA Doch! In manchen Berliner Bezirken wäre das nicht schlecht. Klar, dann würde man es zwar als etwas Besonderes behandeln. Aber manche wissen rein gar nichts über alternative Lebensformen! Wie auch, wenn sie nicht so aufwachsen und nur ein Bild vorgelebt bekommen? Viele halten Homosexualität immer noch für eine Krankheit.

FELIX In einem meiner Schulbücher ging es um Steuern. Man sah ein Bild von einer traditionellen Familie und eins von einer Frau, die allein war mit ihrem Kind. Mittlerweile gibt es ein neues Buch, in dem auch gleichgeschlechtliche Familien abgebildet sind. So finde ich das gut: wenn das Thema

»Rein statistisch hat die große Mehrheit der Deutschen keinen Stress mit Homo-Ehen – warum stellen sich die Politiker quer?«

MALTE CZARNETZKI

einfach ganz selbstverständlich erwähnt wird. Man muss keine Extra-Stunde über Homosexualität einführen.

MALTE Ich zweifle am Nutzen. Ich sehe die Aufgabe eher bei der Gesellschaft als bei der Schule.

MIA Aber da fängt es doch an!

MALTE Mag sein, aber ich weiß nicht, ob Leute anders denken, nur weil sie das mal in der Schule besprochen haben. Und wie manche Biolehrer über Homosexualität reden ... das macht alles eher schlimmer!

FELIX Aber woher soll dann die Veränderung kommen?

MALTE Es wird schon werden, wart mal ab.

MIA Schwierig wird's, wenn ich an Kinder aus Migrantenfamilien denke. Ist doch auch logisch: Die leben in ihren Familien, mit ihren Freunden, woher soll da Veränderung kommen? Es wird doch gar nicht an sie rangekommen, die lesen keine Artikel darüber. Also bleibt nur die Schule als Ort mit Einfluss.

Zurzeit wird über den Gesetzesentwurf zur steuerlichen Gleichstellung homosexueller Paare diskutiert. Angela Merkel hat gesagt, sie möchte »die steuerliche Privilegierung der Ehe erhalten«, weil sie glaubt, »dass das mit gutem Grund gemacht wurde«.

MALTE Ha! Meine Mama hat gleich gesagt: »Wenn

du mit denen vom SZ-Magazin redest, haust du auf den Tisch, damit politisch Druck ausgeübt wird!« Mache ich hiermit.

Könnt ihr verstehen, dass es konservative Menschen gibt, die so etwas wie Angst vor anderen Lebensformen haben?

MIA Üüüberhaupt nicht.

MALTE Rein statistisch hat doch schon die große Mehrheit der Deutschen gar keinen Stress mehr mit Homo-Ehen – warum stellen sich dann trotzdem Politiker quer?

Was glaubt ihr: Was treibt die an?

MALTE Na ja, als Staat spart man sich vielleicht Geld. Wenn die alle mehr Steuern zahlen müssen ... Andere Vorteile kann ich nicht sehen.

FELIX Mir völlig rätselhaft. Es kann höchstens um ganz alte Wähler gehen, die sie nicht vergrätzen wollen.

Komisch, dass ausgerechnet Merkel so zurückhaltend ist, oder? Obwohl doch mit Unterstützung der Familienministerin Kristina Schröder auch eine Gruppe von CDU-Politikern für die steuerliche Gleichstellung war.

MALTE Vor allem ist doch Frau Merkel selber nicht gerade eine Parade-CDU-Politikerin!

FELIX Aber die muss halt auch ihre Partei bedienen.

Empfindet ihr es als Vorteil, in Regenbogenfami-

MALTE CZARNETZKI
18, Wunschkind zweier Mütter.

Der Sohn zweier Biologinnen war eines der
ersten Kinder in Deutschland, die
durch Insemination gezeugt wurden. Seinen
genetischen Vater kennt er nicht.
Malte hat einen Zwillingsbruder und einen
kleineren Bruder, ebenfalls durch
Insemination gezeugt. Genetisch sind
sie nicht verwandt, da sie nicht von derselben
Mutter ausgetragen wurden. Erst durch
Homo-Ehe und Stiefkindadoption
sind alle auch juristisch eine Familie.

lien aufgewachsen zu sein? Worin könnte der
bestehen?

FELIX Einfühlungsvermögen.

MALTE Ich habe den Eindruck, dass ich ein guter
Zuhörer geworden bin.

MIA Geht mir auch so.

FELIX Wir haben keine Angst vor Emotionen. Wir
sind in Familien aufgewachsen, in denen sich
Menschen Gedanken über ihre Gefühle machen
mussten.

Lisa, du hast jetzt sofort genickt.

LISA Ja, ich glaube, ich kann voll gut zuhören.

FELIX Es ist schwer zu erklären. Man denkt mehr
über Bindungen nach. Man macht sich mehr bewusst. Zum Beispiel, wenn ich Beziehungen anderer Eltern mitbekomme, die eigentlich nur noch
wegen der Kinder zusammen sind, völlig lieblos.
Auch deshalb finde ich das traditionelle Familien-
bild völlig daneben, der Mann ist der Starke und
arbeitet ... so will ich nicht leben.

MALTE Manchmal wird einem das aber auch als
Schwäche ausgelegt.

FELIX Klar, ich werde auch oft als schwul bezeichnet. Vielleicht wirke ich ja sensibler.

MIA Hm, ich frage mich gerade ... Ich hab bei meinem jetzigen Freund auch das Gefühl, dass es kein
Problem gibt, das nicht auf den Tisch kommen
könnte. Er ist auch sehr offen. Ich weiß nicht, ob

das an seiner Kindheit liegt, an seiner Mutter – er
ist empathischer als andere.

**Seid ihr heute daran gewöhnt, euch andauernd
erklären zu müssen?**

LISA Na ja, man muss so viel wiederholen ... Wenn
die Leute dadurch meinen Vater besser verstehen,
macht es Spaß. Aber immer wieder sagen zu müssen, alles ist gut, alles ist ganz normal – das ist
schon mühsam.

Die Polizei, Dein Freund und Vater

VON ROLAND SCHULZ **FOTO** SIGRID REINICHS

Zwei Mal hatte der Kriminalhauptmeister Carlos Benede mit Jungs zu tun, deren Mütter ermordet wurden – von den Vätern der Kinder. Zwei Mal fasste er sich ein Herz und adoptierte sie. Die Geschichte eines ungewöhnlichen Beamten.

Im Namen des Vaters: Alex nahm sofort den Namen von Carlos Benede an – er wollte wieder eine Familie haben.

Seinen jüngsten Sohn bekam Carlos Benede nach einem Anruf der Mordkommission. Es war ein Mittwoch, kurz vor Mitternacht; Benede war fast im Bett. Als er abhob, schalteten sie ihn zur Kripo auf. Stumm hörte er, was geschehen war. Eine Mutter. Ermordet vom Vater. Wenig später waren die Streifenwagen da, eine Kollegin trug den Kleinen herein. Er schlief. Benede bettete ihn in sein Schlafzimmer und schickte alle fort. Allein saß er an der Seite des Kindes und wachte.

Seine Freunde sagen, Carlos Benede sei ein Bauchmensch. Einer, der Entscheidungen nur aus dem Gefühl heraus treffe. Das stimmt nicht. Manche Entscheidungen muss Benede erkämpfen. Er sagt dann, da müsse er mal eine Nacht drüber schlafen. Er schläft nie in diesen Nächten.

Als der Morgen graute, fand Benedes ältester Sohn seinen Vater im Sessel, schlaflos. Sie sprachen nicht viel. Noch in der Nacht hatte Benede den Sohn geweckt und gesagt, du, da ist einer, dem ist dasselbe passiert wie dir. Mehr hatte er nicht sagen wollen, weil er Angst hatte, was seine Worte aufwühlen würden. Jetzt saßen sie da und warteten. Draußen ging die Sonne über Dachau auf. Dann wurde der Kleine wach.

Carlos Benede ist fünfzig Jahre alt, ein Mann von aufrechter Haltung und herzhafter Art. Auf flüchtigen Blick wirkt er wie ein Mensch aus der Fremde, Amerikaner vielleicht. Dann macht er den Mund auf und man hört München, wie es einmal war. Benede spricht ein Bairisch, so derb und sanft, wie es in der Stadt weitgehend ausgelöscht ist. Wenn die Jungen, die ihm die Ämter als schwer erziehbar schicken, Benede das erste Mal sehen, können sie kaum glauben, dass er ein Bulle ist.

Er war erst Ermittler, Rauschgift. Dann lange Kripo. Jetzt E3, die Abteilung Einsatz in der Ettstraße, Sitz des Münchner Polizeipräsidiums. Aber nur noch halbtags. Er ist alleinerziehender Vater. Er hat zwei Adoptivsöhne, ein gutes Dutzend Jugendliche mehr, um die er sich sorgt, und vor einem Jahr ein Haus eröffnet, das Kindern eine Heimat sein soll, die sonst keine haben. Er findet, das sei er seinem Leben schuldig.

Benede kam auf Umwegen zur Polizei. Er war weit über zwanzig, ein Stenz mit einer Gitarre. Er hatte Musikunterricht gegeben damals, in einem Jugendtreff. Ein Schüler war der Sohn eines Kriminaldirektors, der sich diesen Benede mal ansehen wollte, der Meuten junger Burschen mit Musikstunden zu bändigen wusste. Er überredete Benede, ein Altanwärter zu werden, so nennt die Polizei ihre Spätberufenen.

Monate zuvor war die Mauer gefallen, im Osten standen die Grenzen offen, die Polizei verzeichnete einen Boom im überörtlichen Handel mit Betäubungsmitteln. Benede sah nicht aus wie ein bayerischer Kriminalbeamter, das machte ihn kostbar. Sie setzten ihn als verdeckten Ermittler ein. Benede spricht nicht über diese Zeit, ist ihm verboten.

Nach sechs Jahren hatte er genug. Dauernd im Einsatz. Nicht drüber sprechen dürfen. Die Beziehung im Eimer. Er wechselte an die Ettstraße, zur Münchner Polizei. Nun suchte er Drogen nicht mehr im Ausland, sondern draußen in Riem, wo auf den Raves am alten Flughafen immer irgendeiner auf Pille Techno tanzte. Er nahm die Umstellung nicht leicht. Bislang hatte er nur die Brocken erledigt, organisiertes Verbrechen oder mal einen Deppen, der sich für schlau hielt. Jetzt hatte er Jugendliche, gerade volljährig, die zwar dealten, aber vor allem selbst drauf waren. Seine Vorgesetzten spürten seine Zweifel. Carlos, schärften sie ihm ein, Sie sind kein Sozialarbeiter. Sie sind Kripo-Mann. Benede war ein guter Polizist. Er tat seine Pflicht. Als er ankündigte, aus dem Polizeidienst ausscheiden zu wollen, sagte der Chef, er solle noch warten, es werde gerade ein neues Kommissariat aufgebaut, genau das richtige für einen wie ihn. So kam Benede zu K 314.

In jenen Jahren erlebte die Polizei einen Wandel. Einst war die Arbeit einfach gewesen: Im Zentrum stand der Täter und seine Tat. Die andere Seite eines Verbrechens, das Opfer, spielte kaum eine Rolle, und wenn, dann als Zeuge. Manchmal vernahmen Ermittler Menschen, die einen Mord beobachtet hatten, noch im Schock. In München beschloss man Ende der Neunziger-

Benede stand vor der schwierigen Frage: Wie bildet man Vertrauen bei einem Buben, der seine Mutter nachts in der Küche gefunden hat – tot?

jahre, ein eigenes Kommissariat zu schaffen für Prävention und Opferschutz. Hartgesottene Einsatzkräfte taten die Idee als Traumtänzerei ab. Prävention, das war doch das Kasperltheater, mit dem die Verkehrserziehung durch die Grundschulen tingelte. Opferschutz? Sie verspotteten das neue Kommissariat als Kuschelpolizei. Benede war es egal.

Er genoss die Freiheit, die sich am Anfang auftat. Alles war neu, für Mitgefühl sah die Dienstvorschrift keine Muster vor. Benede handelte aus dem Bauch heraus. Er übernahm schwere Fälle. Übergriffe. Häusliche Gewalt. Sexuellen Missbrauch. Abgründe waren seine Arbeit. Er stellte fest, dass er eine Ader dafür hatte.

Wer Benede trifft, erlebt einen unsteten Mann. Alles an ihm ist aufrichtiges Lachen, aber er hat etwas Flüchtiges. Er hält selten inne. Er scheint stets auf dem Sprung. Wenn er sich aber einmal entschließt, einen Menschen anzuhören, ist Benede ganz und gar bei ihm. Im Grunde hört er mit den Augen zu. Bei K 314 war Benede bald eine Kraft. Menschen vertrauten ihm.

Er ging mit Opfern zu Gericht und beschützte sie, wenn sie sich aus dem Leben mit ihren Peinigern lösten. Er machte die Erfahrung, dass manche Menschen in Angst und Leid Ertrinkenden gleichen. Sie schlugen um sich, und wenn er sie weit draußen erreichte, musste er achtgeben, dass er nicht selbst absoff, wenn sie sich an ihn klammerten. Es gab Hilfe. Einmal im Monat sahen die Polizeipsychologen Supervision vor.

Benede schätzt Psychologen nicht besonders. Einmal, er war noch Ermittler, schickten die Vorgesetzten alle zu einer Schulung, Verhalten in Konfliktsituationen, Deeskalation rauf und runter. Wochen später erkannte Benede einen Referenten in der S-Bahn, als ein Rudel Jugendlicher laut Musik hörte. Der Mann ging hin und bat, die Musik leiser zu stellen. Sie musterten ihn und sagten: Was willst du, du Wichser? Der Mann verschwand ohne ein weiteres Wort im nächsten Wagen. Damit war er für Benede erledigt. Benede mag Menschen nicht, die es sich in Theorien gemütlich machen und vor Taten scheuen. Alles Schwätzer. Aber die Supervision, die achtete er. Reihum erzählte jeder die Fälle, die ihn nachts jagten.

Es war ein Abend vor 14 Jahren. Eine Frau hatte die Polizei gerufen, ihr getrennt lebender Mann drohe ihr. Man positionierte zwei Zivilstreifen vor dem Mietshaus. Der Mann drang dann durch die Tiefgarage ein. Am Morgen bekam Benede den Fall auf den Schreibtisch, seine Kollegen schreckten davor zurück. In der spröden Sprache seines Amtes hatte er nun vertrauensbildende Maßnahmen anzusetzen und durchzuführen. Aber wie bildet man Vertrauen bei einem Buben, der nachts vom Lärm eines Streits erwacht, in die Küche tappt und seine Mutter tot sieht?

Die Erfahrungen bei K 314 verbinden Benede und seine Kollegen bis heute. Sie haben einen Verein gegründet, Polizisten, Rechtsanwälte, Pädagogen gemeinsam: »Weitblick Jugendhilfe e.V.« Sie hatten den Traum, ein eigenes Jugendheim zu eröffnen, für Fälle, die sonst niemand aufnehmen will. Das Haus ist ein altes Hotel, das »Aurora«, im Osten Dachaus. Anfang des vergangenen Jahres haben sie aufgemacht. Jetzt leben 24 Kinder und Jugendliche dort, Benede ist fast jeden Tag nach dem Dienst da. Er sagt, wichtig sei Respekt. Seiner für sie. Ihrer für ihn. Der Rest ergebe sich dann. Er findet, Vertrauen könne man nicht bilden. Vertrauen wächst.

Um damals den Bub zu treffen, zog Benede zuerst seine Uniform an. Gewöhnlich trug er Zivil, wie bei der Kripo üblich. Wenn Kinder Opfer waren, nie. Sie fassten schneller Vertrauen, wenn er aussah wie ein Schutzmann. So holte er den Jungen ab. Es war Frühling. Sie bretterten im Streifenwagen mit Blaulicht nach Schwabing, Eis essen. Es war ein Anfang.

Als ein Jahr später der Prozess gegen den Mörder begann, wünschte der Junge, zwölf Jahre alt, jeden Tag dabei zu sein. Alle rieten ab. Benede setzte es durch. Er hatte den Jungen das Jahr über begleitet. Sie waren gemeinsam in Stadelheim gewesen, im Gefängnis, weil der Junge dem Vater eine Frage stellen wollte: Warum? Er hatte Benede gesagt, er müsse das tun. Als er als Zeuge aussagte, ragte er kaum über den Zeugenstand. Aber seine Stimme war fest. Das Urteil lautete lebenslänglich.

Nach dem Prozess erhielt Benede eine Einladung ins Jugendamt. Der Beamte dort war ein alter, kundiger Herr; Benede fragte sich, was der Kauz wollte. Der Beamte brachte seinen privaten Tee mit ins Amt, seltene Sorten, aus denen er nun eine bedächtig aufgoss und Benede anbot. Benede ist privat eher ein Weißbier-Mann. Er wollte wissen, was los war.

Ob Benede sich vorstellen könne, ein Pflegekind aufzunehmen? Alex, der Bub aus dem Prozess, brauche ein Zuhause und kein Heim. Alex selbst habe Benede vorgeschlagen. Benede fragte, wie sich das Amt das bitte schön vorstelle. Er sei berufstätig. Er sei Single. Seine Abende ausgebucht. Ein Hund in der Wohnung. Schließlich sagte er, da müsse er mal eine Nacht drüber schlafen. Er wurde das Gefühl nicht los, dieser alte Herr wisse genau, wie seine Antwort ausfallen werde. Benede konnte nicht Nein sagen, nicht dazu.

Benede stammt aus den Bergen. Er ist am Großen Alpsee aufgewachsen, im Süden des Allgäus. Seine Mutter, eine Spanierin, arbeitete dort als Gastarbeiterin. Sie gab ihn fort, da war er vier. Seinen Vater kennt Benede nicht. Er kam zu den Nonnen der Dillinger Franziskanerinnen in Kalzhofen. Ihn packt inzwischen eine windstille Wut, wenn er im gleichen Augenblick, in dem er heutzutage offenbart, im Heim gewesen zu sein, die Gedanken der Menschen schier greifen kann, Ogottogott, im Heim!

Er mochte es dort. Sie lebten in kleinen Gruppen, immer ein gutes Dutzend Kinder und eine Schwester. Sie waren alle Mündel oder Waisen, aber die Schwestern achteten sie auf eine Art, die ihre Vergangenheit bedeutungslos machte. Sommers gingen sie schwimmen. Im Winter Skifahren, Nonnen voraus. Er war glücklich. Was immer geschah, die Schwestern waren da. Er besucht seine Nonne noch heute.

Als er älter wurde, hatten die Nonnen das Gefühl, er könnte jemanden jenseits des Klosters brauchen. Sie fragten seine Lehrerin, eine warmherzige Frau, von der eine eindrückliche Kraft ausging. Als Kind hatte sie ihren rechten Arm verloren, seitdem schaffte sie im Leben alles mit links. Sie ist vor Kurzem gestorben. In einem Treffen vor ihrem Tod erinnerte sie sich, wie eigen Carlos war, ein Bub, unbeugsam, aber wie beflügelt. Sie mochte ihn. Sie, die kinderlos geblieben war, versprach, als Firmpatin an seiner Seite zu stehen. Bald nach der Firmung brach Benede nach München auf.

München war damals gerade erst geworden, was es lange nur vorgegeben hatte zu sein
– eine Weltstadt. Es waren das Ende der Siebziger, Olympische Spiele, die Weltmeisterschaft,
die Stadt leuchtete. Carlos war 16. Er sollte Schuhverkäufer werden. Werktags wohnte er bei den
Salesianern in Haidhausen. Am Wochenende fuhr er in sein Heim. Die Lehre stand er durch.
Dann rackerte er. Abendschule, Oberschule und, unterstützt von seiner Patin, Hochschule. Er
studierte Sozialpädagogik. Er lernte, wie amtlicherseits Menschen seiner Art zu handhaben waren:
Bedarfsanalyse, Hilfeplanverfahren, Betreuungskonzept. Manchmal, wenn er zweifelte, sann er
über das System nach, in dem er groß geworden war. Da die Kinder. Da die Nonnen. Das war keine
Betreuung, das war bedingungsloser. Die Nonnen hatten ein Gelübde abgelegt, das sie an die
Kinder band.

Seine Zweifel gingen vorbei. Er war jung, ein Stenz mit einer Gitarre. Das Leben lag vor ihm.
Es dauerte Jahre, ehe er sich wieder an jene Gedanken erinnerte, in einer schlaflosen Nacht, nach
einem Termin auf dem Jugendamt. Er, einen Ziehsohn?

Er rief seine Patin an. Sie wusste nicht, was sagen. Benede hatte nach seinem Eintritt bei
K 314 begonnen, sich in seiner Freizeit um Jugendliche zu kümmern, die als schwer erziehbar
galten. Aber nun sagte er, er wolle einen Ziehsohn aufnehmen. Ein Kind. Mit einer solchen Geschichte.
Benede sprach kaum darüber, was er bei K 314 erlebte. So hält er es bis heute. Nur manchmal
entfährt ihm etwas, ein Bruchstück. Die Socken, die ein Vater dem Sohn in den Mund schob, damit
die Nachbarn keine Schreie hören. Die Finger einer sterbenden Mutter, die Sanitäter brechen
mussten, weil sie ihr Kind im Angesicht des angreifenden Vaters so stark umklammert hatte. Benedes
Patin hatte Sorge, wie viele Bruchstücke mehr er ertragen könne. Sie fürchtete, jetzt schultere er
etwas, das seine Kräfte übersteigt. Aber sie kannte ihren Patensohn. Die Entscheidung war schon
erkämpft. Schön, sagte sie. Ich werde Oma.

Am Anfang kam Alex nur an den Wochenenden zu Benede, eine Empfehlung des Amts,
alles Schritt für Schritt. Aber schon nach wenigen Wochen entschieden die beiden, nun reiche es.
Alex zog ein. Benede adoptierte ihn bald darauf. Es war Alex' Wunsch gewesen: Er wollte ein
Benede sein. Es waren keine einfachen Zeiten. Es gab eine Frau damals, aber ein Arzt aus dem Amt
hatte Benede gewarnt: Alex werde keine Konkurrenz zu seiner toten Mutter zulassen. So war es.
Vor eine Entscheidung gestellt, sagte Benede, er habe sich schon entschieden. Er war jetzt Vater.

Es war manchmal komisch. Er hatte nie einen Vater vermisst. Jetzt musste er einer sein.
Alex spielte Fußball, bei den Löwen in Giesing, und er war gut. Als Alex größer wurde, tauchten
Talentscouts auf. Das Angebot kam, ins Ausland zu wechseln, nach Italien. Alex war 16. Er wollte
aufbrechen in die Welt, Profi werden, berühmt! Kommt nicht in Frage, entschied sein Vater. Nicht
in dem Alter. Nicht ohne Abitur. Alex war außer sich. Heute spielt er neben seinem Studium in
der Bayernliga, aus dem Ärmel seines Trikots ragt dann eine Tätowierung, *per aspera ad astra*, über
raue Pfade zu den Sternen. Altlast aus seinem Latein-Leistungskurs.

Benedes Sohn bereitete sich damals auf das Abitur vor, als die Streifenwagen kamen und
den Kleinen brachten. Alles war wieder da. Die Angst. Die Erinnerung. Aber er war nicht allein.
Vater und Sohn sprechen nicht über diese ersten Tage oder die Zeit danach. Der Kleine gehört
inzwischen zur Familie. Benede sagt, es laufe ganz gut. Sie haben ein Ritual, seine Söhne. Immer
am Geburtstag ihrer Mütter fahren die beiden nach Sendling, auf den Friedhof, dort liegen sie.
Eigentlich ist es Alex' Mutter allein, die Mutter des Kleinen ist im Ausland begraben. Sie haben sich
deswegen ein Grab gesucht, das nicht mehr gepflegt wird. Das ist jetzt ihres. Sie schmücken es
gemeinsam. Früher musste Benede mitgehen. Aber inzwischen besuchen die Brüder die Gräber
ihrer Mütter auch ohne Vater, allein.

Fremd

VON LISA FRIEDA COSSHAM   **ILLUSTRATION** GRACE HELMER

Kürzere Haare, neue Kleider: Wenn die Kinder nach Tagen von ihrem Vater zurückkommen, sind sie oft verändert. Und vergessen, dass ihre Mutter fast alles über sie weiß.

Meine Tochter Martha hat sich die Haare schneiden lassen. Das wurde mit einem knappen Telefonat angekündigt. Mama, darf ich? Worum geht's?, fragte ich, um die Spitzen? Ja. Dann ist es in Ordnung, sagte ich, da hatte sie schon wieder aufgelegt. Was ich nicht wusste, war, dass Marthas Patchwork-Schwester Lina ihr die Haare schneiden würde. Sie band Martha ein schmales Tuch um den Hals, wie mir mein Ex-Mann später erzählte, damit sie eine Linie hatte, an der sie sich orientieren konnte. Der zweite Anruf kam von Selma, Marthas Schwester. Louise ist zehn und war schon immer darum bemüht, dass es allen gut geht. Es ist kurz geworden, sagte sie jetzt, schimpf bitte nicht. Es dauerte noch vier Tage, bis ich sehen konnte, wie kurz.

Jede zweite Woche leben meine Kinder in einer Patchwork-Familie, zusammen mit ihrem Vater Jan und seiner Freundin Anna. Oft werde ich gefragt, wie die Neue sei, die jetzt mit meinen Kindern viel Zeit verbringt. Ich finde sie sympathisch. Sie hat eine 13-jährige Tochter und einen sechs Jahre alten Sohn. In den ersten Wochen nannten meine Kinder sie Bruder und Schwester und führten sie herum wie neue allerbeste Freunde. Sie waren euphorisch, die neue große Wohnung eine Villa Kunterbunt. Sie teilten sich die Betten, manchmal die Badewanne und schliefen selten vor zehn, das sah ich auf ihren Whatsapp-Profilen: Zuletzt online um 22.06 Uhr. So spät? An einem Dienstag? Konnte sie nicht einschlafen? Hatten sie einen Film geschaut? Ich erfahre es nicht. Fühle mich abgehängt.

Sind die Kinder bei ihrem Vater, arbeite ich länger, treffe Freunde, lasse es spät werden. Und nach drei Nächten und einem Tag bekomme ich Sehnsucht. Und rufe sie an. Die Gespräche sind einsilbig, denn Kinder vermissen nicht, jedenfalls nicht so wie Erwachsene. Vermisst ihr Papa?, frage ich, wenn wir gemeinsam lachen und mir plötzlich einfällt, dass ihr Vater nicht dabei ist. Dass er unser Frohsein nicht teilen kann. Schon, sagen sie. Aber ich spüre, dass eigentlich ich es bin, die ihn vermisst, schließlich war er elf Jahre lang dabei, wenn wir lachten. Wir verstehen uns immer noch gut. Jan sagt: Jederzeit kannst du vorbeischauen, wenn du das brauchst.

Als ich Louise und Martha das erste Mal besuche, führen sie mich herum wie eine Tante. Martha zeigt auf ein Bild in ihrem Zimmer und sagt: Das ist meine Klasse. Sie musste vergessen haben, dass ich das ja weiß. Ihre Decken sind mit geblümter Bettwäsche bezogen, die Anna ihnen genäht hat. Sie sehen schön aus. (Wann hatte ich den Kindern zuletzt etwas genäht?) Ich lege mich auf Marthas Bett, schaue an die Wand und frage mich, welche Schatten sie abends sehen. Welche Geräusche sie in den Schlaf begleiten.

Viele Jahre wusste ich das. Ich sang abends immer dasselbe Lied, Schutzengel mein. Das war unser Schlafritual. Ich wusste auch, welche Musik sie hörten, welche Kleider sie trugen, denn die hatte ich schließlich gekauft. Jetzt erkenne ich die Kinder manchmal nicht wieder. Haben Sie meine Tochter Martha gesehen?, frage ich eine Hortnerin in der Schule, die mich anstarrt und dann nach links schaut. Ich folge ihrem Blick, da steht ein Mädchen vor der Tafel. Blonde Haare, stimmt, aber das Kleid? Tailliert, grüner Cord, noch nie gesehen. Sie tragen schulterfreie Oberteile, Stiefel und Pullover, auf denen steht: I love New York. Und wenn ich sie frage, woher sie die Sachen haben, antworten sie knapp: Kleidertausch. Oder: von Barbara. Ich schreibe auf einen Zettel: Barbara kennenlernen.

»Ich habe mich geschämt, dass mein Vater so vertrottelt«

INTERVIEW ALEXANDRA BORCHARDT, SUSANNE SCHNEIDER **FOTOS** OLIVER MARK

Maria Furtwängler und Ursula von der Leyen: Die Fernsehkommissarin und die Ministerin verbindet nicht nur der erlernte Beruf (beide sind Ärztin), sie teilen auch ein Schicksal – die Demenz ihrer Väter. Ein Gespräch über den langen Abschied.

Zwei Frauen, zwei Töchter, zwei Schicksale: Ursula von der Leyen (links) und Maria Furtwängler.

Frau von der Leyen, Frau Furtwängler, Sie kennen sich schon länger. Sind Sie auch befreundet?

URSULA VON DER LEYEN Ich würde sagen, es ist mehr als kennen. Wir sind befreundet.

MARIA FURTWÄNGLER Einverstanden, Ursula. Wir haben uns ziemlich genau vor zwei Jahren bei der DLD Women kennengelernt, einer Technologie- und Innovationskonferenz mit weiblicher Perspektive, die ich als Chairwoman auch diesen Juli leite, und ich war selig, als eine Zusage kam. Und dann musstest du kurzfristig absagen.

VON DER LEYEN O Gott!

FURTWÄNGLER Zum Glück gelang es mir, dich zu überreden, doch zu kommen, und ich war so hingerissen von dir.

VON DER LEYEN Und irgendwie war von Anfang an viel Verbindendes zwischen uns. Bei der letzten Konferenz haben wir festgestellt, dass wir beide ein Thema haben, das uns besonders verbindet, die Demenz unserer Väter. Wir haben vor den Zuhörern darüber gesprochen, und es war ein bewegender Moment, denn plötzlich stand die Konferenz still.

FURTWÄNGLER Und du hattest mir den Gerontologieprofessor Andreas Kruse aus Heidelberg empfohlen. Und ich bin sehr dankbar, denn mit dem, was er gesagt hat, hat er den Umgang mit meinem Vater nachhaltig verändert.

Was hat er Ihnen gesagt?

FURTWÄNGLER Im Grunde eine Kleinigkeit: Bis dahin habe ich meinen Vater immer beobachtet und beurteilt, mich oft geschämt, dass der eigene Vater so vertrottelt und sich so verändert. Immer denkt man: Mein Gott, das kann er jetzt auch nicht mehr. Professor Kruse hat mir gezeigt, dass ich die Perspektive ändern muss: Nicht mehr beobachten und bewerten, sondern beobachten, was kommt, wenn ich mich öffne, und sehen, was eigentlich noch da ist. Klingt lächerlich klein, aber für mich war das epochal. Ich habe plötzlich den Reichtum all dessen wahrnehmen können, was noch da ist – und es ist unendlich viel da.

Haben Sie das ähnlich erlebt, Frau von der Leyen?

VON DER LEYEN Mir ist besonders die Zeit in Erinnerung, bevor die Diagnose gestellt wurde. Mein Vater hatte ja noch öffentliche Auftritte und man fragte sich oft: Was redet er da? Und die Leute rutschen auf ihrem Stuhl rum, aber sie sagen sich, er ist der ehemalige niedersächsische Ministerpräsident, er darf das. Und er hält dann auch eine schöne, warme Rede, wenn auch nicht ganz am Thema. Nur ich kannte ihn ja gut und fühlte mich deswegen sehr unwohl. Die Scham und das anfängliche Bemühen, alles zu kaschieren, hat es nur noch schlimmer gemacht. Für ihn und mich, weil ich ihn zurückhalten wollte und er auf sein Recht zu sprechen pochte; und für unsere Umgebung, die peinlich berührt war. Erst nachdem ich offen den Alzheimer angesprochen habe, entspannte es sich. Die Menschen hatten Verständnis und mein Vater konnte wieder völlig unkompliziert an allem teilnehmen.

Er selbst hat nichts gemerkt?

VON DER LEYEN Zu einem späteren Zeitpunkt hat er gemerkt, dass er Probleme hat mit Namen und Orten. Ich weiß noch, wie wir zusammen im Auto saßen und nach Braunschweig fuhren. Da sagte er: »Ich war beim Arzt. Ich habe Alzheimer.« Und es hat mir, obwohl ich gut ausgebildete Ärztin bin, den Boden unter den Füßen weggerissen, weil in mir sofort der Film ablief vom schrecklich desorientierten, verwirrten, aggressiven, alten Menschen. Und von diesem Moment an habe ich wahrscheinlich das Gleiche gemacht wie du, Maria, ihn nämlich permanent beobachtet: Wird es nun schlimmer? Vergisst er mehr? Jetzt sind acht Jahre vergangen, er ist nie aggressiv geworden, und die Krankheit schreitet ganz, ganz langsam voran.

Wie ist Ihr Vater mit der Diagnose umgegangen?

VON DER LEYEN Ich glaube, für ihn war das genauso entsetzlich wie für mich, denn natürlich hat er sofort alles darüber gelesen. Dann hatte er eine tieftraurige Phase. Er sprach darüber, dass man sein Leben selber beenden könnte – obwohl er sehr im Glauben verankert ist. In dieser Zeit hatten wir unendlich Angst, dass er sich etwas antut. Eines Tages sagte er dann: »Ich habe keinen Alzheimer, mir geht es ausgezeichnet. Das Einzige, was ich nicht mehr kann, sind die Namen der Tiere und der Orte.« Inzwischen ist das Verständnis für das Wort Alzheimer völlig verschwunden. Die Krankheit ist darüber weggeglitten und hat ihm das Entsetzen genommen.

FURTWÄNGLER Mein Vater dagegen neigte ohnehin zu Jähzorn, und das ist zu Beginn der Krank-

»Ich habe den Reichtum all dessen wahrnehmen können, was noch da ist – und es ist unendlich viel da.«

MARIA FURTWÄNGLER

heit schlimmer geworden, weil er gemerkt hat, bestimmte Dinge gehen nicht mehr. Ganz großes Thema war das Autofahren.

VON DER LEYEN Oh ja, das gab es bei uns auch.

FURTWÄNGLER Da geht es um den Verlust von Autonomie. Und das Autofahren war für ihn immer ganz wichtig, jederzeit überallhin zu können. Und zwar sauseschnell.

VON DER LEYEN Menschen aus unserem Ort riefen mich an und sagten: Er ist mir gestern in die Stoßstange gefahren und war ganz verwirrt. Dann habe ich etwas versucht, was wohl alle Angehörigen versuchen, nämlich an seine Vernunft zu appellieren, dass er nicht mehr fahren könne. Aber da bin ich einfach aufgelaufen. Er hat immer gesagt, das lasse er nicht zu, dass ich mich da reinmische.

FURTWÄNGLER Mein Vater wollte bei der Polizei anrufen und den Führerschein einfach noch mal machen.

VON DER LEYEN Eines Tages sagte mir jemand beim TÜV, »ab einem bestimmten Punkt müssen Sie den Schlüssel verstecken, sonst kommt noch jemand zu Schaden. Sie sind schon jetzt verantwortlich«. Diesem Rat bin ich irgendwann gefolgt. Es gab fürchterliche Auseinandersetzungen über Wochen.

Können Sie uns bitte den Unterschied zwischen Alzheimer und Demenz erklären?

FURTWÄNGLER Demenz ist der Oberbegriff. Es gibt verschiedenste Demenzformen, die teilweise den Namen des Hirnareals tragen, das sie betreffen. Mein Vater litt zum Beispiel an frontotemporaler Demenz.

VON DER LEYEN Dein Vater konnte Orte, Namen und Zusammenhänge noch lange zuordnen.

FURTWÄNGLER Ja, aber körperlich ging vieles nicht mehr. Mein Vater war ein sehr reinlicher Mensch. Plötzlich war es ganz schwierig, ihn unter die Dusche oder zur Zahnbürste zu bringen. Beim Alzheimer dagegen bleibt die Fassade lange erhalten. Die Patienten achten noch sehr lange auf ihr Aussehen.

VON DER LEYEN Ja, mein Vater hatte immer seinen Hut auf, wenn er rausgegangen ist. Was die Demenz bei meinem Vater im Anfangsstadium mit sich brachte, war, dass er ohne Arg zu Fremden wie guten Bekannten gleichermaßen offen war, immer seine Kontonummer herausgab, immer alles unterschrieb.

FURTWÄNGLER Das war ganz schlimm. Mein Vater war vollkommenes Opfer von diesen Glücksspielen am Telefon. Dazu kamen jeden Tag ungelogen mindestens 20 Briefe: Herr Bernhard Furtwängler, ich gratuliere Ihnen, Sie haben soeben eine Million Euro gewonnen. Sie müssen nur noch 20 Euro Bearbeitungsgebühr bezahlen.

VON DER LEYEN Einer der Briefe hat mich regel-

Blau ist eine warme Farbe. Maria Furtwängler (links) und Ursula von der Leyen beinahe im Partnerlook.

»53 Jahre war ich für meinen Vater ›Röschen‹. Aber ›Röschen‹ gibt es nicht mehr, ›Röschen‹ ist weg.«

URSULA VON DER LEYEN

recht rasend gemacht vor Wut: Sehr geehrter Herr Dr. Albrecht, gratuliere, Sie haben gewonnen, Sie müssen nur noch 50 Euro Bearbeitungsgebühr überweisen. Unterschrieben mit: Ihr Fritz Einfalt.
FURTWÄNGLER Ja, Einfalt, den hatte ich auch mal.
Haben Ihre Väter auch Geld überwiesen?
FURTWÄNGLER Ach, natürlich!
VON DER LEYEN Solange mein Vater offiziell noch geschäftsfähig war, ist leider viel Geld in obskure Kanäle geflossen.
FURTWÄNGLER Aber auch für nette Sachen. Er war beim Vogelbund und beim Sowieso-Bund.
VON DER LEYEN Und an alte Indianer in Amerika hat er Geld überwiesen. Anstrengend ist ja diese Zwischenphase. Kranke sind für die Außenwelt noch geschäftsfähig, aber ihre Familien müssen ständig auf der Hut sein und dennoch darf das nicht in Dauerkontrolle ausarten. Man will den lieben Menschen ja nicht abschotten, andererseits macht man sich große Sorgen, denn man ist ja verantwortlich.
FURTWÄNGLER Mein Vater hat auch viel Geld verliehen.
VON DER LEYEN Was unendlich wichtig ist: sich zu informieren, was andere erleben. Ich habe gelernt: Die Scham ist in Ordnung, die Wut ist in Ordnung, auch, dass der Alzheimer-Kranke Glück, Freude, solche Gefühle innerlich natürlich noch hat, und wenn es gelingt, diese Momente der konzentrierten

Zuwendung zu finden, dann tut es einem selber gut.
FURTWÄNGLER Und der Kranke fühlt sich gehört, aber nicht beurteilt, und muss nicht mehr kämpfen, um ernst genommen zu werden.
VON DER LEYEN Ich habe lange gebraucht, bis ich für mich akzeptieren konnte, dass mein Vater noch viel empfindet. Ich wusste genau, wann er traurig ist. Ich wusste genau, wenn er glücklich ist, singt er.
FURTWÄNGLER Als du sagtest, dass dein Vater so gern singt, dachte ich, das ist doch auch für meinen der Weg. Und ich fing an, tatsächlich mit meinem Vater wieder zu singen, zweistimmig, wie »Sepp bleib do, Du woaßt ja ned, wia's Wetter wird«, er die Terz drunter. Und bis zu seinem Sterben war das Singen mit ihm das für ihn Seligmachendste überhaupt.
Man sagt, Regelmäßigkeiten seien wichtig bei Demenzkranken. Ist das auch Ihre Erfahrung?
VON DER LEYEN Ja, Rituale sind enorm wichtig. Bei uns das Ziegen- und Hühnerfüttern. Die Ziegen lieben ihn über alles, die springen ihm hinterher, weil sie wissen, dass sie immer Zwieback von ihm kriegen.
Weiß er noch, wer Sie sind?
VON DER LEYEN Manchmal weiß er es genau, manchmal nicht. Und manchmal fragt er, wann die Eltern nach Hause kommen, damit meint er meinen Mann Heiko und mich. Was für mich eigentlich am

URSULA VON DER LEYEN

Sieben Kinder, vier Ministerposten (Familienministerin
in Niedersachsen, Bundesfamilienministerin,
Ministerin für Arbeit und Soziales, Verteidigungsministerin),
zwei Studien (Volkswirtschaft, abgebrochen, Medizin),
eine Ehe. Ärztin. Gilt als populärste Ministerin der
Regierung Merkel. Sie spricht leise, lacht viel,
handelt schnell. Zog 2007 mit ihrer Familie in das Haus
ihres alzheimerkranken Vaters, des ehemaligen
niedersächsischen Ministerpräsidenten Ernst Albrecht.

traurigsten im Augenblick ist: Ich bin 54 Jahre alt.
53 Jahre war ich für meinen Vater: »Röschen«, Röschen Albrecht. Aber Röschen gibt es nicht mehr,
Röschen ist weg. Er fragt nur noch »Wann kommt
Ursula nach Hause?« Und dann sag ich: »Ich bin
doch hier.« Ich denke, er nennt mich jetzt Ursula,
weil die Frauen, die ihn tagsüber betreuen, nur von
Ursula sprechen. Am schwersten war es für mich,
mit der eigenen Ambivalenz fertigzuwerden. Ich
habe meinen Vater über alles geliebt und ich liebe
ihn immer noch, aber anders. Die Übergangsphase
ist ganz schlimm gewesen. Ein anderer wichtiger
Punkt: Einerseits will ich das nie am eigenen Leib
erleben, andererseits muss ich sagen, er in seiner
kleinen Welt ist glücklich. Meine Mutter ist 2002
gestorben. Und ich glaube, wenn er keinen Alzheimer bekommen hätte, würde er immer noch sehr,
sehr um sie trauern, weil er sie über alles geliebt
hat. Und die Trauer war am Anfang auch erdrü-
ckend, aber je weiter der Alzheimer fortschreitet,
desto weniger trauert er. Er sagt immer, dass er sich
freut, wenn er tot ist und dann seine Frau wieder-
sieht. Und deshalb denke ich, wir dürfen nicht ur-
teilen, was gut ist für ihn und was schlecht.
**Ihr Vater, Frau Furtwängler, ist Ende letzten
Jahres gestorben. Wie war das für Sie?**
FURTWÄNGLER Ich hatte wirklich das Glück, meinen Vater in dieser späten Phase noch mal neu zu

entdecken, weil er plötzlich Sätze sagen konnte
wie: »Maria, wie lieb, dass du jetzt mit mir Schach
gespielt hast.« Dass sich mein Vater für irgendwas
bedankt hätte, das kannte ich gar nicht. Er war
milder und herzlicher geworden. Und dann ist er
sehr schnell an einer Lungenentzündung gestorben. Wenige Wochen zuvor hatte er sich wieder die
Hüfte gebrochen, wir haben noch Weihnachten
zusammen gefeiert, aber da hatte ich schon das
Gefühl, dass er den Lebensmut verloren hatte.
Dann ging alles sehr schnell: Ich war gerade in die
Schweiz gefahren, als der Anruf kam. Kurz nach
Mitternacht war ich wieder zu Hause. Diese letzte
Stunde mit meinem Vater war sehr wichtig für
mich und ich bin froh, dass ich bei ihm sein konnte – und dass mein Vater zu Hause war und ganz
bewusst gegangen ist, ganz wach und klar.
**Verstehen Sie, wenn Angehörige manchmal
denken, es wäre eine Erleichterung, wenn ein
Demenzkranker stirbt?**
FURTWÄNGLER Unbedingt. Ich glaube, jedes Gefühl ist da erlaubt.
VON DER LEYEN Die Alzheimer-Krankheit heißt ja
nicht umsonst eine Angehörigenkrankheit. Es ist
unglaublich anstrengend, wenn man sieben Tage
die Woche 24 Stunden mit einem Alzheimer-Kran-
ken verbringt.
FURTWÄNGLER Mein Vater schlief nachts nicht.

MARIA FURTWÄNGLER

Eine wie sie hieß früher Sonntagskind. In eine
berühmte Familie geboren: ihre Mutter,
Kathrin Ackermann, Schauspielerin, ihr Großonkel
der berühmte Dirigent Wilhelm Furtwängler,
sie selbst Ärztin und erfolgreiche Schauspielerin – ihre
Tatort-Kommissarin Charlotte Lindholm hat
zuverlässig hohe Einschaltquoten –, verheiratet mit
dem Verleger Hubert Burda.

Die arme Pflegerin! Ich selbst habe nebenan kuschelig geschlafen. Er ist nachts fünfmal aufgestanden und da musste man immer hinterher, weil er schlecht stehen und gehen konnte.

Haben Sie dieses unendliche Wiederholen erlebt, diese immer gleichen Sätze, die Demenzkranke sprechen?

VON DER LEYEN Oh ja. Nicht nur die immer gleichen Sätze. Sondern, wenn man ein Thema anspricht wie »Den Hühnerstall müssen wir abschließen, damit der Fuchs nicht wieder die Hühner frisst«, dann geht das über Stunden und Stunden und Stunden, dass er immer wieder kommt und sagt: »Die Hühner müssen gefüttert werden.«

FURTWÄNGLER Bei uns waren das die Hunde. Dass die ein paar Mal zu oft gefüttert wurden, das war okay. Aber das wurde immer mehr. Mein Vater hat das Essen vom Teller geradezu runtergeschoben. Die Hunde warteten schon unter dem Tisch. Dieses Diskutieren, dass er das lassen soll! Und kaum schaute man weg, zack, war schon wieder was unten.

VON DER LEYEN Darum ist es auch so wichtig, dass die Angehörigen Luft bekommen, dass man die Last zwischendurch auf mehrere Schultern verteilen kann. Dann entdeckt man die guten Momente, man wird geduldiger. Jetzt kommt zum Beispiel eine Frau einmal in der Woche zu uns, die früher viel mit meinen Eltern zu tun hatte, und schenkt

meinem Vater einen Nachmittag Zeit. Sie spielt mit ihm Puzzle, geht mit ihm im Garten spazieren. Und diese Hilfe für zwei bis drei Stunden entlastet alle unglaublich.

FURTWÄNGLER Es gibt auch Einrichtungen, zu denen man die Kranken einen Nachmittag geben kann, dort wird mit ihnen gesungen oder spazieren gegangen. Wichtig ist nur, dass sie abends wieder nach Hause kommen. Man muss die Informationen für Angehörige verbessern, sie müssen wissen, welche Möglichkeiten gibt es, dass dieser geliebte Mensch daheim bleiben kann, ohne dass die Angehörigen vor die Hunde gehen.

VON DER LEYEN Die Frauen, die sich im Augenblick um meinen Vater kümmern, gehen oft zur Alzheimer-Gesellschaft, die es inzwischen überall gibt. Dort lernen sie, was genau abläuft, wann es einen Schub gab, oder dass man in der Tiefe schlummernde Gefühle hervorholen kann, indem man alte Fotos anschaut oder alte Gegenstände.

Hat Ihr Vater professionelle Pflege?

VON DER LEYEN Ja, wir haben Hilfe. Jetzt kommt er aber langsam in die Phase, wo wir auch nachts jemanden für ihn brauchen. Meist schläft er, aber oft tigert er auch durchs Haus. Ich weiß nicht, wie man jemanden findet, der nachts da schläft, bereit ist, auch aufzustehen, aber morgens wieder geht.

FURTWÄNGLER Wir hatten dieses System »Haus-

»Wenn die Demenz beginnt, ist man beleidigt, dass einem dieser Mensch das schöne Bild zerstört, das man von ihm hat.«

MARIA FURTWÄNGLER

engel«, die kommen für vier bis acht Wochen, sind meistens Polinnen, und nach acht Wochen kommt die nächste. Es ist zwar nicht so teuer, dennoch muss man es sich leisten können.

Hören Sie das manchmal: Ja Sie, Sie können sich so was ja leisten?

VON DER LEYEN Ja. Und das stimmt ja auch, und nicht nur in finanzieller Hinsicht. Wir sind außerdem in einer unglaublich privilegierten Situation, weil wir zu Hause fast zehn Menschen sind, die sich abwechselnd kümmern können. Die Zukunft unseres Umgangs mit dem Thema Demenz wird wohl so aussehen, dass man die Pflege dreiteilt: die Angehörigen zum einen, zum anderen die professionelle Pflege, die morgens und abends kommt, sehr hilfreich ist, aber eben nur kurz kommt, vielleicht auch eine Tagespflege, dazu Menschen, die ehrenamtlich unterstützen.

Verstehen Sie denn, wenn Menschen sagen, ich schaffe das nicht mehr, ich gebe meinen Vater, meine Mutter in ein Heim?

VON DER LEYEN Ich kann es gut verstehen. Es ist doch besser, sie treffen die schmerzhafte Entscheidung, als dass es zu einer Katastrophe zu Hause kommt. Wenn jemand sagt, ich kann das nicht mehr, dann ist das ernst zu nehmen.

FURTWÄNGLER Also, wenn ich mir überlege, wie das gewesen wäre, hätte ich mir keine Pflegerin

leisten können? Hätte ich das geschafft? Völlig undenkbar. Das hätte einen so radikalen Umbau des Lebens und Verzicht auf so vieles bedeutet. Aber wenn man es irgendwie kann, wenn es mit Hilfe von Tageseinrichtungen oder Ähnlichem machbar ist, ist es, denke ich, sehr lohnenswert. Ich glaube, dass viele, inklusive ich selbst, viel zu wenig wissen, was geht und was nicht.

VON DER LEYEN Das geht mir auch so, obwohl ich bestens vernetzt bin.

Ihnen als Bundesministerin für Soziales?

VON DER LEYEN Ich weiß natürlich, dass es Pflegestufen gibt, aber wie kommen die Pflegestufen zu uns ins Haus? Ich habe bei Kollegen nachgefragt, jemand kam von der Krankenkasse. Und dann habe ich das erlebt, was, glaube ich, alle Angehörigen von Alzheimer-Patienten erleben, das Fassadenverhalten. Am Tag, an dem der Arzt kommt, sitzt mein Vater da, er fragt: »Darf ich Ihnen eine Tasse Tee anbieten, wohnen Sie auch hier, geht es Ihnen gut?« Gott sei Dank war das ein erfahrener Arzt.

Immerhin sind Sie selbst beide Ärztinnen und dadurch im Vergleich mit vielen anderen Angehörigen im Vorteil. Hatten Sie immer das Gefühl, Sie wissen, was Sie tun?

VON DER LEYEN Ich wusste nicht, was ich tue. Bis ich den Alzheimer erlebt habe, war das für mich eine schreckliche Diagnose. Dann fängt man an zu

»Ich glaube, mein Vater würde immer noch sehr um meine Mutter trauern, wenn er keinen Alzheimer bekommen hätte.«

URSULA VON DER LEYEN

lesen. Das macht es überhaupt nicht besser. Ich habe dankenswerterweise einen Kollegen gefunden, der ein erfahrener Alzheimer-Arzt ist. Und es gibt die Deutsche Alzheimer-Gesellschaft. Von beiden habe ich viel gelernt. Mir schreiben Angehörige, dass unser öffentliches Sprechen über die Krankheit ihnen hilft, das Tabu in ihrem eigenen Umfeld zu überwinden.

FURTWÄNGLER Am Anfang sitzt man mit dem Vater in einer Neurologie und hört sich an, was man machen könnte. Es werden einem Cholinesterasehemmer empfohlen, etwas, um das Gedächtnis wieder anzutreiben, man versucht Verschiedenes. Aber nach meiner Erfahrung war alles ein Schuss in den Ofen.

VON DER LEYEN Medizinisch kann man nichts tun im Moment, so weit ich die Landschaft überblicke. Wenn man das einmal verstanden hat, kann das auch entlasten. Dann ist man nicht in diesem »Wir müssen das behandeln«-Verhalten drin, sondern kann sich auf die Situation einlassen, sie hinnehmen. Das ist so wichtig, gerade für die Angehörigen: Haben Sie keine Angst, Sie können nichts falsch machen. Irgendwann wird das Leben zu Ende sein. Man muss es seinen Gang gehen lassen und sich darauf konzentrieren, was noch möglich ist. Und das ist trotz der traurigen Perspektive eine ganze Menge.

Haben Sie Ihre Väter noch nach Dingen gefragt, die Ihnen wichtig waren, bevor sie sie vergessen?
FURTWÄNGLER Ich wünschte, ich hätte viel mehr aufgeschrieben, vieles habe ich selber schon vergessen.

VON DER LEYEN Vor zwei, drei Jahren kam das Thema Gorleben wieder hoch. Und da dachte ich, ich frag meinen Vater mal, wie war das damals? Da guckt er mich an und sagt: »Gorleben – liegt das in Europa?« Da wusste ich: Du kannst ihn nie wieder fragen zu solchen Ereignissen. Ich Idiot, hätten wir doch früher mehr geredet.

FURTWÄNGLER Ab dem Alter von 80 werden 30 Prozent dement.

VON DER LEYEN Du immer mit deinen Zahlen!

FURTWÄNGLER Mit 100 über die Hälfte.

Hatten Sie manchmal Angst, dass Sie den Respekt verlieren?
FURTWÄNGLER Das sind diese ambivalenten Gefühle, von denen Ursula sprach. Ich habe das bei meiner Großmutter erlebt, die ich tief bewundert habe. Wenn dann die Demenz beginnt, ist man beleidigt, dass einem dieser Mensch dieses schöne Bild zerstört – in diesem Fall von einer großartigen, starken Frau. Die Kunst ist es, den Schalter umzulegen, ein neues Bild zuzulassen – das eines kranken, aber dennoch am Leben noch Freude habenden, geliebten Menschen.

VON DER LEYEN Gerade für intellektuelle Menschen ist es schwer zu lernen, dass dieses »Cogito ergo sum«, »Ich denke, also bin ich«, zwar stimmt, aber dass das viel zu wenig ist. Die Würde und Größe eines Menschen setzen sich aus ganz anderen Dingen zusammen. Was du geschildert hast über deine Großmutter, dieses anfangs Beleidigtsein, das ist richtig. Und trotzdem würde ich sagen, es hat mir geholfen, ganz erwachsen zu werden.

FURTWÄNGLER Das ging mir ähnlich.

VON DER LEYEN Den Vater zu überwinden und mich abzunabeln, indem ich aus der kindlichen Bewunderung gegenüber diesem beindruckenden Vater in eine Haltung gewechselt bin, die einfach nur akzeptiert, dass er ist, wie er ist.

Frau Furtwängler, Sie haben mal erzählt, dass Sie Ihrem Vater Schwimmflügel gekauft haben. Weil er noch schwimmen wollte, aber nicht mehr konnte?

FURTWÄNGLER Für meinen Vater war das Morgenbad im See eine Notwendigkeit. Und er wollte um jeden Preis einen Kopfsprung machen. Wenn er dann sprang, dachtest du, der taucht überhaupt nicht mehr auf. Da fing man an, ihm das zu verbieten. Aber ich habe gemerkt, man nimmt ihm gleichzeitig so viel weg. Erst wollte er die Schwimmflügel nicht anziehen. Ich sagte dann: »Papa, dann kannst du doch wieder reinspringen.« Irgendwann hatte ich ihn so weit. Dann stand er auf dem Sprungbrett. Und wusste nicht mehr, was er dort machen soll. Bis ich ihn reingeschoben habe. Ich bin natürlich sofort hinterhergesprungen. Da war dieser Moment zwischen Glück und Empörung. Irgendwie war er selig, irgendwie war es aber auch nicht in Ordnung. Der Moment hat mich zu Tränen gerührt.

Hat Sie die Zeit mit Ihrem kranken Vater verändert, Frau Furtwängler?

FURTWÄNGLER Ganz bestimmt. Ich bin sicherlich mir gegenüber in vielen Dingen geduldiger geworden, ich muss nicht mehr so vieles machen, und ich muss schon gar nicht mehr so vieles perfekt machen.

VON DER LEYEN Für mich ist eine Erkenntnis: Man muss früh genug anfangen, sich seine Bindungen in nächster Umgebung aufzubauen, wissend, dass man zum Schluss auf diese ganz kleine Gemeinschaft angewiesen ist. Ich glaube auch, dass wir, wenn wir mal älter sind, unseren Zeitreichtum denen geben sollten, die noch älter sind als wir.

Damit können wir die Generation, die nachwächst, entlasten. Und darauf hoffen, dass irgendwann auch uns jemand Zeit schenkt, der gar nicht mit uns verwandt sein muss.

FURTWÄNGLER Für deine unzähligen Kinder, die miterleben, wie die Mutter und der Vater das alles mitmachen, wird das doch selbstverständlich sein.

VON DER LEYEN Für mich sind die Lebensthemen ein wichtiger Punkt und die Frage, welche Verhaltensmuster bleiben im Alter und bei Krankheit? Bei meinem Vater war es vor allem eine Grundfreundlichkeit und die Erfahrung vom Krieg und dem heilenden Europa. Er sagt immer noch oft: »Ihr braucht nie wieder einen Krieg zu haben, weil wir ja Europa haben.« Ich frage mich häufig, in der Fülle der Themen, die mein Leben bewegen, was bleibt bei mir?

FURTWÄNGLER (lacht) Die Quote, Ursula, bestimmt die Frauenquote.

Und bei Ihnen, Frau Furtwängler?

FURTWÄNGLER Hm. Vielleicht: die Quote? Also, die Einschaltquote?

Paul

VON LISA FRIEDA COSSHAM   **ILLUSTRATION** GRACE HELMER

Neue Liebe, neues Glück? Nicht, wenn man Familie hat. Denn die Schuld, die verlassen zu haben, wiegt schwer.

Ich habe einen Freund und der heißt Paul. Um Paul zu sehen bin ich zu oft Taxi gefahren, habe Elternabende geschwänzt und Briefe mit der Hand geschrieben. Ein halbes Jahr später habe ich meine Familie aufgelöst. Stolz bin ich darauf nicht. Ich finde es nicht mutig, richtig oder falsch. Die Verantwortung für eine Trennung tragen immer beide, sagen Freunde, schreiben Psychologen. Aber so fühlt es sich nicht an. Die Schuld macht mich weich, meinen Ex-Mann Jan rasend: Eure Mutter liebt einen anderen, erklärt er den Kindern, und der ist das Böse.

Monate spreche ich nicht von Paul. Ich kann ja schlecht fragen: Mädchen, wann möchtet ihr das Böse kennenlernen? Eine Woche lebe ich mit Martha und Louise, in der anderen sehe ich meinen Freund. Ein seltsam schizophrenes Leben. Ich möchte alle vereinen und weiß, es ist nur mein Wunsch. Mir fallen die Worte einer geschiedenen Mutter ein, die sagte: Mein Liebhaber? Der ist privat. Den werden meine Kinder nicht kennenlernen! Manchmal stehe ich an Ampeln und stelle mir vor, ich würde alles rückgängig machen, meine Schritte umlenken, da drüben in die U-Bahn steigen und zu unserer alten Wohnung fahren, klingeln, stumm umarmen. Meine Kinder würden Paul nie kennenlernen, die dunklen Monate blieben hinter uns wie ein Spuk, ein Cauchemar. Ob die Kinder sich das erträumen?

Fünf Monate nach meinem Auszug hole ich sie bei meinem Ex-Mann ab. Ich war am See, sage ich. Wir sitzen im Auto, Martha und Louise schweigen. Ich war am See und hätte euch gerne dabei gehabt, wiederhole ich, Paul hat ein Boot. Sein Name wie ein Testballon, den sie zerschießen: Ach Mama, du mit deinem Paul. Schweigen. Ich werde ungeduldig. Ich verstehe, dass sie keine Lust haben, mein Glück zu teilen. Wenn wir einander gar nichts mehr erzählen, sage ich, dann wird uns fad werden. Wir werden uns verlieren, denke ich, aber das sage ich nicht. Martha macht das Radio an.

Die Voraussetzungen für eine Freundschaft zwischen Paul und meinen Töchtern sind miserabel, doch es scheint mir unmöglich, dass jemand, der mir nahe steht, meinen Kindern fremd bleiben könnte. Also warte ich. Auf was, erkenne ich erst, als es passiert: Ich warte, bis Jan sich in Anna verliebt und mit ihr zusammenzieht, mit zweimal zwei Kindern. Plötzlich fragen die Mädchen nach Paul. Sie versuchen, das Leben ihrer Eltern zu sortieren wie das ihrer Puppen: Mama, Papa, Kind. Ihr Vater hat jetzt Anna, und ich habe – wo ist der eigentlich?

An einem Abend, an dem Deutschland gegen Frankreich Fußball spielt und wir zwischen Nachbarn auf Bierbänken im Hof sitzen, reicht Paul den Kindern zum ersten Mal die Hand. Er sagt seinen Namen. Er setzt sich auf eine Bank neben mich. Er schaut zu den Kindern. Die Kinder schauen zu ihm. Niemand schaut mehr Fußball, aber alle kommentieren ihn. Möglichst lustig. Und laut. Langsam rutscht Louise auf meinen Schoß, so kann sie Paul aus der Nähe betrachten. Bald sitze ich zwischen meinen Kindern. Nach der zweiten Halbzeit sitze ich am Rand und beobachte drei alberne Menschen, die erleichtert feststellen, dass keiner von ihnen böse ist.

Unguter Hoffnung

VON LARA FRITZSCHE   **ILLUSTRATIONEN** ALLESSANDRO GOTTARDO

Neuerdings erwartet die Gesellschaft auch von Schwangeren, dass sie sich allen möglichen Schönheitsidealen unterwerfen. Das ist nicht nur absurd, sondern gefährlich: Es gibt immer mehr Mütter mit Essstörungen.

Eine kleine Kugel bekommen: okay. Selber eine Kugel werden: nicht okay.

An ihren ersten Gedanken erinnert sich Louisa Bartel noch genau. Sie schämt sich dafür, und doch – das weiß sie – wäre es heute wieder das Erste, was ihr in dem Moment einfiele. Sie hatte den Schwangerschaftstest neben der Toilette auf dem Badewannenrand liegen gelassen und war mit langsamen Schritten einmal die ganze Wohnung abgegangen. Als sie wieder ins Bad zurückkam, waren sicher drei Minuten verstrichen. Das Ergebnis: zwei Streifen, schwanger. Und ihr erstes Gefühl: Panik. Weil sie die vielen alten Ängste alle auf einmal wieder einholen. Zuerst der Gedanke: »Ich kann nicht mehr jeden Tag joggen gehen.« Dann: »Ich muss jetzt mehr essen.« Regelmäßig essen – in ihrem Kopf klingt das furchtbar. Dann die Gewissheit: »Ich werde fett werden.« Am Bauch auf jeden Fall, vielleicht auch woanders: Beine, Po, Brüste. »Krieg ich das je wieder runter?«

Die neun Monate Schwangerschaft sind ein ständiges Auf und Ab. Mal geht es Louisa Bartel gut, sie isst ihren Teller leer und vergisst hinterher sogar, es zu bereuen. Unbeschwerte Tage. Und dann kommen wieder die anderen: Tage, an denen sie sich vor dem Essen ekelt, nichts runterkriegt und mit beißendem Hunger ins Bett geht. Das hält sie gut aus, das kennt sie schon von früher. In ihrer Pubertät erkrankt Louisa Bartel an Magersucht, viele Jahre ist sie in Therapie, zwischenzeitlich sogar für ein halbes Jahr in einer Klinik. Als sie entlassen wird, gilt sie als geheilt. Sie selbst hat das nie so empfunden. Anfällig für eine gestörte Körperwahrnehmung bleibt sie. Therapiesitzungen nimmt sie immer wieder mal in Anspruch, über all die Jahre. Jetzt ist sie 37. »Unwohl habe ich mich im Grunde immer gefühlt«, sagt sie.

Nach außen sieht man das nicht und soll es auch nicht sehen. Louisa Bartel ist Unternehmensberaterin in einer Münchner Consulting Agentur. In diesem Beruf steht sie täglich Leuten gegenüber, denen sie ihre Ideen vermitteln muss. Oder die viel Geld dafür bezahlt haben, dass Louisa Bartel ihnen sagt, dass sie schon heute alles richtig machen. Um andere zu überzeugen, muss man zunächst mal von sich selbst überzeugt sein. Oder es zumindest vortäuschen können. Einen Ruf als unsichere Selbstzweiflerin kann sie sich nicht erlauben, deswegen heißt sie in diesem Text anders als in Wirklichkeit.

Freunde und Arbeitskollegen kennen eine Frau, die mit ihren feinen Lachfältchen um die Augen, dem offenen Blick, der Naturperlenkette und ihrem blau-weiß geringelten Pullover gleichermaßen ernsthaft wie unbekümmert aussieht. Sie wirkt wie eine, die das Leben genießt und alles im Griff hat. Oder: immer alles im Griff haben will. Genau das ist das Problem.

Essstörungen sind ein Kontrollversuch. Sie treten dann auf, wenn biologische oder emotionale Veränderungen anstehen, die unüberschaubar scheinen und womöglich überfordern könnten. Deshalb galten sie lange als Pubertätskrankheiten. In den emotionalen und biologischen Besonderheiten der Umbruchphase zwischen Kindheit und Erwachsensein sehen Experten die Ursachen für eine Erkrankung.

Neben der Pubertät ist die Schwangerschaft im Leben einer Frau die zweite große Umbruchphase. Die sie vor ganz ähnliche Herausforderungen stellt: Der Körper verändert sich, das Leben verändert sich – und das alles unter Hormoneinfluss.

Trotz der Parallelen stand die Schwangerschaft lange nicht im Fokus der Psychologen und Experten, die sich mit Essstörungen beschäftigen. Die Möglichkeit, dass schwangere Frauen ihrem Nachwuchs absichtlich zu wenig Nährstoffe zuführen, schien offenbar zu abwegig. Biologisch unlogisch.

Erst im vergangenen Jahr haben sich sieben britische Wissenschaftlerinnen, darunter einige, die selbst auch Mütter sind, an die Hypothese herangetraut: Das Ergebnis der Studie, die die Neurologinnen, Psychologinnen, Gynäkologinnen und Soziologinnen vom Institut für Kindergesundheit und der psychiatrischen Abteilung der Universität London gemeinsam durchgeführt haben, war eindeutig. Von den 739 schwangeren Probandinnen gab jede vierte an, große Angst vor einer Gewichtszunahme und der Veränderung ihrer Körperform zu haben. Jede zehnte Probandin

»Essstörungen sind ein Kontrollversuch. Sie treten dann auf, wenn biologische oder emotionale Veränderungen anstehen, die unüberschaubar scheinen. Wie in der Pubertät – und in der Schwangerschaft.«

zeigte bereits Verhaltensweisen einer Essstörung; hungerte, hatte Fressanfälle, erbrach sich, verwendete Abführmittel, Darmspülungen oder trieb exzessiv Sport. Und jede 15. Schwangere erfüllte alle Kriterien einer Essstörung. Ein überraschendes Ergebnis. Selbst für die Forscherinnen, die als einige wenige das Auftreten dieser Krankheit überhaupt für denkbar gehalten hatten.

»Wir haben festgestellt, dass die vielen Unzufriedenheiten der Frauen mit dem öffentlichen Bild der schwangeren Frau zusammenhängen«, erklärt die Leiterin der Studie, Nadia Micali. Die Schwangerschaft sei heute sehr viel öffentlicher und weniger schamhaft. Frauen tragen enge Kleidung, zeigen ihren Bauch. Zumindest in den Massenmedien. »Prominente zeigen heute ihre Babybäuche und sehen wenige Tage nach der Geburt wieder superschlank aus. An all dem haben wir teil durch Fernsehen, Zeitschriften, Internet. Diese Bilder erzeugen bei vielen Frauen unrealistische Erwartungen an ihren Körper«, sagt Micali.

Als Herzogin Kate im Juli 2013 den britischen Thronfolger George auf die Welt gebracht hatte und kurz danach mit ihm und ihrem Mann vor dem Londoner Krankenhaus für die Fotografen posierte, löste ihre Erscheinung bei vielen Leuten Fragen aus: »Wieso ist da immer noch diese krasse Wölbung unter dem hellblauen Kleidchen? Sie hat das Baby doch im Arm und nicht mehr im Bauch.« Fragen, die sich viele offenbar ernsthaft stellten, denn der Reporter der britischen *Sun* sah sich genötigt, sie in seiner Live-Übertragung zu beantworten. Etwas linkisch erklärte er den Zuschauern, dass es durchaus normal sei, dass der Bauch nicht gleich wieder flach sei. Alte Hebammenregel: Was neun Monate entsteht, braucht auch neun Monate, um wieder zu verschwinden. Logiknachhilfe für die Gesellschaft.

Das gewohnte Bild ist ein anderes: Heidi Klum modelte nur fünf Wochen nach der Geburt ihres Sohnes Henry schon wieder in Unterwäsche. Michelle Hunziker moderierte vier Tage nach der Geburt von Tochter Sole ihre Satire-Show *Striscia la notizia* – in pinkem Minikleid und schlank wie eh und je. Und Designerin Victoria Beckham trug eine Woche nach der Geburt ihres vierten Kindes Harper wieder Größe 34. Wie das geht? Ärzte gehen davon aus, dass das nur möglich ist, weil viele Prominente ihre Kinder einige Wochen vor dem errechneten Termin per Kaiserschnitt holen lassen. Denn die Gewichtszunahme in der Schwangerschaft verläuft exponentiell. Wer sich die letzten fünf Wochen spart, spart sich gleich einige Kilos.

Verheddert: Die Anforderungen an werdende Mütter sind komplex – schlank bleiben,
aber das Kind gut versorgen. Effizient sein, aber sich auch mal fallen lassen.

Wer die volle Schwangerschaft aussitzt und danach noch immer einen dicken Bauch hat, dem hilft Großbritanniens bekanntestes People-Magazin *OK!* Es veröffentlichte am Tag nach der Geburt von Thronfolger George einen selbsterdachten Diätplan für die Herzogin. Und der Personal Trainer von Kate wird in der gleichen Ausgabe mit den Worten zitiert: »Sie ist superfit, ihr Bauch wird sich wieder komplett zurückentwickeln.« Was für eine Erleichterung! Dass Kates After-Baby-Bauch-Auftritt nicht Unverständnis hervorrief und Häme, sondern auch sehr viel Lob und Zuspruch, zeigt im Grunde nur eines: Das ganz Normale ist nicht mehr normal.

Die neun Monate sind heute keine Auszeit mehr vom allgemein herrschenden Schönheitsideal und erst recht keine heilige Lebensphase, in der Frauen für zwei essen sollen und pralle Bäuche bedeuten, dass die werdende Mutter es besonders gut gemacht hat. Im Gegenteil.

Längst gibt es Schönheitsideale für Frauen während der Schwangerschaft. Eine kleine Kugel bekommen: okay. Selber eine Kugel werden: eher nicht so. Kim Kardashian, die Verlobte von Rapper Kanye West, erfuhr das am eigenen Leib. Amerikanische Klatschzeitschriften unkten über ihren Körper: »Kims Hintern ist noch fetter als ihr Bauch.« Eine bekannte Kolumnistin schrieb: »Geht es nur mir so, oder habt ihr auch den Eindruck, Kim gebärt auch noch etwas aus ihrem Arsch?«

Eigentlich logisch: Nicht alle Frauen behalten in der Schwangerschaft einen tollen Po und eine schmale Taille, sodass man ihnen von hinten die Schwangerschaft gar nicht ansieht – übrigens ein sehr geläufiges Kompliment in Babykaufhäusern und Vorbereitungskursen. Wo immer schwangere Frauen aufeinandertreffen und nett sein wollen, versichern sie einander, dass sie von hinten immer noch als unschwanger durchgehen.

»Unschwanger aussehen« ist auch das Stichwort für die Zeit danach: In deutschen Großstädten heißen Rückbildungskurse inzwischen »Fit und schlank nach der Geburt«. Harmlose Familienzeitschriften rechnen vor, wie viel Kilo eine Frau durch die Geburt verlieren kann: 3,3 Kilo wiegt etwa das Baby, etwa 500 Gramm wird man los, sobald die Plazenta raus ist, Fruchtwasser und Blut machen zusammen knapp zwei Kilo aus. Und – superpraktisch – einen Teil der Wassereinlagerungen schwitze die Frau außerdem beim Gebären aus. Da wird das Pressen zum ersten Work-out.

Und danach: weiter am Body arbeiten. So lange, bis man wieder Bauchfrei-Selfies posten kann: Bei der norwegischen Spielerfrau Caroline Berg Eriksen dauerte es vier Tage. Charlotte Würdig, die Ehefrau von Rapper Sido, brauchte drei Monate, präsentierte dann aber immerhin auch einen richtigen Sixpack. Nicht ohne ihren Personal Trainer zu feiern, der sich der »MILF-Macher« nennt. »MILF« ist die Abkürzung für »Mother I'd like to fuck«. Müde Mütter sollen also wieder fickbar gemacht werden.

Dünne Promis treiben nicht gleich Scharen von Frauen in die Essstörung, hämische Kolumnisten lösen keine Massendepression unter Schwangeren aus, und dreiste Personal Trainer sind kein Grund für grassierende Sportsucht unter Müttern. Aber sie alle verändern das gesellschaftliche Bild der schwangeren Frau – und erhöhen den Druck. Dass Frauen sich sorgen, nach der Schwangerschaft ihr Ausgangsgewicht nicht mehr zu erreichen, ist nicht neu. Schon 1990 gaben in einer Studie der Universität Oxford 40 Prozent der schwangeren Frauen an, Angst vor einer Gewichtszunahme zu haben. Aber die Aktionsbereitschaft hat sich verändert. Mehr Frauen als früher treffen Maßnahmen – gegen das Schwangerschaftsgewicht. Brenda Broussard, Professorin an der Universität Seattle, kam 2012 in einer Studie mit amerikanischen Probandinnen sogar zu einem höheren Wert von essgestörten Schwangeren als dem, den ihre britischen Kolleginnen ermittelten. Von ihren 54 Studienteilnehmerinnen zeigten 27 Prozent, also beinahe jede Dritte, Verhaltensweisen einer Anorexie, einer Bulimie oder einer Ess-Brech-Sucht.

In Pro-Ana-Foren im Internet, in denen sich Essgestörte zum Weiterhungern animieren, sind inzwischen auch viele erkrankte Schwangere angemeldet. Sie nehmen teil an den üblichen Ritualen der Gruppe, zählen Kalorien, träumen wortreich von einem Leben mit dem Wunschgewicht und geben Kotztipps. Nur ihre Thinspiration-Bilder, also jene Fotos, die besonders dünne

Menschen zeigen und, an die Kühlschranktür geklebt, eine »Inspiration« sein sollen, noch weniger zu essen, die sind anders. Sie zeigen ebenfalls ein mit Haut bespanntes Skelett, Elle und Speiche sind klar voneinander zu unterscheiden, Oberschenkel schmaler als das Kniegelenk und die Schlüsselbeine tiefe Kuhlen, nur vorne am Bauch wölbt sich eine kleine kompakte Halbkugel. Das Bild ist eine Fotomontage – wie viele andere digitale Thinspiration-Bilder, denen ganz real hinterhergehungert wird. Keine Frau kann mit so einem Körper leben, und kein Embryo in ihm überleben. Gesunde Menschen sehen das sofort, Kranke sehen das nicht mehr. An Anorexie Leidende etwa entwickeln eine rechtshemisphärische Störung, die ihre Körperwahrnehmung verfälscht. Das Hirn sendet nur noch »fett, fett, fett«, ganz unabhängig von der realen Silhouette.

Eine dünne Schwangere zu sein ist unmöglich. Trotzdem ist das das erklärte Ziel. Auch in Therapieeinrichtungen in Deutschland ist das Krankheitsbild seit ein paar Jahren bekannt. Andreas Schnebel ist Leiter des Münchner Therapiezentrums »Anad«, das in vier Wohngruppen in der Stadt etwa 55 Essgestörte betreut. In seiner Funktion als Vorsitzender des »Bundesfachverbands Essstörungen« trifft er sich einmal im Monat mit Leitern ähnlicher Einrichtungen aus dem ganzen Bundesgebiet, mit Klinikchefs und Therapeuten; also all den Experten, die täglich mit Essgestörten arbeiten. Auch deren Einschätzung ist eindeutig: Schwangere Essgestörte gab es früher kaum. Und wenn, dann nur weil eine akut essgestörte Frau zufällig schwanger wurde.

Erkrankungsbiografien wie die von Louisa Bartel sind neu: Die Symptome beginnen, als Louisa gerade 18 Jahre alt ist. Und sie beginnen in der Familie. Dass Louisa Bartel heute so gut und klar darüber sprechen kann, ist das Ergebnis vieler Sitzungen beim Psychologen. Ihr Vater ist damals viel weg, arbeitet häufig im Ausland, ist nicht immer zu erreichen. Und ihre Mutter, eine ängstliche Frau, ist mit den vier Kindern überfordert, leidet an Depressionen, die sie aber versucht zu verstecken, weil es nicht passt zu dem Bild, das sie sich von sich selbst macht. Ehefrau, Mutter, perfekte Gastgeberin, wenn mal Geschäftspartner zum Essen kommen, witzig, fröhlich, zuversichtlich. Trotzdem spüren die Kinder die Unruhe der Mutter, angesprochen werden darf sie nicht. Wie überhaupt recht wenig angesprochen wird. Nach außen wirkt alles gut, aber innen ist irgendwas kaputt. So empfindet Louisa damals ihre Familie. Sie wird krank. Irgendwann wiegt sie nur noch 38 Kilo bei einer Größe von 1,63 Meter, die Ärzte sprechen nun schon in ihrer Gegenwart von der letzten Option: künstlicher Ernährung. Das wirkt. Sie entwickelt eine Form der Magersucht, mit der sie leben kann, arbeiten, heiraten, eine Familie gründen. Nie ganz gesund, aber auch nicht mehr akut gefährdet. Es ist die Aussicht auf eine Schwangerschaft, die die alte Störung reaktiviert.

Dass diese Rückfälle erst in den vergangenen Jahren vermehrt auftreten, ist kein Zufall. Essstörungen sind erst Ende der Achtziger in Deutschland angekommen; damals wurden die ersten Kliniken gegründet, die ersten Therapieplätze angeboten. Erst seitdem wird die Störung systematisch behandelt und von der Krankenkasse anerkannt. Wer damals ein Teenager war, ist jetzt in dem Alter, Kinder zu kriegen. Die erste Generation von Essgestörten wird schwanger.

Aber es gibt auch andere Erkrankungsmuster: nämlich Neuerkrankungen während der Schwangerschaft und solche, die erst danach entstehen. Und diese seien erst in den vergangenen Jahren vermehrt aufgetreten, so die Beobachtung von Andreas Schnebel und seinen Kollegen aus den anderen Therapieeinrichtungen in Deutschland. Die Inntalklinik, eine auf Essstörungen spezialisierte Einrichtung in Süddeutschland, hat darauf bereits reagiert; vor zwei Jahren hat sie ihr Angebot erweitert und einige Therapieplätze für Mütter mit Säuglingen eingerichtet. »Weil die Zahl der Anfragen mehr und mehr gestiegen ist«, wie der leitende Oberarzt der Klinik, Alexei Tarasov erklärt.

»Ich habe den Eindruck gewonnen, dass die Besonderheiten der Schwangerschaft nicht mehr angenommen werden können«, sagt Schnebel. Nicht nur wegen des vorherrschenden Schönheitsideals, sondern auch, weil alle Menschen, nicht nur Frauen, sich davor fürchteten, die Autonomie über ihren Körper zu verlieren. Ein lustvolles Verhältnis zum eigenen Körper ist seltener geworden. Sport, Ernährung, Sex – alles dient mehr und mehr dem Zweck der Selbstoptimierung oder Selbstbestätigung. Effizienz statt Dekadenz. Beherrschung statt Genuss. Sicherheit statt Zuversicht.

Im Leben von Frauen ließe sich dieses Selbstbild an einem Punkt nicht mehr aufrechterhalten: mit Beginn der Schwangerschaft. Sie ist der totale Kontrollverlust. Jeden Tag verändert sich etwas: Der Bauch wächst, nach vorne, nach den Seiten, plötzlich wächst er nach oben. Der Körper ist kein so belastbares Werkzeug mehr, nichts, was man - wie früher - den Tag über nicht zu beachten braucht. Und sich erst abends zum Sport oder Sex wieder bewusst macht. Ausblenden geht nicht mehr, er fordert den ganzen Tag Aufmerksamkeit. Aufmerksamkeit für seine Auswüchse. Für jede Frau ist diese Veränderung nicht nur wundervoll, sondern auch belastend. Und diese körperliche Belastung wird zur psychischen Belastung, wenn »unschwanger aussehen« das Maß ist.

Und es ist nicht die einzige. Schwangere Frauen sind ja Empfängerinnen vieler verschiedener - sich zum Teil widersprechender - Rollenanforderungen. Neben schlank bleiben gilt es ja auch, dem Nachwuchs keine wichtigen Nährstoffe zu verweigern. Sie sollen alle vier Wochen zur Vorsorge bei der Gynäkologin, zur Geburtsvorbereitung, zur Kreißsaal-Führung, zum Beckenboden-Training, sollen Bücher lesen und Zimmer herrichten, nicht ständig in Tränen ausbrechen, sollen bei der Arbeit Bescheid sagen, wann sie wieder arbeiten kommen, sollen Gelder beantragen, Krippenplätze organisieren, nicht blöde rumglucken und immer schön fickbar bleiben. Aber, ganz wichtig, das Wunder annehmen, sich auch mal fallen lassen, die Weiblichkeit umarmen und ständig in sich reinhören. Eine liebevolle Mutter werden eben.

»Für Frauen mit größerem Kontrollbedürfnis ist diese Mischung dann krankheitsauslösend«, sagt Schnebel. Die Essstörung gibt den Erkrankten das Gefühl, eine Sache kontrollieren zu können. Wenigstens eine. Auch wenn es zynisch klingt: In diesem Katalog von Anforderungen scheint der Körper noch der überschaubarste Ansatzpunkt zu sein. Im Vergleich zum Rest fast wieder einfach zu beherrschen.

Louisa Bartel hat inzwischen eine Tochter auf die Welt gebracht. Sie hat nach dem positiven Ergebnis des Schwangerschaftstests gleich wieder Kontakt zu ihrem Therapeuten von früher aufgenommen, ihre Ängste und Sorgen mit ihrem Mann geteilt, die Gynäkologin eingeweiht und dann versucht so entspannt wie möglich zu bleiben. Das gelingt nicht immer: Es gibt Phasen, in denen der Bauch absurd stark zu wachsen scheint und noch weiter wächst, obwohl sie schon ganze Mahlzeiten streicht. Das macht sie nervös, die Panik kommt zurück. Aber im Herbst kommt ihre Tochter zur Welt, ist nicht zu klein, kerngesund. Zur Nachsorge geht Louisa Bartel weiter regelmäßig in Gesprächsgruppen. Sie möchte die Beschäftigung mit Essen und Gewicht endlich ganz loswerden. Schon allein für ihre Tochter. »Was für eine Mutter will denn so ein Vorbild sein?«

Filmreif

VON ANDRIAN KREYE **FOTOS** STEFAN RUIZ

Abgeschottet durch ihren herrischen Vater verließen sechs Brüder in New York kaum je die Wohnung. Darin lagerte eine riesige Videosammlung – und in den erfundenen Welten fühlten die Geschwister sich frei.

Auch auf dem Gruppenbild zu *Clockwork Orange* trägt Eddie lieber Schwarz.

Die Geschichte des Wolfsrudels von New York erzählt natürlich viel mehr als nur das Schicksal der sechs Brüder, die abgeschottet in einer Sozialwohnung auf der Lower East Side von New York aufwuchsen und sich das Leben mit den rund 5000 Filmen zusammenreimten, die ihr Vater zu Hause hortete. Sie erzählt von der Kraft der Bilder und Geschichten und auch vom uralten Traum von einer besseren Welt. Für die Angulos begann der Traum vor mehr als einem Vierteljahrhundert auf dem Inka-Pfad in Peru. Vater Oscar war peruanischer Bergführer, Mutter Susanne amerikanischer Hippie. Sie verliebten sich und zogen los. Ihr Traum führte sie nach Kalifornien und West Virginia. Der Vater suchte erst Erleuchtung, später wollte er Rockstar werden. Unterwegs zeugten sie sieben Kinder. Doch dann endete die Suche nach dem Glück eben auf jenem Keil aus Backsteinhochhäusern, der zwischen der Delancey Street und dem East Broadway wie ein Archipel der Gescheiterten am äußersten Rand der Glamourinsel Manhattan liegt und sich seit Jahrzehnten beharrlich den Zeitströmungen widersetzt, die so viel Reichtum in die Stadt gebracht und so viel Armut aus der Gegend vertrieben haben.

Die Söhne der Angulos waren eine bizarre Erscheinung. Sechs Knaben mit pechschwarzem, hüftlangem Haar. Ihr Vater hatte ihnen als Anhänger der Hare-Krishna-Sekte altindische Namen gegeben: Bhagavan, Govinda, Narayana, Mukunda, Krisna und Jagadesh. Ihre Schwester Visnu ist wegen eines Chromosomenfehlers körperlich behindert. Nur selten verließen die Kinder die Wohnung im 16. Stock des Sozialbaus, es gab Jahre, da sahen sie die Außenwelt gar nicht. Unterrichtet wurden sie von ihrer Mutter. Das Home-Schooling-Geld war neben der Sozialhilfe das Einkommen der Familie.

New Yorker Sozialbauten sind eine trübe Welt. Die Wohnungen liegen an langen, neonbeleuchteten Gängen, in denen der säuerliche Geruch von Armut und Verwahrlosung steht. Viele dieser Wohnungen sind wie Höhlen, in denen sich die Menschen ohne Arbeit und Hoffnung verkriechen, weil sie das Tempo der Stadt dort draußen nicht aushalten und sie sich den Überfluss nicht leisten können. Auch Oscar Angulo floh vor der Welt in die Beklemmung der Wohnung, die er verrammelte wie eine Festung. Er wollte seine Kinder vor den Gefahren und dem Druck, aber auch vor den Verlockungen da draußen schützen. Den einzigen Schlüssel zur Vordertür hatte er.

Die Zeit in der Wohnung vertrieben sich die Brüder mit den Filmen. Nun sind die Brüder selbst Figuren des Dokumentarfilms *Wolfpack* geworden, den die Regisseurin Crystal Moselle gedreht hat, nachdem sie den Brüdern 2010 auf der First Avenue begegnet war. In der ersten Szene sieht man sie in schwarzen Anzügen und dunklen Brillen. Sie fuchteln mit Pistolen aus silbern bemalter Pappe herum, brüllen, raufen, schlagen sich. Man erkennt nach wenigen Schnitten, welchen Film sie da spielen – Quentin Tarantinos *Reservoir Dogs*, in dem sechs Gangster nach einem Juwelenraub übereinander herfallen. Die Dialogzeilen sitzen. Die Waffen sind im richtigen Anschlag.

Überhaupt sind die sechs Brüder keine Kaspar-Hauser-Gestalten. Sie sprechen mit weichen Stimmen, eloquent und reflektiert. Und wenn sie über Filme reden, schimmert ein cineastischer Bildungsschatz auf. »Wir sind mit Action und Horror und Spaß aufgewachsen«, erzählte Narayana einem Reporter nach der Premiere von *Wolfpack*. »Als ich *Der Pate* zum ersten Mal sah, hat das mein Leben verändert. Da haben wir angefangen, uns die Klassiker anzuschauen, Stanley Kubrick und Martin Scorsese. Und das ausländische Kino entdeckt, Kurosawa, Truffaut, Fellini, Chantal Akerman und unzählige andere. Die wichtigste Lektion war, dass es im Kino keine Regeln gibt. Als wir später anfingen, uns David Lynch anzusehen, haben wir uns gewundert, dass seine Filme so ganz anders sind als alles andere.«

Ihre Leidenschaft kanalisierten sie in Bildern und Kostümen, die an die Art brut erinnern, die in den Galerien und Museen so beliebt ist, weil sie dem Kunstbetrieb hin und wieder vorführt, dass die Kunst im Kern eine Wahrhaftigkeit hat, die das Interpretationskauderwelsch in die Schranken weist. Mukundas Batman-Kostüm etwa, das er aus Cornflakesschachteln und Yogamatten gebastelt hat. Die Masken der Superhelden und der Gruselgestalten aus Horrorfilmen wie

Halloween und *Freitag der 13*. Oder die Wasserfarbenbilder von Filmplakaten. Hin und wieder allerdings bricht die Melancholie aus ihnen heraus. »Hätte ich keine Filme gehabt, wäre das Leben sehr langweilig gewesen«, sagt Mukunda. »Es hätte keinen Grund gegeben, weiterzuleben. Ich hatte immer gedacht, ich müsste ein Leben in Einsamkeit führen. Aber die Filme haben mir eine andere Welt eröffnet. Und ich habe mich dort wiedergefunden. Das schüchterne, einsame Kind gibt es ja oft im Kino. Das war meine Kindheit.«

Moselle vermeidet es, den Vater als Finsterling zu porträtieren. Das muss sie auch nicht. Wie er stoisch auf seinem Bett sitzt, sich von seiner Frau Getränke bringen lässt, die alten Familienvideos, in denen die Jungs Spalier stehen und er sie auf den Mund küsst, um dann mit ihnen Maskentänze aufzuführen, die schreckgeweiteten Augen der Mutter, die unter der Gefangenschaft so geduldig leidet, setzen einen schaurigen Grundton im Film. So ist er ein Phantom wie der Stationsleiter Kurtz in Joseph Conrads *Herz der Finsternis*. Nur dass er nicht am Ende des Kongos sitzt, sondern am Ende des Flurs. In den Erzählungen der Brüder taucht er hin und wieder auf. Man spürt ihren Groll, der nicht Hass werden kann. Da ist ein Vater, der sich als Gott und Erleuchter sieht und ein Alkoholiker mit paranoiden Wahnvorstellungen ist. »Er wollte seinen eigenen Stamm, seine eigene Rasse«, sagt Mukunda.

Findlingsgeschichten dienen schon seit dem 19. Jahrhundert als Parabeln auf die Zivilisation, als die Geschichten von Kaspar Hauser oder Rudyard Kiplings Mowgli die Massen faszinierten. Und so kann man auch in die Geschichte der Brüder Angulo vieles hineinlesen. Vielleicht wären sie nicht mehr als eine menschelnde Reportage in einer Lokalzeitung geblieben, gäbe es da nicht den Film, der beim Sundance Film Festival den großen Preis bekam und nun als Favorit für den Doku-Oscar gilt, die Ausstellung in der neuen Galerie des Superkurators Jeffrey Deitch, der ihre Bilder, Kostüme und Attrappen ausgestellt hat, und den Bildband von Dan Martensen, einem Modefotografen, der sonst für die *Vogue* arbeitet, für H&M, Nike und Ralph Lauren.

Es ist aber nicht nur die Parabel der Wolfskinder, die das Kino zu Menschen gemacht hat, die so gut funktioniert. Das Wolfsrudel bedient mit seiner Geschichte und seiner Art brut auch den unstillbaren Hunger der New Yorker Kulturwelt nach dem Wilden, Unberührten, das der Pop- und Hochkultur in regelmäßigen Zyklen Stromstöße versetzt. Das mag ein ausbeuterischer Zyklus sein, der sich da immer aufs Neue wiederholt. Auf der anderen Seite brachte dieser Hunger schon Blues und Hip-Hop in die Welt, Reggae, Punk und Jean-Michel Basquiat.

Auch dem Wolfsrudel hat das den Ausbruch erleichtert. Der begann vor fünf Jahren mit einem Spaziergang des Drittjüngsten, Mukunda. Er stahl sich eines Nachmittages, als der Vater beim Einkaufen war, einfach davon. Um nicht erkannt zu werden, nicht von den Menschen, nicht vom Vater, trug er eine der Horrormasken. Es dauerte nicht lange, da holte jemand die Polizei. Die Behörden schalteten sich ein. Eines Tages stürmte ein Einsatzkommando die Wohnung.

Zu ihrem Glück endete die Geschichte nicht wie so oft in Kinderheimen und Pflegefamilien. Mukunda war damals 15, der älteste Bruder schon 18. Sozialarbeiter stellten weder Verwahrlosung noch Missbrauch fest. Ein Experte für Familienrecht attestierte den Angulos »seltsame elterliche Entscheidungen«, mehr nicht. Sie sind jetzt zwischen 16 und 23. Die vier volljährigen Brüder leben außer Haus, werden als edle Wilde herumgereicht, durften nach London reisen und in Hollywood berühmte Regisseure treffen. Doch sie befreien sich vom kultischen Regiment ihres Vaters, sie hoffen, ihren exotischen Ruhm für ein Leben nach der Isolation zu nutzen. Krisna nennt sich nun Glenn, Jagadesh Eddie. Govinda, Mukunda und Narayna versuchen sich in Anfängerjobs beim Film. Bhagavan unterrichtet Yoga und Tanz. Nur die ältere Schwester Visnu ist mit 25 wegen ihrer Behinderung noch nicht so weit, auf eigenen Füßen zu stehen.

Das Happy End hilft natürlich, das Wolfsrudel zu feiern. Im Film und auf den Bildern mögen sie noch faszinierende Figuren einer exotischen Welt sein, die das Kino als Cargo Cult der Unterwelt heiligt. Doch es war eben auch die Kraft des Kinos, die sie daraus befreite.

Die Rolle des Heavy-Metal-Sängers Rob Halford
füllt Eddie Angulo voll aus.

Mukunda hinter einer selbst gebastelten
Maske wie in *Batman: The Dark Knight*.

Mukunda im kompletten
Batman-Kostüm

Die nachgebastelten Requisiten gehören zu *Full Metal Jacket* (Helm) und *Das Halloween Monster*.
Die Filmplakate haben die Angolobrüder abgemalt, das Drehbuch zum *Batman*-Film selbst transkribiert.

Mukunda als Auftragsmörder Anton Chigurh
in *No Country for Old Men*.

Eddie als Jason
im Horrorfilm *Freitag der 13.*

Teilen

VON LISA FRIEDA COSSHAM   ILLUSTRATION GRACE HELMER

Teilzeiteltern müssen lernen, dass ihre Regeln im anderen Haushalt nicht mehr gelten. Den Kindern fällt das leichter.

Manchmal, plötzlich, fällt mir das Teilen schwer und ich erinnere mich daran, was mir gehört. Ich raffe zusammen, klammere mich an Details, werde kleinlich. Das französische Kleid mit den weißen Streifen, ich habe es für Martha gekauft – wo ist es eigentlich? Ich wühle hektisch in den Schränken der Kinder, schreibe eine SMS an Jan, nachts: Wo ist das Kleid mit den weißen Streifen? Hat es bei einem Kleidertausch den Haushalt gewechselt? Habt ihr es verschenkt? Jan kann sich nicht erinnern: Ist es jetzt so wichtig? Ja, unbedingt, mein Leben zerfranst.

Ich wäre gerne so leicht wie meine Kinder. Sie wurden nie gefragt, ob sie ihre Eltern teilen möchten, die Zimmer, Betten, die Schulgeschichten. Es wirkt so, als machte es ihnen nichts aus. Sie teilen ihr Leben mit den Patchworkgeschwistern Marie und Robin, die ich nur von meinen Besuchen kenne. Anna verbringt viel Zeit mit meinen Töchtern, und Jan sagt, sie mache das vorsichtig und gut. Sie spreche von mir, erinnere an die Mutter, die 18 Straßenbahnminuten weit weg wohnt. Mir sind ihre Kinder so vertraut wie Spielkameraden aus der Nachbarschaft. Ich lebe nicht mit ihnen, und trotzdem gehören wir nun zusammen, irgendwie. Wir sagen uns Hallo, wechseln ein paar Sätze, und am Tisch reiche ich ihnen den Saft rüber.

Wir sitzen in der Küche mit dem Holzofen, Martha ist nach zwei Wochen zurückgekehrt, sie war in England, ein Schüleraustausch. Anna hat Freunde eingeladen, Jans Bruder ist zu Besuch, wir prosten uns zu. Neben mir am Kopfende die Kinder, wild geschminkt, es ist Halloween. Alle reden durcheinander, die Kinder am lautesten. Sie sind aufgeregt, endlich sind sie wieder vereint. Sie erzählen Geschichten, sagen krass, geil und scheiße, und als es mir zu dolle wird, sage ich: Es reicht, wir essen ja gerade! Kaum eine Unterhaltung ist möglich, die Kinder dominieren die Gesellschaft. Es kümmert sie nicht. Irgendwann springen sie auf, das Baguette noch in der Hand und verschwinden kichernd.

Wir trinken. Reden. Um halb zehn kommt Martha an unseren Tisch und erklärt, sie würden nun einen Film schauen. Ist zu spät jetzt, sage ich, hier guckt keiner mehr einen Film. Die Tür fliegt. Jan folgt Martha, ich folge Jan. Ich höre, wie Marie sagt: Was können wir dafür, dass wir plötzlich um halb zehn ins Bett gehen sollen? Sie ist 13 wie Martha, zusammen sind sie eine wilde 13. Jan beginnt zu diskutieren, da rufe ich wütend, dass es mir ganz egal sei, was Marie denke. Meine Kinder würden normalerweise um halb neun ins Bett gehen. Meine Kinder. Normalerweise. Ein dummer Satz, wenig hilfreich. Ich begreife, dass ich gehen muss. Es ist nicht mein Haushalt, die Regeln sind andere, ich habe weder die Übung noch die Lizenz, vier Kinder zum Schlafen zu bewegen.

In der Tram versuche ich zu lesen, mir ist kalt. Zuhause gehe ich sofort ins Bett. Als gelte es Schlaf zu sammeln, den andere brauchen.

Ein Mann mit Vergangenheit

VON LARS REICHARDT

Vor Opa Erwin, dem übellaunigen Kerl, hatten die Enkel fast ein bisschen Angst. Erst viele Jahre später wurde klar: Im Dritten Reich war er ein Held. Er sprach nur nie darüber.

Marinestabsarzt a.D. Dr. med. Erwin Valentin, bis ins hohe Alter kaisertreu und korrekt gekleidet.

Mein Opa Erwin war ein verschrobener Griesgram. Er war nicht mein echter Opa, meine Mutter war seine Stieftochter. Sie und wir, die beiden angeheirateten Enkelkinder, interessierten ihn nicht im Geringsten. Wenn wir meine Oma Irmgard und ihn in der badischen Kleinstadt Bruchsal besuchten, verschanzte er sich im ersten Stock im Arbeitszimmer mit seiner Zigarre hinter dem Schreibtisch. Meine Mutter wollte nicht hoch, meine kleine Schwester konnte noch kaum laufen, also musste ich zu ihm, um guten Tag zu wünschen. Ich kann mich nicht erinnern, dass er aufgestanden wäre aus seinem Ledersessel, um mich zu begrüßen. Ich ließ eine Hand auf der Klinke hängen, die andere am Türstock, näher wagte ich mich nie heran. Ich grüßte, er blickte auf und nickte mir hinter der Rauchschwade zu, ohne die Zigarre aus dem Mund zu nehmen.

Das ist die einzige Szene, an die ich mich erinnern kann; er starb, als ich fünf war. Meine Großmutter hat mir etwas mehr von ihm erzählt, aber das machte ihn nur unwesentlich sympathischer. Es waren immer die gleichen drei Geschichten, die Oma wiederholte; ich kam nie auf die Idee, Fragen zu stellen. Ich weiß bis heute nicht, wie sich die beiden kennenlernten. Niemals hätte ich mir vorstellen können, dass meine Oma und der falsche Opa sich tatsächlich richtig geliebt hätten. Schon gar nicht, dass ihre Liebe selbst Auschwitz überlebte.

Omas erste Geschichte: Erwin, geboren 1883, wird 1907 als junger Assistenzarzt in Berlin dazu abkommandiert, Kaiser Wilhelm II. auf dem Schiff nach China zu begleiten. Der Kaiser traut sich vor Hongkong aus Angst vor Krankheit kein einziges Mal von Bord und bekommt dennoch die Ruhr. Erwin heilt den Kaiser und bekommt zum Dank eine goldene Uhr, die mir meine Oma achtzig Jahre später kurz vor ihrem Tod schenkt. Ich fand allerding nie einen Beleg für so eine Reise des Kaisers, auf der Uhr stand auch keine Widmung. Sie ist mir irgendwann gestohlen worden oder vielleicht habe ich sie auch selbst irgendwo verlegt. Gott sei Dank war Oma da schon tot, die Uhr war ihr heiligstes Familienerbstück.

Omas zweite Geschichte: Erwin hängt während des Dritten Reiches an Hitlers Geburtstag die Reichsflagge des Kaisers aus dem Fenster und wird zur Strafe eine kurze Zeit zum Zwangsdienst als Arzt ins KZ Auschwitz versetzt. Wie lange genau, erzählte Oma nie.

Die dritte Geschichte: Erwin versteckt im KZ ein Kind unter seinem Bett, »er konnte den Jungen gut als Assistenten gebrauchen«, sagte Oma. Es hörte sich so an, als ob Erwin nur einen pragmatischen Grund für seine gute Tat gehabt hätte. Nach dem Krieg erhält er dafür jedenfalls das Bundesverdienstkreuz Erster Klasse. Bei der Verleihung durch den Bundespräsidenten stürzt Opa betrunken vom Podest.

Meine Mutter kannte auch eine Geschichte: Er hat ihr als Kind öfter eine runtergehauen und sie in den Kohlenkeller geschickt, wenn er sie bestrafen wollte. Auch später, als Stiefvater eines pubertierenden Teenagers, war er völlig überfordert.

Erwin war sehr viel älter als meine Großmutter, zwanzig Jahre, er hatte – so weit wir wissen – keine eigenen Kinder. Oma hatte ihn erst nach dem Krieg geheiratet, als er schon Anfang sechzig war. Mit ihren ersten beiden Ehemännern hatte sie Pech: Der erste war ein kleiner Nazi, der für seine Partei viel unterwegs war. Sie verließ ihn und wurde Nummerngirl im Varieté, in Berlin, nehme ich an. Dort lernte sie Hans kennen, meinen leiblichen Großvater. Der war ein Weiberheld und Trinker, in dieser Reihenfolge. Was sie mir nicht erzählte: Oma heiratete Hans zweimal. Nachdem er sie verlassen hatte, nahm sie ihn noch einmal auf, und ließ sich abermals scheiden, weil sich nichts verändert hatte. Nicht mal meine Mutter wusste von der Doppelhochzeit ihrer leiblichen Eltern, so peinlich muss die meiner Großmutter gewesen sein.

Meine Mutter, meine Schwester und ich glaubten lang, dass Oma nach diesem Debakel den alten Erwin wahrscheinlich nur geheiratet hatte, weil sie im Alter finanziell abgesichert sein wollte und Liebe ihr nicht mehr so wichtig war. Oma nannte ihren dritten Mann »Vatl« und sprach nach dessen Tod oft davon, wie gut er sie mit seiner Pension versorgt hätte. Ihre Ehe war eine leidenschaftslose Zweckgemeinschaft, da waren wir uns alle sicher.

Von Opa Erwin blieb uns außer seiner goldenen Uhr nur das Foto von Omas Nachttisch: ein Schwarz-Weiß-Porträt, auf dem er lächelt. Ich habe ihn nie lächeln sehen. Er war in meiner Erinne-

Warum heiratet man so einen Mann? Wegen des Geldes, unterstellten die Enkelkinder ihrer Großmutter.

rung der verschrobene, unnahbare Monarchist, kauzig auch in seinen Hobbys: Er züchtete Rosen und Bullterrier; einer schubste mich einmal in den Gartenteich. Seine Hunde waren genauso unfreundlich wie er.

Er ist 86 Jahre alt geworden. Ich habe nicht geweint, als ich von seinem Tod gehört hatte. Fast hätte ich ihn vergessen.

Vor zwei Jahren meldet sich dann der Enkel eines Rechtsanwalts bei mir: Ob ich der Erbe von Opa Erwin sei? Ich muss nachdenken, bin ich wohl, gemeinsam mit meiner Schwester. Am Telefon erklärt mir der Enkel des Rechtsanwalts: Sein Großvater, Dr. Otto Stahmer, wurde bei den Nürnberger Prozessen zu Hermann Görings Pflichtverteidiger bestellt. Stahmer hatte sich als Anwalt einen tadellosen Leumund während des Dritten Reichs bewahrt, aber im Laufe des Prozesses war er mehr und mehr der Faszination seines Mandanten Göring erlegen.

Der Anwalt Görings hatte unserem Opa im Februar 1946 geschrieben, um bei ihm zu erfragen, ob Auschwitz denn wirklich so schlimm gewesen sei, er sei doch Häftling gewesen, und ob das gesamte deutsche Volk mitschuldig sei. Er wollte das wissen, um Görings Verteidigung vorbereiten zu können. Opa habe Otto Stahmer ausführlich geantwortet, erzählt der Enkel, und zwar dass Auschwitz

noch viel schlimmer gewesen sei, als man sich vorstellen könne. Am Ende des Briefes an den Verteidiger berichtet er auch von einer Frau, die aus Liebe sogar ihr Leben für ihn riskiert habe: meine Oma.

Opa ein Held und Oma die große Liebe seines Lebens? Sprechen wir von den gleichen Personen?

Im Winter 2012 überreicht mir der Enkel persönlich eine Kopie des acht Seiten langen, maschinengeschriebenen Briefes meines Opas, der seit 1946 unter mehreren Regalmetern Akten in Norddeutschland lag, bei einer Familie, die sich lange darüber uneins war, wie man am besten mit dem heiklen Prozessmaterial des Großvaters umgehen sollte. Die Originale wurden 1969 dem Bundesarchiv in Koblenz übergeben.

Den Brief beginnt Opa mit Höflichkeitsfloskeln – wie es ihn freue, dass Stahmer überlebt, wie ihn seine Anfrage erreicht habe, dass er gern einer Bitte »um meine Stellungnahme« nachkomme, »zu der Frage der Schuld der Deutschen im Allgemeinen an den perversen Grausamkeiten der Naziverbrecher ... obwohl ich fest davon überzeugt bin, dass meine Stellungnahme nicht nach Ihrem Sinn sein wird«.

Auf den folgenden zwei Seiten zunächst die Schilderung, wie er überhaupt nach Auschwitz gelangt ist – eine Geschichte, die sich stark von der Version unterscheidet, die meine Oma stets erzähl-

Irmgard war eine schöne Frau, als sie mit Anfang vierzig ihren dritten
Ehemann Erwin heiratete, der zwanzig Jahre älter war als sie.

te: der Zwangsversetzung, weil an Hitlers Geburtstag die Flagge des Kaisers aus Erwins Fenster hing.

Opa war »Halbjude« – schon das war mir neu. 1937 wird er bei der Ärztekammer als Jude denunziert, im Oktober 1938 muss er seine Berliner Praxis schließen. Er wird fälschlicherweise zum Volljuden erklärt und legt Einspruch bei Herrmann Göring ein, den »ich persönlich als gewesener Oberstleutnant kannte, als er noch mit ausgefransten Hosen über die Straße lief, nach dem ersten Weltkrieg«. Einer von Görings Adjutanten lehnt den Einspruch ab. Opa muss Geld verdienen und bewirbt sich als Arzt in dem »jüdischen Arbeitslager« Neutomischel in Polen. Er zeigt den dortigen Lagerführer an, SA-Oberscharführer Stülpnagel, weil der Lebensmittel für Lagerinsassen unterschlägt. Opa wird daraufhin in ein Lager nach Posen abkommandiert. Er ist noch Freigänger, bis er dort von der SS am 23. August 1942 verhaftet wird, offensichtlich, weil er unerlaubt Polen behandelt. Er benennt den offiziellen Haftgrund in dem Brief nicht genau. Er wird in das berüchtigte Fort VII - Colomb, ebenfalls in Posen, eingeliefert – »als Arier und politischer Häftling«; er muss zehn Wochen heiße Ziegel aus der Brennerei schleppen; er beobachtet, wie die Gestapo Geständnisse in sogenannten Hundehütten erpresst: »80 cm hohe und 60 cm breite Verschläge unter der Treppe, deren Seiten und Oberwand sowie Fussboden mit Nagelspitzen benagelt waren. In diese Hundehütten wurden die Armen in vierfüssiger Stellung hineingeführt und ihnen der Frass zwischen die Hinterbeine geschoben. Ich habe nur einen gesehen, der es länger als zwei Tage ausgehalten hat, aber die Schreie dieser Menschen höre ich heute noch in der Nacht.« Mit stolzem Unterton schreibt Opa, dass er »beim Stubenappell durch den Leiter der SS Posen, SS-Obersturmführer Eberhard Freiherr von Stossberg« mit den Worten begrüßt wird: »Ach, das ist ja der Halbjude, der den Lagerführer angezeigt hat«.

Eine »glänzende Vorschule für Auschwitz« nennt Opa das Fort VII. Kein kranker Insasse wird je behandelt. Zum Morgenappell jagen scharfe Polizeihunde die Gefangenen auf einen vereisten Festungswall; wer nicht schnell genug ist, dem wird »in den Arsch« gebissen.

Am 20. April 1943 unterschreibt Ernst Kaltenbrunner, der nach dem Krieg in Nürnberg zum Tod verurteilt werden wird, einen Haftbefehl für Dr. Erwin Valentin, meinen Opa, der daraufhin nach Auschwitz transportiert wird, als Jude, mit Judenwinkel und der auf dem linken Arm eintätowierten Nummer 122660. Ich habe diese Nummer nie gesehen, und meine Großmutter hat mir nie davon erzählt. Und wieder erwähnt Opa im Brief keinen offiziellen Haftgrund.

In Auschwitz bekommt er nach 15 Wochen Straßenbauarbeit eine Lungenentzündung, liegt drei Tage lang in Ohnmacht, magert von 86 auf 40 Kilogramm ab. »Der Lagerarzt Rohde, ein selten roher SS-Patron, liess den bereits erhobenen Daumen, dessen Fall nach links den Tod bedeutete, nach rechts sinken, als ihm der damalige Saalarzt Dr. Horwitz aus Berlin, als ich nackt vor ihm stand, gesagt hatte: ›Herr Lagerarzt, ich kenne den Mann aus Berlin, der war Athlet und wird sich wieder erholen. Und ausserdem ist er Chirurg und wir brauchen einen Chirurgen!‹ Somit war ich für diesesmal und für die folgenden Male gerettet und wurde dann als ›Pfleger‹, denn Ärzte gibt es keine unter den Häftlingen, eingesetzt und erhielt die Ambulanz des Krankenbaublockes Nr. 9 als mein Betätigungsfeld.«

Auf den folgenden drei Briefseiten beschreibt Erwin Gräueltaten und den KZ-Alltag in Auschwitz: »Die Verpflegung war geradezu schweinemäßig. Es gab nur Wasser mit Dreck oder Dreck mit Wasser.« – »Die SS frass uns die Kartoffeln weg.« Mithäftlinge verkaufen feste Schuhe gegen die tägliche Brotration von 250 Gramm. In den Kammern von Auschwitz lagern unermessliche Reichtümer, Habseligkeiten von Häftlingen, die eigentlich dachten, nur deportiert zu werden, nicht getötet. Erwin vermutet, dass einige Mithäftlinge und Gestapo-Leute Auschwitz als mehrfache Millionäre verlassen haben.

Im Winter müssen die Gefangenen nachts nackt zum Appell antreten. Das Kommando Sola-Brücke, benannt nach einem kleinen Fluss, hat die größte Anzahl »natürlicher« Todesfälle: Morgens rücken 300 Mann aus, abends kehren meist nur 100 zurück. Die verschiedenen Lager in Birkenau hält Opa Erwin für die schlimmsten, weil sogar Fußböden fehlen oder die Häftlinge in Zelten untergebracht sind. »Anfang 1944, als 600 000 ungarische Juden, Männer, Frauen und Kinder, nach Birkenau gebracht wurden, die Krematorien nicht ausreichten, so wurden noch zwei Scheiterhaufen mit Petroleum hinzugenommen.«

Opa beschreibt auch, wie die Gefangenen vergast wurden: »Die ahnungslosen oder auch ahnungsvollen Opfer wurden in den ersten Raum gejagt mit vorgehaltenen Maschinengewehren..., mussten im ersten Raum sich vollkommen entkleiden, wenn sie dann in den nächsten Raum, einen einfachen Blechraum hineinkamen, so trat die erste Unruhe ein, weil sie in diesem Raum keinen einzigen Wasseranschluss sahen. Sowie der Raum gefüllt war, strömte aus dem unter dem Dach befindlichen Ventil das Zyklongas ein, und nach einer halben bis zwei Minuten waren die Menschen hinüber. Es gab auch Vergasungen kleineren Stiles...«

Am 25. Januar 1945 soll Opa mit den letzten überlebenden 3700 Häftlingen aus Auschwitz »evakuiert« und damit wohl erschossen werden. Aber der SS-Verband aus Kattowitz rückt unverrichteter Dinge ab, da die russische Armee schon kurz vor Auschwitz steht. Opa behandelt verletzte russische Soldaten, am 29. Januar verlässt er mit 14 österreichischen Mithäftlingen zu Fuß das Lager Richtung Krakau. Dort verarztet er nochmals russische Soldaten. Am 31. Januar, also noch vor Kriegsende, gibt er eine eidesstattliche Erklärung zu den Menschenrechtsverletzungen in Auschwitz ab, die Alliierten denken bereits an einen internationalen Gerichtshof. Sein Protokoll wird in Berlin ausgehängt, in einer russischen Zeitung veröffentlicht, im englischen Radio vorgelesen. – »Daher wussten viele meiner Freunde, dass ich der Hölle von Auschwitz lebend entkommen war.« Auch Oma wird so von seinem Überleben erfahren haben.

Über Bukarest und Wien kehrt er sechs Monate nach Kriegsende am 23. November 1945 nach Berlin zurück. »Abgesehen von den mir im K.Z. ausgeschlagenen und ausgetretenen 22 Zähnen, für die ich jetzt endlich Ersatz zu bekommen hoffe, bin ich gesund und will nochmals versuchen, eine Praxis wieder aufzubauen.«

Am Ende des Briefes erwähnt Opa sarkastisch, dass jetzt alle behaupteten, von nichts gewusst zu haben: »Ich bin fest überzeugt davon, dass auch der blutigste aller S.S. Verbrecher,

Himmler selbst, wenn er noch lebte, erklären würde, dass er von nichts gewusst hätte, obwohl wir genau wissen, dass er nicht nur im Winter 1941/42 eine Vergasung in Auschwitz mitangesehen hat, sondern sich auch die letzte Vergasung in Auschwitz am 17. Oktober 1944 noch mit ansah mit grossem Gefolge!« Auch Göring habe natürlich von allem gewusst.

Ein Jahr nach Kriegsende bringt Erwin in seinem Brief an Otto Stahmer auch die Schuld der Deutschen zur Sprache, und in dem Zusammenhang schreibt er auch eine kleine Passage über meine Großmutter, die mein ganzes Bild von ihr und ihrer Beziehung mit ihm auf den Kopf stellt: »Nur ein ganz kleiner Teil des deutschen Volkes steht in meinen Augen ... als unschuldig da, jene, die wirklich nichts wussten, und jene, die es wussten und unter eigener Lebensgefahr durch Briefe oder Päckchen, die sie an uns noch in das K.Z. schickten, unter Beweis stellten, dass sie anti-hitlerisch und damit antifaschistisch waren. Die Frau, die ich demnächst nach ihrer hoffentlich nicht zu lange dauernden Scheidung heiraten werde, hat so zu mir gehalten und mir dauernd Päckchen und Briefe geschickt, obwohl es für sie stets gefährlich war. Und, wenn ich auch dank der Gemeinheit der S.S. und der alten Spitzbuben von Mithäftlingen, die auf der Paketstelle im Lager sassen, nur ein einziges Päckchen erhalten hab, so habe ich ausser ihrem Wort Zeugen für ihre Taten! Und wie diese meine zukünftige Frau gibt es Tausende, die ihre Überzeugung durch die Tat bewiesen haben.«

Die Andeutung des Enkels von Otto Stahmer stimmte also tatsächlich: Meine Großmutter war die große Liebe in Erwins Leben, und er offenbar auch für sie. Wie heroisch er meine Oma schildert, obwohl sie ihm doch nur Päckchen geschickt hat. Wie stolz er auf sie ist.

Drei Sätze, die Erwin über Oma in dem Brief fallen lässt, drei Sätze, die zeigen, dass meine Mutter, meine Schwester und ich die Liebe zwischen den beiden immer verkannt hatten, genau wie Opa Erwin, der nicht etwa ins KZ strafversetzt wurde, weil er ein kauziger Monarchist gewesen wäre (das sicherlich auch), sondern weil er Jude war. Ich verstehe nun, dass jemandem, der so viel Schreckliches erlebt hat, nicht danach war, mit Enkelkindern zu spielen. Ich glaube sogar, seine merkwürdigen Hobbys irgendwie nachvollziehen zu können: Rosen und Bullterrier, die Schönen und die Biester.

Ich habe auch meiner Oma Unrecht getan, ich mochte sie zwar immer sehr gern, hielt sie aber immer für eher opportunistisch. Wer weiß, ob sie sich tatsächlich in Gefahr gebracht hat durch Post nach Auschwitz, aber immerhin hat sie auf Erwin gewartet – mindestens zwei Jahre lang ohne Nachricht.

Warum hat uns niemand von Opa Erwins Jahren in Auschwitz erzählt? Hat er die Details des erlebten Grauens auch seiner Frau verschwiegen? Um sie zu schonen? Um sich selbst zu schonen? Hat vielleicht sie wiederum nur ihre Tochter und später dann uns Enkelkinder mit der genaueren Schilderung verschonen wollen? Hat meine Oma vergessen, wie furchtbar Auschwitz für Opa war? Wollte einer von beiden oder wollten beide gemeinsam darüber schweigen, um eher vergessen zu können? Gab es sogar eine Abmachung zwischen den beiden?

Die Unfähigkeit zu trauern nannten Alexander und Margarete Mitscherlich, die Psychoanalytiker, 1967 ihr großes Buch über die unzulängliche Vergangenheitsbewältigung einer ganzen deutschen Kriegsgeneration, sie schrieben das Buch über die Mitwisser und Täter. Aber auch nicht alle Auschwitz-Überlebenden konnten nach dem Krieg über ihre Erlebnisse sprechen. Und wer wollte schon ernsthaft einem Mann, der selbst so viel Leid erlebt hatte wie Erwin, Vorschriften machen, wie er das erlebte Grauen zu bewältigen habe?

Oder gab es einen ganz banalen Grund für Omas und Opas Schweigen? Oma war schon getrennt von Hans, ihrem zweiten Mann, aber noch mit ihm verheiratet, als sie schon um Erwins Leben in Auschwitz fürchtete. Vielleicht wollte sie uns glauben machen, sie hätte ihn erst nach Auschwitz kennengelernt. Anders wäre es ja nicht schicklich gewesen.

Hätten die beiden uns oder zumindest meiner Mutter mehr davon erzählt, wenn sie gewusst hätten, wie wenig wir von ihrer Ehe hielten?

Bei seinem eigentlichen Adressaten kann der Brief keinen großen Eindruck hinterlassen haben. Von Dr. Otto Stahmer ist sogar eine öffentlich geäußerte Bemerkung aus den Sechzigerjahren überliefert, dass sein Mandant Hermann Göring im Grunde ein anständiger Kerl gewesen sei.

Erst nachdem ich den Brief gelesen hatte, konnte ich mich daran erinnern, wie liebevoll Oma einmal von Opa Erwins Tod erzählte: 1969 setzte er sich neben sie auf die Stufen vor ihrem Haus. Er lehnte seinen Kopf an ihre Schulter, sagte: »So müde«, und schon war er tot.

Gestepptes Kind

VON GABRIELA HERPELL

Mit seiner Kleidung kann man seiner Mutter so einiges sagen – auch noch als Erwachsene.

ach der Schule trafen wir uns immer »unter der Uhr«. So hieß bei uns der Platz in der Fußgängerzone, über dem eine große Uhr hing. Es waren die Siebzigerjahre, alle dort trugen grüne Parkas, alle außer mir. Ich war 13, neu zugezogen und wollte so sein wie die anderen, ein grüner Parka war mein sehnlichster Wunsch.

Ich weiß nicht mehr, ob es mein Geburtstag war oder Weihnachten. Ich weiß nur noch, dass der Parka, den ich bekam, blau war. Dunkelblau. Meine Mutter strahlte, als ich ihn auspackte. »Den hast du dir doch so gewünscht!«

Ich hätte lieber keinen Parka bekommen als einen dunkelblauen. Aber so war meine Mutter. Sie mochte »diese Militärfarbe« nicht, also suchte sie einen Parka nach ihrem Geschmack aus und merkte es kaum. Ich ging in dem Parka vielleicht zur Klavierstunde, aber niemals unter die Uhr.

Als meine Schwester und ich kleiner waren und eines Tages nebeneinander die Treppe runterliefen, sagte mein Vater erschrocken: »Das sind ja kleine Ebenbilder von dir!« So erzählt es meine Mutter und lacht. Wir trugen karierte Hosen aus Wolle, die kratzten und überhaupt das Unlässigste waren, das wir uns vorstellen konnten. Aber meine Mutter mochte uns in karierten Hosen. Denn so mochte sie sich selbst ja auch. Sie mochte uns in Polohemden und Faltenröcken, in gesteppten Daunenwesten und College-Schuhen und kam in keiner Sekunde auf die Idee, dass man diese Art Kleidung auch nicht mögen konnte.

Mit vierzig habe ich mir einen grünen Parka gekauft. Ein später Akt der Rebellion. Das lag daran, dass in den Achtzigern und Neunzigern irgendwie niemand grüne Parkas trug und ich meine Rebellion mit kaputten Jeans (für meine erste Jeans musste ich lang kämpfen) und schwarzen Lederjacken auslebte. Aber als ich den Parka endlich hatte, durchströmte mich ernsthaft ein tiefes Glücksgefühl. Es war genau der, den ich damals hätte haben wollen. Ein alter Bundeswehrparka. Einer mit seitlich eingeschnittenen Taschen, in die man die Hände so gemütlich reinhängen kann.

Ich zog den Parka an, als ich das nächste Mal zu meiner Mutter fuhr. Ich wusste, dass ich ihr darin nicht gefallen würde. Ich weiß, dass ich ihr in meinen Sachen meistens nicht gefalle. Mein Lieblingsaufzug: verwaschene Jeans mit Pullovern in verwaschenen Farben, dazu Stiefel oder Turnschuhe. Niemals Halbschuhe. Niemals Polohemden. Keine gesteppten Daunenjacken.

Ich sehe jedes Mal, wie es in ihr arbeitet: Warum zieht sie sich so an? Sie ist doch meine Tochter! Sie könnte so hübsch aussehen, wenn sie nur ein bisschen Geschmack hätte. Ich triumphiere. Es freut mich, wenn meine Mutter mich kritisiert.

Meine Mutter sieht sehr gut aus. Sie war – und ist immer noch – der Inbegriff der Dame. Sportlich-elegant. Damit vertrat sie ihre Klasse: den gehobenen Mittelstand. Hausfrau, Mitgliedschaft im Tennisclub, Waffeln backen für Rotary, Damenausflüge während der Geschäftsreisen meines Vaters. Sie war stolz auf diese Klassenzugehörigkeit, mir war sie unendlich peinlich damals. Das demonstrierte ich mit meiner Kleidung.

Nun frage ich mich, ob ich das immer noch nötig habe. Meine Mutter ist mir längst nicht mehr peinlich. Aber ich komme nicht raus aus diesem Programm. Komme nicht raus aus verwaschenen Jeans und Turnschuhen. Als müsste ich bis heute mit aller Macht dafür sorgen, dass man in mir bloß keine Dame sieht.

Die drei von der Baumschule

VON RAINER STADLER **FOTOS** GERHARD WESTRICH, RAFAEL KRÖTZ

Juri, Immanuel und Semjon mussten nicht zur Schule gehen. Für viele Kinder ein Traum, für Behörden ein Albtraum. Nun sind die Brüder erwachsen. Wurden sie Verlierer, Versager, Verweigerer? Eben nicht.

Juri, Immanuel und Semjon (von links) lernten früh auf Bäume und Masten zu klettern.

Ein sonniger Herbsttag in Niedersachsen, auf einer Anhöhe nördlich von Hildesheim hat sich eine fröhliche Gemeinschaft versammelt, die eine Vorliebe für veganes Essen, Bionade, Afro- und Reggaemusik verbindet. Und die Ablehnung der staatlichen Schulpflicht. Aus dem ganzen Land sind Familien angereist, die sich dem Zwangsunterricht widersetzen und mit den Behörden streiten oder – wenn sie Glück haben – von ihnen geduldet werden. Schon der Ort des »Schulfrei-Festivals« – mitten im Wald, mit Bus oder Bahn kaum zu erreichen – deutet an: Wer in Deutschland den Traum vom Leben ohne Schule auslebt, begibt sich an den Rand einer Gesellschaft, die eher mehr als weniger Schule will, angeblich im Interesse der Kinder.

Drei Tage dauert das Festival, gut 300 Besucher lauschen Referenten aus Frankreich, England und Kanada, wo es Eltern erlaubt ist, ihre Kinder zu Hause zu unterrichten. Auch Christiane Ludwig-Wolf hält einen Vortrag, über die rechtliche Situation von Schulverweigerern in Deutschland. Sie kennt sich aus, ihre drei Söhne gingen sechs Jahre lang nicht zur Schule. Immanuel, ihr Ältester und Mitorganisator des Festivals, steht am Eingang und kassiert für Eintritt und Essensmarken. Das damit verbundene Rechnen fällt dem 25-Jährigen etwas schwer, und sofort drängt sich der Verdacht auf: Ist das der Preis der Schulabstinenz? Doch sein jüngerer Bruder Juri hat ebenfalls sechs Jahre geschwänzt – und war trotzdem wenige Wochen nach der Einschulung in eine Regelschule Klassenbester in Mathe. Die Geschichte der Brüder Wolf liefert keine schnellen Antworten, dafür einige erstaunliche Erkenntnisse und jede Menge Zweifel am Sinn gängiger Schulbildung.

Anfang der Neunzigerjahre, in einem Dorf in der Schwäbischen Alb. Immanuel Wolf besucht die zweite Klasse einer Waldorfschule. Jeden Morgen, wenn ihn sein Vater dort abliefern will, schreit und tobt er, wehrt sich buchstäblich mit Händen und Füßen gegen die Schule. Die Eltern stehen vor einem Rätsel. Ein Pädagoge rät, den Jungen einfach sechs Wochen lang in die Schule zu bringen, dann werde das Geschrei schon aufhören. Das entspricht nicht den Vorstellungen der friedensbewegten Eltern. Sie haben sich Anfang der Achtzigerjahre bei einer Sitzblockade gegen die Raketenbasis in Mutlangen kennengelernt und teilen ein Hobby, dem zu dieser Zeit viele junge Menschen nachgehen: ziviler Ungehorsam. Der Sohn wird also an der Schule krank gemeldet und Christiane Ludwig-Wolf, die Mutter, taucht tief in die alternative Pädagogik ein. Sie hört auch einen Vortrag von Olivier Keller, der Familien aus der Schweiz und Frankreich untersucht hat, die sich der konventionellen Schulbildung verweigern, und voller Bewunderung ihre Lebensgeschichten erzählt. Sie denkt: »Wenn andere Familien das hinkriegen, schaffen wir das auch.«

Weil dieser Bildungsweg heute wie damals in Deutschland nicht vorgesehen ist, flunkert Christiane Ludwig-Wolf, Immanuel erhalte nun in Österreich Blockunterricht. Die Behörden scheinen mit der Auskunft zufrieden zu sein, jedenfalls hakt niemand nach, auch nicht, als Semjon dem Beispiel des größeren Bruders folgt und sich ebenfalls der Schule verweigert. 1999 siedelt die Familie nach Sachsen-Anhalt um, den Vater, gebürtiger Ostfriese, hat es wieder in den Norden gezogen – in eine Landschaft mit weiten Feldern, Kühen und Pferden, Backsteinhäusern und bis heute erstaunlich vielen Funklöchern. Die Familie kauft sich ein altes Bauernhaus mit großem Garten in Baars. Der Ort liegt südlich von Salzwedel und besteht aus einer Straße, links und rechts davon zehn Häuser. Auch an Juri, dem dritten Sohn, ist die Einschulung mittlerweile vorübergegangen, dafür hat sich das Erziehungskonzept von Christiane Ludwig-Wolf verfestigt: Kinder seien von Natur aus in der Lage, selbst alles zu lernen, was sie für ihr Leben brauchen, auch die Kulturtechniken Lesen, Schreiben und Rechnen, wird sie später an die Behörden schreiben. Die Schule mit ihrem Zwangscharakter störe diesen Prozess nur. Bei ihr zu Hause finde Lernen »im Leben, in Zusammenhängen statt« und es sei »von außen häufig nicht sichtbar und auch dem Lernenden selber nicht bewusst«. Das Gelernte sei »innerhalb dieser Lebenszusammenhänge zwar selbstverständlich verfügbar, in einem isolierten, abstrakten Raum aber nicht abfragbar«. Ihre Kinder lernten beim Bau eines Modellautos, beim Spielen mit Sand oder Wasser, beim Basteln und Bauen mit

»Die Kinder lernen selbst, was sie zum Leben brauchen – Schule stört da nur.«

Holz. Sie konstruierten mit Bauklötzen und Fischertechnik, erfänden Rollen- und Brettspiele. Auch einen Lernraum gebe es zu Hause »mit unzähligen Büchern zu unterschiedlichsten Themen« sowie Übungsmaterial für die Fächer Mathematik, Deutsch, Englisch, Erdkunde.

Trotz ihrer Vorstellungen weitab von jedem Lehrplan erzieht Christiane Ludwig-Wolf ihre Söhne nicht zu Sonderlingen: Semjon fährt gern BMX-Rad und spielt mit selbst gebastelten Waffen, Juri programmiert gern seinen alten Computer, den ihm sein Onkel geschenkt hat, Immanuel drechselt mit seinem Vater Schachfiguren, liest viel und geht mit seinem Hund spazieren. Sicher, die Brüder heißen nicht Paul, Luca oder Leon wie die meisten Kinder und laufen oft barfuß. Aber dieser unmittelbare Kontakt zur Natur sei pädagogisch wertvoll, sagt der Vater, das habe schon Rudolf Steiner festgestellt: »Erst gilt es, die niederen Sinne auszubilden, dann entfalten sich auch die höheren.«

In der neuen Heimat spricht sich die Geschichte der Jungen schnell herum, beim zuständigen Schulamt in Gardelegen geht eine anonyme Anzeige ein. Als der Schulrat Karl Heinz Mohnert eines Morgens die Familie kontaktieren will, meldet sich eine Bekannte und erklärt, die Mutter und ihre drei Kinder lägen draußen im Garten in ihrem Tipi-Zelt und schliefen noch. Tatsächlich liebt die Mutter die Nähe zur Natur, und weil die Kinder keine Schule besuchen, gibt es auch keinen Grund, früh aufzustehen. Mohnert bestellt die Familie in sein Amt, zwei Welten treffen aufeinander: Im Spätherbst kommen Mutter und Kinder barfuß an, die Mitarbeiter des Amts beobachten die Szene ungläubig und raunen dem Schulrat zu: »Herr Mohnert, Sie müssen da was tun.«

Das Jugendamt schaltet sich ein, es kommt zu einem regen Schriftwechsel. Christiane Ludwig-Wolf argumentiert, Immanuel, Semjon und Juri »verweigern massiv den Besuch einer Schule und ich könnte sie nur unter Ausübung von psychischer und physischer Gewalt zum Besuch einer Schule bewegen«. Die Kinder hätten aber »ein Recht auf gewaltfreie Erziehung, also ist es mir nicht gestattet, Gewalt gegen sie auszuüben«. Außerdem hätten die Kinder ein Recht auf Bildung. »In einer Situation, in der sie sich nicht wohlfühlen, können sie nichts lernen.« Deshalb sei es für ihre Kinder das Beste, wenn sie zu Hause lernen, wo sie genug unterstützt und gefördert werden.

Die Reaktion der Behörden? Zunächst erstaunlich milde. Zwar erhalten die renitenten Eltern mehrere Bußgeldbescheide, doch gleichzeitig wird der Sonderschullehrer Martin Meißner

Zwölf Jahre später: In der Schule haben die Brüder vor allem gelernt,
wie wichtig ihnen ihre Freiheit ist.

engagiert, um die Kinder wieder an die Schule zu gewöhnen. Er stößt schnell an seine Grenzen. Wenn er Mathematik unterrichten will, protestiert Immanuel, er wolle jetzt lieber über alte Kulturen am Nil reden. Wenn Meißner in Deutsch über das Akkusativobjekt doziert, fragt die Mutter, wofür die Kinder das eigentlich wissen müssen. Ihm ist schnell klar, dass »die Mutter nicht will, dass die Kinder beschult werden. Sie hat sich das in den Kopf gesetzt und ist nicht mehr bereit, davon abzuweichen«. Damit liegt er richtig, »Mama hatte uns gesagt, seid freundlich zu Herrn Meißner, aber ansonsten macht nur das, was euch Spaß macht«, sagt Semjon heute. Dabei ist Meißner durchaus willens, sich mit den Theorien der Schulverweigerer zu beschäftigen. Er kauft sich sogar das Buch *Denn mein Leben ist Lernen*, eine Art Bibel der Schulverweigerer von Olivier Keller, der dafür plädiert, das Lernen den Kindern selbst zu überlassen. Meißner kann sich mit dieser Vision nicht anfreunden: »Das hält unsere Zivilisation so nicht aus.« Er macht sich Sorgen, was aus den drei Brüdern werden soll – »wie sollen sie sich in unserem Berufssystem zurechtfinden?«

Nach gut zwei Jahren zieht das Gericht die Daumenschrauben an und droht den Eltern, ihnen das Sorgerecht zu entziehen, wenn die Kinder weiterhin der Schule fernblieben. Nun sieht sich Reinhard Wolf, der Vater, gezwungen einzuschreiten. Er hat ein kleines Bauunternehmen und war viel auf Montage unterwegs. Außerdem haben er und seine Frau sich mittlerweile voneinander getrennt, er lebt nun in Bremen, aber das Sorgerecht teilen sie sich weiter. Er ruft den Richter an und fragt, welchen Spielraum er in der Sache sieht. Nicht viel, entgegnet der Richter, der Tatbestand »Kindeswohlgefährdung durch Bildungsvorbehalt« sei offensichtlich erfüllt. Aber der Fall bereite ihm schlaflose Nächte, das erste Mal in seiner Laufbahn nehme er Kinder aus einer intakten Familie, seine Frau habe ihm auch schon ins Gewissen geredet. Der Vater verspricht, die Kinder aufzunehmen und dafür zu sorgen, dass sie sofort die Schule besuchen.

Die Mutter, die weiter nicht bereit ist, die Freiheit ihrer Kinder zu beschneiden, willigt aber ein, sie selbst über ihre Zukunft entscheiden zu lassen. Immanuel, 15, Semjon, 13, und Juri, 11, schreckt die Vorstellung, womöglich im Heim zu landen. Sie beschließen, zu ihrem Vater nach Bremen zu ziehen und in die Schule zu gehen. Ihr Vater meldet sie im Frühjahr 2003 an einer benachbarten Gesamtschule an, Juri steigt in der sechsten Klasse Hauptschule ein, Semjon in der achten und Immanuel in der neunten.

Bald gibt es Probleme, wenn auch andere als erwartet: Die Schule ist ein wildes Pflaster, die Mitschüler rauchen, klauen und tragen Streitigkeiten mit Messern aus. Immanuel klettert im Pausenhof oft auf die Bäume, um den Schlägen seiner Mitschüler zu entgehen, die ihn als Außenseiter und Opfer auserkoren haben. Bei Semjon wird die Klassenfahrt abgesagt, weil sich die Lehrer weigern, die als besonders undiszipliniert geltende Klasse zu begleiten. In Juris Klasse sitzt eine Schülerin, die depressiv ist und einen Selbstmordversuch unternimmt. Als das bekannt wird, verspotten sie einige Mitschüler erst recht als Versagerin, die wirklich nichts zustandebringt. So viel Missgunst wie in den ersten Wochen haben die drei Brüder in ihrem bisherigen Leben nicht erlebt. Auf groteske Weise bewahrheiten sich die Vorbehalte ihrer Mutter, die immer gewarnt hat, dass Schule Kindern eher schadet als nützt.

Der Stoff selbst bereitet den Brüdern weniger Probleme. Nur anfangs sitzt der Vater mit den Jungen am Tisch und paukt Mathematik, Grammatik und Englisch. Semjon zählt beim Rechnen das Ergebnis immer noch mit den Fingern ab. Auch in Englisch tut er sich schwer, einmal soll er ein Referat über den US-Bundesstaat Utah halten: »Das schaff ich nie, da krieg ich eine glatte Sechs«, stöhnt er, woraufhin der Vater ihm den Vortrag Wort für Wort aufschreibt, in Lautschrift. Der erste Satz lautet: »Ei will giw ju a ripoat on the fedderäl stet juta.« Der Lehrer gibt ihm eine glatte Zwei. Auch die anderen Wissenslücken sind nach wenigen Wochen aufgeholt.

Der New Yorker Lehrer Taylor Gatto hat vor einigen Jahren ein viel beachtetes Buch geschrieben, *Dumbing Us Down*. Er behauptet, jeder halbwegs motivierte Mensch sei in der Lage,

Lesen, Schreiben und Rechnen in hundert Stunden zu lernen. Die Schule sei vor allem ein Ort, der jungen Menschen die Lust am Lernen verdirbt. Das deckt sich mit den Erfahrungen von Juri Wolf, der sehr schnell zum Klassenbesten aufsteigt. Das Vorwissen seiner Mitschüler ist überschaubar, das meiste haben sie, wenn überhaupt, für Prüfungen gelernt und dann wieder vergessen. Dafür hat Juri in ihren Augen einen Vorteil: »Du bist ja noch motiviert«, hört er oft.

Nach wenigen Wochen wechseln er und seine Brüder – ohne eine Stunde Nachhilfe – in die Realschule, die sie ebenfalls problemlos bewältigen. Semjon, der anfangs mit Mathe und Englisch kämpfte, hängt sogar noch das Fachabitur dran, Juri legt mit einem Notendurchschnitt von 2,0 sein Abitur ab. Nur Immanuel bricht die Schule vorzeitig ab, in der elften Klasse des Gymnasiums. Von einer Radtour ist er mit einer schmerzenden Hand zurückgekehrt, ein Arzt entdeckt tags darauf Streptokokken, die sich bereits im ganzen Körper ausgebreitet haben. Einen Tag später, und er hätte die Hand verloren. Immanuel deutet den Vorfall als Zeichen, die Schule zu beenden – schließlich brach die Infektion an seiner Schreibhand aus. Auch Reinhard Wolf, der zwar Wert auf die Schulbildung seiner Kinder legt, aber ansonsten ein Freigeist geblieben ist, respektiert die Entscheidung seines ältesten Sohns: »Das war schon ein krasses Ding – so als hätte sich an seiner Hand etwas ausgelebt, was tief in ihm schlummerte.«

Inzwischen ist Immanuel 25 und verkauft selbst gemachte Fingerpuppen und Sitzkissen aus Filz. Vor Kurzem zog er zu seiner Freundin in die Nähe von Berlin. Zukunftsängste sind ihm fremd: »Ich denke mir, wenn es mir heute gut geht, warum soll es morgen anders sein?« Semjon, 23, hat viel auf dem Bau gejobbt und beginnt demnächst eine Tischlerlehre in den Filmstudios von Babelsberg. Juri, 21, studiert seit einem Jahr Interfacedesign an der Uni Potsdam und entwickelt nebenbei Software für die Berliner Akademie der Künste und das Deutsche Historische Museum. Gegen alle Prognosen von Experten sind die Brüder nicht verwahrlost, sondern haben ihren Platz in der Gesellschaft gefunden und machen einen äußerst zufriedenen Eindruck.

Was also lehrt ihre Geschichte? Schulrat Mohnert, der längst im Ruhestand lebt, sagt: »Ich will gar nicht abstreiten, dass es möglich ist, Kinder ohne staatliche Schule großzuziehen, aber das muss irgendwie kompensiert werden. Denn für mich bleibt die Frage: Was wäre mit den Kindern passiert, wenn wir nicht die Notbremse gezogen hätten? Und wie erfolgreich wären sie erst gewesen, wenn sie von Anfang an die Schule besucht hätten?« Juri, der sich von den drei Brüdern am leichtesten in der Schule tat, entgegnet, er hätte gern auf die Erfahrung verzichtet: »Die Schule hat uns kaputt gemacht«, sagt er einmal zu seinem Vater, sie war für ihn in erster Linie »ein Ort, aus dem es kein Entrinnen gab«. Auch im Berufsleben gibt es Zwänge, pflichtet ihm sein Bruder Semjon bei, »aber ich habe immer die Möglichkeit, auszusteigen, wenn es mir nicht passt.«

Ihre Mutter Christiane Ludwig-Wolf lebt wieder auf der Schwäbischen Alb und hat mit ihrem neuen Partner zwei weitere Söhne bekommen. Sie sind heute neun und elf Jahre alt und haben bisher kaum eine Schule von innen gesehen. Nur ab und zu nimmt die Mutter den Älteren mit, wenn sie an einer benachbarten Schule Unterricht in Handarbeit gibt. Dann zeigt er den Schülern, wie man einen Filzball macht.

Die Mutter der drei Buben: Christiane Ludwig-Wolf.
Sogar zwei Tanten drohten sie anzuzeigen, weil ihre Kinder nicht zur Schule gingen.

Farbenlehre

VON ANONYM **FOTOS** CONNY MIRBACH

Was macht man als Vater, wenn der Sohn gern Wände besprüht? Einfach mitgehen.

Betreutes Sprühen: Unser Autor und sein Sohn an einem stillgelegten Bahngleis, irgendwo im Großraum München.

Seit zwei Jahren verlaufen unsere Ausflüge etwas anders als bei anderen Familien, und das hat mit meinem Sohn zu tun. Ich erinnere mich an eine Wanderfahrt nach Kochel am See. Nach einer Weile fragte er genervt: »Eine urbane Szene haben die hier wohl nicht, oder?«

Es zieht uns nun eher in die Städte, wenn auch nicht zu den klassischen Sehenswürdigkeiten: In Berlin haben wir Reichstag und Museumsviertel links liegen lassen und stattdessen einen Nachmittag im Lagerweg verbracht, Bezirk Spandau-Haselhorst, gleich neben der »Comfort Polstermöbelfabrik« und der »Kfz-Prüfstelle«. In Wien sind wir kurz auf den Turm des Stephansdoms gerannt und weilten den Rest des Tages am Ufer des Donaukanals, unmittelbar neben der U-Bahn-Haltestelle Rossauer Lände. Denn dort gibt es, wie auch in Berlin-Haselhorst, Wände.

Mein Sohn ist elf und seit gut zwei Jahren verrückt nach Graffiti. Fast täglich malt er neue Skizzen in seinen Block, schaut Videos im Internet von Berliner Jugendlichen, die S-Bahn-Züge besprühen, und sucht auf Google Maps Wände, auf denen er sich selbst verewigen könnte. Seine Vorbilder heißen nicht Götze, Schweinsteiger oder Justin Bieber, sondern Banksy, Sofles, Rasko und irgendein »Street Artist« aus Bulgarien, von dem ich nur weiß, dass er beim Sprühen in Paris erwischt wurde und nun im Gefängnis sitzt. In dem Dosenladen, wo wir ein Mal pro Monat aufkreuzen, hat mein Sohn inzwischen eine Kundenkarte. Was da schiefgelaufen ist in der Erziehung, wollen Sie wissen?

Als mein Sohn neun war, interessierte er sich noch für Züge und malte sie mit viel Liebe zum Detail ab. Also bekam er von der Oma zur Kommunion eine Reise in die Schweiz geschenkt, zu den berühmten Gletscherbahnen. Diese Reise führte zu einem Hotel, dem gegenüber sich eine Wand befand, von oben bis unten besprüht. Eine Leidenschaft war entfacht: Mein Sohn malte und fotografierte die Wand von oben bis unten – und in der Folge Hunderte weitere Lärmschutzwände, an Zuggleisen und entlang der Autobahn. Bald kannte er mehr Graffiti-Crews als Englisch-Vokabeln, wenn wir mit dem Auto irgendwo hinfuhren, hörte ich von der Rückbank immer nur: »Schau mal: WAK!« Oder: »Boah, PHK!« Wir haben in der Stadtbücherei das Buch *Subway Art* ausgeliehen, ein Buch voller bemalter U-Bahnen in New York. Mein Sohn hat sie alle abgemalt. Es war nur eine Frage der Zeit, bis er selbst zur Spraydose griff. Er hat sich noch nie damit zufriedengegeben, anderen bei der Arbeit zuzuschauen, sondern ist am liebsten selbst schöpferisch tätig.

Das wäre alles kein Problem – würden wir nicht in München wohnen. Das Angebot an Wänden für Sprayer (oder Writer, wie mein Sohn mich sofort korrigieren würde) ist sehr begrenzt. Im Schlachthofviertel gibt es eine »Hall of Fame«, etwa hundert Meter Mauerwerk auf beiden Seiten der Straße. Das war's mit der künstlerischen Freiheit. München rühmt sich zwar für seine Graffiti-Szene, der langjährige Oberbürgermeister Christian Ude hat sich sein Bad von Loomit gestalten lassen, der schon vor dreißig Jahren Züge besprühte. Und regelmäßig werden Künstler aus aller Welt eingeladen, um irgendwelche Brücken und Unterführungen einzufärben. Das Tourismusamt schiebt dann gern eine Pressemeldung hinterher, die erklärt, was für eine moderne, weltoffene Stadt München sei.

Die Förderung des Nachwuchses und lokaler Talente haben die Marketingleute aber leider nicht vorgesehen. Zugegeben, für Einsteiger bietet die Volkshochschule München zweitägige Workshops mit Loomit an, mein Sohn war zweimal dort. Gelegentlich veranstalten Bürgerzentren oder soziale Einrichtungen Feste, bei denen Jugendliche mit Sprayfarben Plakate gestalten können oder T-Shirts. Ganz nett für Kids, die mal ein bisschen herumklecksen wollen. Aber mein Sohn hat keine Lust, mit solchen »Toys«, wie er etwas abfällig sagt, popelige Leinwände zu bemalen. Er nimmt die Sache halt sehr ernst. Deshalb hat ihm auch die Kletterwand auf einem benachbarten Spielplatz bald nicht mehr gereicht. Und so befinden wir uns nun ständig auf der Suche nach Wänden, an denen er an seinem Stil feilen kann. Hier beginnt allerdings auch die Gratwanderung.

Züge und Gleise? Absolute No-go-Area! Das haben mein Sohn und ich vereinbart, denn: zu gefährlich, zu teuer, wenn man erwischt wird. Das leuchtet ihm ein, auch wenn zu seinen Favoriten auf Youtube die Videos von 1UP zählen, einer Berliner Truppe, die gern nachts in die U-Bahn-Schächte der Stadt steigt. Tabu sind auch Häuserfassaden. Um das zu unterstreichen, habe ich meinen Sohn früh mit dem kategorischen Imperativ vertraut gemacht (»Stell dir vor, bei uns zu Hause würde irgendjemand ...«) sowie mit der Broken-Windows-Theorie (»Wenn ein Haus erst mal verschmiert ist, sehen das doch viele als Einladung, dort noch mehr herumzuschmieren«).

Immerhin: Solche Unterhaltungen hätte ich ja kaum mit ihm geführt, wenn er den ganzen Nachmittag Fußball oder Minecraft spielen würde. Sein Hobby hat noch andere Vorteile: Es ist eine kreative Tätigkeit, er glotzt nicht, wie viele in seinem Alter, die ganze Zeit aufs Tablet oder Smartphone. Außerdem bewegt er sich an der frischen Luft, lässt man mal die Dämpfe außer Acht, denen er bei der schöpferischen Arbeit ausgesetzt ist, aber dagegen helfen Atemschutzmasken.

Unser Deal lautet also: nur Wände, die schon von anderen vollgeschmiert wurden und auch ansonsten in einem maroden Zustand sind. Weil es in München leider nur boomende Firmen und kaum marode Fabriken gibt, findet man geeignete Gebäude am ehesten in der Nähe von Bahngleisen, der oben erwähnten No-go-Area. Deshalb sind meine Frau oder ich immer dabei, betreutes Sprayen sozusagen.

Aus Sicht unseres Sohnes besteht unsere oberste Aufgabe eher darin, Schmiere zu stehen. Weil wir uns meist eh in solchen Ecken der Stadt bewegen, in die sich lediglich Hundebesitzer verirren, drückt er uns noch die Kamera in die Hand, damit wir ihn filmen. Daraus schneidet er später kleine Sequenzen, die er auf Youtube stellt. Das gibt nämlich »Fame«, was für einen Writer nicht ganz unwichtig ist. Mein Sohn hat von Anfang an sehr gutes Feedback bekommen, nur der Kameramann, hieß es, der sei ausbaufähig. Seitdem bemühe ich mich, nicht mehr so zu wackeln beim Filmen, was gar nicht so einfach ist, wenn man an einem kalten Winterabend gleichzeitig mit der Taschenlampe die Wand ausleuchten muss, damit sich der Künstler auf sein Werk konzentrieren kann.

Die Sache hat leider einen Haken, erklärte mir neulich mein Freund Fritz, ein Jurist. Er erzählte etwas von »überholender Kausalität« und war sich ziemlich sicher, dass wir – wenn wir Pech haben – wegen Sachbeschädigung dran sind. Auch dann, wenn unsere Wand zuvor schon mit hundert Schichten Farbe überzogen wurde. Viel genauer wollte ich es nicht wissen, mir ist schon klar, dass wir uns in einem rechtlichen Graubereich bewegen, zumal ich mit meinem Sohn auch schon über einen Absperrzaun geklettert bin, um zu einer aus meiner Sicht hervorragend geeigneten Wand zu gelangen. Das war an einem Abend, mein Sohn hatte ein mulmiges Gefühl dabei. Als dann aus der Ferne noch ein Hubschrauber heranflog, suchte er sofort Deckung und warf sich flach auf den Boden. Der Hubschrauber war aber nicht von der Polizei, sondern flog zum Klinikum. Am nächsten Tag fuhr ich noch mal an der Stelle vorbei und dachte: Wen in aller Welt stört es eigentlich, wenn mein Sohn hier sprüht? Die Wand wurde ohnehin ein paar Monate später abgerissen.

Es geht aber nicht um diese eine Wand. Das Problem ist, dass die Gesellschaft ein gespaltenes Verhältnis zu dieser Art von Kunst hat. Wenn zum Beispiel die Zeitungen etwas über gierige Banker schreiben, wird der Artikel häufig mit einem Graffito von Geld fressenden Monstern illustriert, das ein paar Sprayer auf einem Bauzaun vor der Frankfurter Skyline hinterlassen haben. Zu Illustrationszwecken ist Graffiti also erwünscht, zu Stadtmarketingzwecken auch. Wenn die Zeitungen aber berichten, dass ein 21- und ein 22-Jähriger in Singapur mit Stockschlägen bestraft werden, weil sie einen U-Bahn-Waggon angesprüht haben, hagelt es Leserbriefe, die solche Strafen auch in Deutschland fordern. Als mein Sohn kürzlich seine Signatur, in der Szene »Tag« genannt, auf einem Stromkasten hinterließ, beobachtete ihn eine Nachbarin und sagte: »Das muss ich fei melden.« Hat sie dann doch nicht gemacht. Auch von seinen Schulfreunden hört er manchmal, dass Graffiti illegal ist

Kunst oder Vandalismus? In jedem Fall Geld und Arbeit: Eine gute Stunde war der Sohn des Autors
mit dem Bild oben beschäftigt – und verbrauchte dabei neun Dosen zu je 3,60 Euro.

und er über kurz oder lang im Knast landet. Zeitweise hatte er Mitstreiter, aber deren Eltern haben jeweils bald ihr Veto eingelegt.

Dass ich meinem Sohn dieses Hobby verbiete, ist mir nie wirklich in den Sinn gekommen. Er betreibt es mit großem Ernst und noch mehr Leidenschaft, und wo wir auch hinkommen, staunen die anderen Sprayer, wie weit er in seinem Alter schon ist. Außerdem neigt er absolut nicht dazu, große Risiken einzugehen. Morgens bricht er viel zur früh zur Schule auf, um bloß nicht zu spät dort anzukommen. Insofern ist es mir auch recht, dass er nicht mit Freunden zum Sprühen geht, denn so haben meine Frau und ich wenigstens eine gewisse Kontrolle, und es kommt nicht zu irgendwelchen Gruppenzwängen und idiotischen Mutproben.

Ein kleines Problem habe ich mit seinen Zukunftsträumen. Er würde gern später nach Berlin ziehen, dort tagsüber mit seinen Freunden Bier trinken und nachts sprühen gehen. Ich vertraue aber darauf (und arbeite daran), dass er irgendwann von selbst kapiert: So erstrebenswert ist das auch wieder nicht.

Mehr Probleme habe ich aber mit der Einstellung der Leute, die dieser Kunstform so feindlich gegenüberstehen. Ich verstehe einfach nicht, warum die Milliarden von mausgrauen, taubengrauen und steingrauen Stromkästen und Lärmschutzkonstrukten, die das deutsche Stadt- und Landschaftsbild prägen, vor dem Zugriff einiger kunstinteressierter Jugendlicher geschützt werden müssen. Über Züge würde ich ja noch mit mir reden lassen, ob die wirklich von oben bis unten besprüht werden müssen, Fensterscheiben inklusive. Schließlich will man als Fahrgast ja ab und zu aus dem Fenster schauen. Andererseits nehme ich gute Graffiti, von denen es wirklich viele gibt, selbst an den Autobahnbrücken zwischen Neumünster und Kiel, als willkommene Abwechslung wahr. Dem Pop-Art-Künstler Claes Oldenburg ging es wohl ähnlich: »Du stehst in der U-Bahn, alles ist grau und düster«, sagte er einmal, »und plötzlich hält einer dieser Graffiti-Züge und erhellt den Platz wie ein großer Blumenstrauß aus Lateinamerika.«

Mein Sohn sieht das übrigens nicht so grundsätzlich. Er wäre schon damit zufrieden, wenn es in der etwas zu sauberen Stadt München ein paar Wände mehr gäbe, wo er in aller Ruhe sprühen kann.

»Umarmungen, Bussis, das gab es bei Mutti nicht«

INTERVIEW SVEN MICHAELSEN   **FOTOS** ARMIN SMAILOVIC

Mit dem Buch »Der Vater. Eine Abrechnung« outete er sich 1987 als Sohn eines Nazimörders. Seine Geschwister zerbrachen an ihrer Lebensgeschichte, Frank ist mittlerweile 75 Jahre alt – und hadert noch immer mit der Vergangenheit seiner Familie.

Die Vergangenheit lässt ihn nicht los. Niklas Frank lebt heute auf dem Land in der Nähe von Hamburg.

Herr Frank, warum tragen Sie seit
vierzig Jahren ein Foto mit sich,
das den Leichnam Ihres gehenkten
Vaters zeigt?

NIKLAS FRANK Ich will jeden Tag sichergehen,
dass er tot ist.

**Als kleiner Junge lebten Sie am Schliersee in
Oberbayern oder auf der Wawelburg über Krakau,
dem Dienstsitz Ihres Vaters. Zum Hofstaat
der Franks gehörten Diener, Kindermädchen,
Köchinnen, Chauffeure und Ehreneskorten.**

Ich fand es toll, von oben bis unten betütelt zu
werden. Der Wawel war wie ein Königshof, und ich
war der Prinz von Polen und hatte eine Riesengau-
di. Ich sehe mich noch als Dreikäsehoch im Dom
neben der Burg Versteck spielen zwischen den
Gräbern polnischer Bischöfe und Heiliger, be-
schützt von SS-Soldaten mit Gewehren. In der Burg
machte ich die Gänge mit meinem Tretauto unsicher. Ich wartete hinter einer Ecke, bis ich jemanden kommen hörte. Dann trat ich in die Pedale. Es
machte mir Höllenspaß, jemanden zu verletzen.
Wenn ich nach oben lugte, sah ich verbissene Gesichter ein erzwungenes Lächeln aufsetzen – ich
war eben der Sohn des mächtigen Burgherrn.

**Ihr Vater war besessen von Prunk und Pomp
und inszenierte sich als Genussmensch und
Feingeist. Für Mußestunden hatte er Schloss
Kressendorf requirieren lassen, dreißig Auto-
minuten von Krakau entfernt.**

In Kressendorf gab es eine riesige Freitreppe.
Wenn ich oben an der Balustrade stand und sah,
dass unten unser Diener Johann entlanglief, rief
ich; »Johann!« Wenn er gehorsam die Treppen he-
raufgestiegen war, fragte er höflich: »Bitte?« Wo-
rauf ich »Danke!« krähte und lachend davonzischte.
Das musste er sich gefallen lassen. Niemand hätte
sich getraut, das Früchtchen des Generalgouverneurs von Polen zurechtzuweisen, dem Alleinherr-
scher über siebzehn Millionen Menschen.

**Sie sind Jahrgang '39 und waren bei Kriegsende
sechs Jahre alt. Empfindet ein kleiner Junge,
der glaubt, er sei der Prinz von Polen, so etwas
wie Skrupel?**

Einerseits spürte ich dieses intensive Triumphgefühl, Erwachsenen befehlen zu können, andererseits wusste ich tief innen, ich tue Unrecht. Man
bekam endlos Spielzeug von jedem Gast geschenkt.

Ich habe alles sofort kaputtgemacht. Da war dieses
schlechte Gewissen, das man mitbekam. Die Erwachsenen wussten von den viehischen Verbrechen, die wir Deutschen täglich in Polen verübten.
Ihre daraus resultierende innere Anspannung
übertrug sich als psychischer Druck auf mich, und
ich machte wie unter Zwang alles kaputt, was da war.

**Für die Fahrten in Ihre bayerische Heimat
stand Ihnen der mahagonigetäfelte Salonwagen
Ihres Vaters zur Verfügung, der an reguläre
Züge angehängt wurde. Was bekamen Sie vom
Leben außerhalb des Wawel mit?**

Dass unterhalb des Burghügels das Morden anfing,
begriff ich nicht. Einmal hat mich mein Kindermädchen Hilde in das mit Stacheldraht umzäunte
Außenlager eines KZs mitgenommen. Warum,
weiß ich nicht. Vielleicht war einer der Bewacher
Hildes Liebhaber. Ich freute mich sehr, als die
Wachleute abgemagerte Häftlinge auf einen Esel
setzten und ihm einen mächtigen Schlag auf die
Flanke gaben. Das verschreckte Tier machte
Bocksprünge, und die Männer fielen runter. Das
war für mich ein unbandig lustiger Nachmittag.
Obendrein gab es zum Schluss beim obersten Sol-
daten Kakao.

**Bei ihren Raffzügen durchs Krakauer Getto
setzte Ihre Mutter die Discountpreise selbst fest,
zu denen sie Pelzmäntel und Stoffe kaufte.**

Sie ließ sich von ihrem Chauffeur im Mercedes ins
Getto fahren, bewacht von der SS. Einmal durfte
ich mit. Ich stand in meinem reizenden Pepita-An-
zug im Fond, drückte die Nase ans Fenster und sah
traurig oder wutig dreinschauende, schlottrige
Menschen. Als mich ein sehr viel älteres Kind
anglotzte, streckte ich ihm die Zunge raus. Es ging
weg. Ich war der Gewinner und lachte.

**Ab Ende '44 lebten Sie mit Ihrer Mutter und
Ihren vier Geschwistern wieder am Schliersee.
Was empfanden Sie, als Ihr Vater im Januar '45
nach Hause kam?**

Auf einer Truhe lag seine Brille. Ich nahm sie,
schaute ihn ruhig an und brach beide Bügel ab. Da
stand er so was von baff da. Ich sehe noch sein
empörtes Gesicht. Er gab mir eine Ohrfeige, aber
das war für mich in Ordnung. Ich habe mich auch
nicht entschuldigt. Ich konnte mit ihm einfach
nichts anfangen.

Im Umkreis Hitlers kursierte der Spruch: »Im

Westen liegt Frankreich, im Osten wird Frank reich.« Ihr Vater, ein promovierter Jurist, der in den Zwanzigern zu Hitlers Stammverteidiger aufgestiegen war, griff in Polen in die Staatskasse und raubte Kunstschätze, darunter Bilder von Rembrandt, Raffael und Leonardo da Vinci. Bekamen Sie davon etwas mit?

Vatis Diebereien waren nicht zu übersehen. Einmal ließ er im Salonwagen 200 000 eingekalkte Eier aus Krakau zu uns an den Schliersee schicken. Mit einem anderen Transport kamen geraubte Plastiken, Gobelins, Madonnen und Ikonen.

Ihre Geschwister hatten zeitlebens zärtliche Gefühle für ihren Vater. Sie nie?

Es gibt eine einzige zärtliche Szene. In seinem Badezimmer auf dem Wawel stand mein Vater vor dem Spiegel und rasierte sich. Als er mich sah, tupfte er mir etwas von seinem Schaum auf die Nasenspitze. Das hat sich mir eingebrannt. Eine Sehnsucht, von ihm geliebt zu werden, gab es wohl auch bei mir.

Ihr Vater wurde am 4. Mai '45 von amerikanischen Soldaten verhaftet. Am Tag darauf wurde Ihr Haus am Schliersee geplündert.

Ich fand das aufregend und spannend. Was meine Eltern geplündert hatten, wurde jetzt von befreiten polnischen und ukrainischen Zwangsarbeitern geplündert. Meine Mutter konnte gerade noch eine mit Schmuck und Juwelen prall gefüllte Tasche bei einer Nachbarin verstecken. Die Amis stellten dann Wachen auf. Ein GI, der Vatis Weinkeller entdeckt und sich betrunken hatte, stellte meine Mutter und uns drei jüngsten Kinder an die Wand unseres Hauses und legte mit seinem Gewehr auf uns an. Während meine acht und zehn Jahre alten Geschwister losheulten, hatte ich, sechs Jahre alt, keine Angst, weil ich damals – ich weiß das noch wie heute! – dachte: Der Ami mit dem Gewehr hat recht! Der ist auf der richtigen Seite, ich auf der falschen. Was ich dunkel spürte, sah ich Wochen später in der ersten demokratischen Zeitung: Fotos von Leichenhaufen, darunter Kinder meines Alters. Immer stand Polen darunter, und ich wusste ja, Polen gehört uns Franks! Der Ami übrigens, der uns erschießen wollte, hatte nicht mit Muttis Mut gerechnet. Die hat ihn dermaßen zusammengeschrien, dass er verängstigt das Gewehr absenkte und dann von einem anderen Ami weggeführt wurde.

Ihr Vater – er war politisch verantwortlich für die Vernichtungslager Treblinka, Majdanek, Belzec und Sobibor und wurde wegen seiner Ausrottungspolitik »Schlächter von Polen« genannt – ließ sich im Nürnberger Gefängnis katholisch taufen und schrieb seiner Familie Hunderte frömmelnde Briefe, in denen er von Jesuserscheinungen und Lichtbrücken zu Gott berichtete.

Als Kind hat man ein feines Gespür für Wahrheit und Verlogenheit. Seine Briefe haben mich schon damals abgestoßen, ein verschwiemeltes Gesülze und pathetischer Schmarrn. Er war halt eine Kitschjuhle. Mein Bruder Norman glaubte ihm seinen neuen Glauben auch nicht: »Als Vati keinen Hitler mehr hatte, nahm er den lieben Gott als dessen Nachfolger.«

Ihr Vater wurde in Nürnberg als Hauptkriegsverbrecher vor Gericht gestellt. In seinem Generalgouvernement starben sechs Millionen Menschen, viele davon in Auschwitz, dem »größten Menschenschlachthaus, das es je gegeben hat«, wie es Ralph Giordano später formulierte.

Als in den Zeitungen die ersten Fotos aus dem Gerichtssaal erschienen, sagte unsere Mutter stolz: »Wenigstens sitzt er in der ersten Reihe.« Als er während der Befragung durch seinen Verteidiger eine Mitschuld an der Vernichtung der Juden eingestand, war sie stocksauer. Wenn er sich schuldig bekannte, war sie es ja auch. Prompt nahm er in seinem Schlusswort das Schuldeingeständnis zurück.

Vor der Urteilsverkündung durfte die Familie den Vater besuchen. Für Sie die erste und letzte Begegnung seit seiner Verhaftung.

Wir sind vom Schliersee mit dem Zug nach Nürnberg gefahren, mit einer wunderbaren Dampflokomotive. Wenn du das Fenster geöffnet hast, flogen dir lauter Rußkörner ins Auge. Das war richtig toll. Beim Reinkommen in den ziemlich dunklen Besucherraum im Nürnberger Gefängnis sah ich als erstes Hermann Göring, weil der genau gegenüber der Tür saß. Hinter einer Glasscheibe. Wie alle anderen Angeklagten in diesem Raum. Mein Vater saß auf der rechten Seite des Raums, mit einem weiß behelmten Ami-Soldaten neben sich. Meine Mutter führte mich an der Hand, und ich setzte mich gegenüber Vati auf ihren Schoß.

Ihr Vater war damals 46 Jahre alt. Wie sah er nach eineinhalb Jahren Haft aus?

NIKLAS FRANK

wurde 1939 geboren und war bei Kriegsende sechs Jahre alt. Hier sieht man ihn dreijährig im karierten Anzug mit seinem Vater, Hans Frank, und Mutter Brigitte 1942 auf der Wawelburg in Krakau, dem Dienstsitz des Vaters. Die Familie lebte dort bis 1944. Hans Frank wurde wegen seiner Ausrottungspolitik »Schlächter von Polen« genannt, in Nürnberg als Hauptkriegsverbrecher vor Gericht gestellt und am 16. Oktober 1946 gehängt.

Er hat mich angelacht. Einen grauen Anzug hatte er an. Sein Bewacher mit dem weißen Helm sah viel schneidiger aus. Der gefiel mir besser.
Nach seiner Verhaftung ließen amerikanische Soldaten Ihren Vater Spießruten laufen. Er riss sich darauf mit einem Nagel die Pulsadern der linken Hand auf und verletzte dabei Nervenstränge. Ist Ihnen die Wunde aufgefallen?
Nein. Auch nicht die Wunde an seinem Kehlkopf, die von seinem zweiten Selbstmordversuch stammte. Die GIs, die ihn Spießruten laufen ließen, hatten zuvor ein Außenlager des KZs Dachau befreit und dabei Leichenberge und zum Skelett abgemagerte Überlebende entdeckt. Deshalb droschen sie den Polenschlächter voller Wut aus der Hose. Wohl aus Schmerz und Schock wollte er sich daraufhin umbringen.
Wie lange haben Sie mit Ihrem Vater gesprochen?
Nicht länger als sieben, acht Minuten. Ich war natürlich stumm. Er erzählte mir, dass wir bald alle gemeinsam in unserem Haus am Schliersee fröhlich Weihnachten feiern und er uns dann auch wieder vom Huber Toni erzählen würde. Das war seine einzige lustige Geschichte: Der Huber Toni hatte beim Scheißen im Wald immer solche Angst vor Räubern, obwohl er selbst ein Räuber war. Ich dachte: Warum lügt er? Er weiß doch, dass er gehängt wird! Es war eine Riesenenttäuschung für

mich. Ich hatte gehofft, er würde ehrlich zu mir sein. Immerhin war ich damals sieben Jahre alt. Ein scheißender Huber Toni reicht nicht fürs Leben.
Waren Sie überzeugt, dass man Ihren Vater zum Tode verurteilen würde?
Es war klar, dass es für Vati ans Eingemachte ging. Die Kinder in der Schule sagten mir fröhlich: »Gell, Niki, dein Papa wird bald aufg'hängt.« Und ich habe »Ja!« gesagt. Vatis Anwalt hatte Mutti schon im Sommer 1946 gesagt, dass alle, die in überfallenen Ländern führend tätig gewesen seien, keine Chance hätten.
Die Verkündung der Urteile am 1. Oktober '46 wurde live vom Bayerischen Rundfunk übertragen.
Die Mutti hatte eine Liste mit den Namen der Angeklagten gemacht und kreuzte während der Übertragung jeden an, der zum Tode verurteilt wurde. Auch bei ihrem eigenen Mann machte sie das Kreuz. Das, muss ich sagen, bewundere ich. Irgendwie war sie mit dem Urteil einverstanden. Doch dann kam wieder der Zorn über sie. Elf Tage später schrieb sie Vati ins Gefängnis: »Alle waren wir Opfer einer kleinen verbrecherischen Clique. Ich sehne die Atombomben herbei, wenigstens für mich und die Kinder.«
Haben Sie geweint, als Sie hörten, Ihr Vater sei zum Tod durch den Strang verurteilt worden?
Nein. Ich habe auch keinerlei Mitleid empfunden.

Ihr Vater wurde in der Nacht zum 16. Oktober 1946 in der Turnhalle des Nürnberger Gefängnisses gehängt. Die Henkersmahlzeit bestand aus Würstchen mit Kartoffelsalat, anschließend schrieb er Briefe.

Wenn ich in ein paar Stunden gehenkt werde, würde ich schreien vor Angst. Widerwillig muss ich ihm da Stärke zugestehen. Aber statt eines ehrlichen Abschiedsbriefes verfasst er, der Schreibtischmassenmörder mit Doktorhut, einen weiteren Schwulstlappen an seine Frau: »Die Wahrheit wird siegen! Ich war niemals ein Verbrecher! Meine ›Schuld‹ ist eine rein politische Angelegenheit – aber keine juristische.« Dabei war Vati genau informiert, was in den Vernichtungslagern seines Gouvernements passierte. Es war ihm nur piepegal gewesen.

Am Abend vor seinem Tod schrieb Ihr Vater Ihnen einen letzten Gruß in sein Gebetbuch. Haben Sie es noch?

Ja. Das war meine letzte Enttäuschung. Alle Welt schrieb mich Niki, ohne c. Jetzt kriege ich von Mutti dieses Büchlein überreicht, und was schreibt der Kerl? »Meinem lieben Nicki«, mit ck. Todtraurig und stocksauer war ich. Kinder sind so.

Was stand in dem letzten Gruß?

Er endete mit dem Satz: »Ewig bete ich für Dich, mein Nicki.« Blanker Quatsch, denn er hatte nur noch ein paar Stunden zu leben. Der hätte in Steno beten müssen, so vielen hat er das versprochen gehabt.

Die Leichen der Gehenkten wurden nachts in zwei unauffälligen Lieferwagen nach München gebracht und verbrannt. Die Asche wurde in Alu-Dosen gefüllt und in den Conwentzbach geschüttet, der in die Isar fließt. Die leeren Behälter zerschlug man mit Äxten.

Ich war zu der Zeit mit den zwei nächst älteren Geschwistern in einem Kinderheim in Schäftlarn. Die Kinderschwestern haben uns nichts von Vatis Tod gesagt. Ein paar Tage später kam die Mutti zu Besuch und sagte aufgesetzt fröhlich: »Schaut, ich habe ein Frühlingskleid an, weil Vati jetzt glücklich ist. Er ist im Himmel. Ihr müsst also nicht weinen.« Denn die beiden Geschwister heulten erbärmlich. Ich blieb still. Dass ich nicht mitheulte, fand die Mutti irgendwie beleidigend. »Warum weinst du nicht?!«, zischte sie mich an.

Was fühlten Sie?

Zum einen wusste ich ja, dass Vati gehenkt würde. Es war also keine Neuigkeit für mich, was Mutti erzählte. Zum anderen empfand ich diesen riesigen Druck: Ich liebe diesen Vater nicht und bin dadurch schuldig. Auch ein Kind weiß, es gehört sich, den Vater zu lieben und um ihn zu trauern. Niki mit ck, ein scheißender Huber Toni und ein gelogenes Weihnachtsfest, vor allem aber die erste Zurückweisung als »Fremdi« hatten den totalen Bruch erzeugt.

Wie sah die Zurückweisung aus?

Ich lief, ein Lätzchen um den Hals, um einen großen runden Tisch im Warschauer Schloss Belvedere hinter ihm her und wollte unbedingt in seine Arme. Aber Vati lief vor mir weg und rief mir spöttisch zu: »Was willst du denn? Du gehörst doch gar nicht zur Familie. Du bist doch ein Fremdi.« Drei Jahre war ich damals alt. Diese Zurückweisung hat sich mir eingebrannt in die Seele bis heute, mit 75. Viele Jahre später habe ich durch einen Brief rausbekommen, dass Vati glaubte, ich sei nicht sein Sohn, sondern der seines besten Freundes Karl Lasch, den er offensichtlich nicht ohne Grund »mein blonder Strolch« nannte. Lasch verführte wahllos und hatte auch ein Verhältnis mit Mutti. Vati hatte ihn im Generalgouvernement zum Gouverneur von Radom gemacht. Wegen Korruption und Schiebereien wurde er auf Befehl Himmlers verhaftet und in seiner Zelle erschossen.

Nach außen galten die Franks als nationalsozialistische Musterfamilie.

Die Ehe meiner Eltern war die absolute Groteske. Vati war eifriger Fremdgeher und hieß hinter vorgehaltener Hand der »große Rammler im Osten«. Auch Mutti hatte etliche Liebhaber, darunter den Staatsrechtler Carl Schmitt – mein dritter mutmaßlicher Vater. Als Vati sich 1942 wegen seiner wieder aufgetauchten Jugendliebe Lilly scheiden lassen wollte, denunzierte Mutti sie bei Himmler als Halbjüdin. Sie kämpfte eiskalt um ihre Ehe, natürlich nur wegen der Privilegien: »Ich bin lieber die Witwe als die geschiedene Frau eines Reichsministers!« Sie schaffte es, dass Hitler Vati die Scheidung verbot. Und dieser Jammerlappen ließ sich das gefallen! »Du bist eine Bestie!«, schrie er Mutti hilflos wütend an.

Sie waren sieben Jahre alt, als Ihr Vater gehenkt wurde. Waren Sie in dieser Zeit ein glückliches Kind?

Ja. Über der Familie lag zwar Tag und Nacht die Anspannung, wie das Urteil lauten würde, aber wichtiger als der Prozess war für mich, dass ich eine riesige Waffensammlung von den in die Alpenfestung fliehenden deutschen Soldaten hatte und jeden Tag im Wald herumballern konnte. Das war wunderbar.

Einmal haben Sie einen Dackel mit Kanonenschlägen in die Luft gesprengt. Nicht sehr sympathisch.

Das hatte – hoffentlich – nichts mit meinem Vater zu tun, sondern nur mit der Besitzerin des Dackels, die mich beim Stehlen ihrer Aprikosen erwischt und in der Volksschule verpetzt hatte. Als sie ihren fetten alten Dackel vor Judiths Laden in Neuhaus anband und ich per Zufall ein paar Schweizer Kanonenschläge in meiner Lederhose fand, habe ich sie dem Viech unter den Bauch gebunden. Ich stehe zu dieser Untat. Heute tut sie mir pflichtschuldigst leid. Als der *Stern* noch Klasse hatte, konnte ich mal einen Artikel über Theo Waigel mit dem Satz beginnen: »Wer als Bub Katzen am Schwanz an den Gartenzaun bindet, kann als Mannsbild so unsympathisch nicht sein.« Waigel hatte mir das erzählt. Wer auf dem Land zwischen Bauern aufwächst, die Hühner schlachten und sie zur Gaudi der Kinder noch ohne Kopf rumlaufen lassen, bekommt einen gesünderen Blick auf die Welt.

Genossen Sie bei Ihren Mitschülern einen Sonderstatus?

Nein. Eine Ausnahme waren die Wochenschauen, die damals vor den Hauptfilmen im Kino liefen. Da wurde immer über den Nürnberger Prozess berichtet, und meine Mitschüler sahen Vati in der ersten Reihe sitzen. Als später im Fernsehen die ersten Dokumentationen über die Nürnberger Prozesse liefen, ging der Kameraschwenk wie üblich von Göring aus nach rechts die erste Reihe entlang, wurde aber meist kurz vor Vati gestoppt. Familie Frank hing in dieser Sekunde mit schiefen Köpfen in den Sesseln, weil sie noch weiter nach rechts ins Gerät glotzte, um doch noch Vati ins Blickfeld zu bekommen. Die Enttäuschung war jedes Mal groß, weil unser Vati eben doch nicht ein so wichtiger Hauptkriegsverbrecher war, dass ihn die Kamera einfach zeigen musste. Tja, man ist schon ein gemischter Charakter.

Würden Sie Ihren Vater umarmen, wenn er jetzt zur Tür reinkäme?

Sicher nicht. Ich würde ihm sagen: »Willst du was essen, was trinken?« Und danach: »So, Vati, jetzt fangen wir an zu reden.« Ich sammle seit vierzig Jahren Material über ihn. Jetzt kenne ich Vati bis in sein Innerstes. Klar, es gibt keine wirkliche Aufarbeitung und keine wirkliche Vergangenheitsbewältigung, geschehen ist geschehen, aber ich würde ihn mit all meinen Fundstücken konfrontieren.

Auf die Frage, ob Ihr Vater ein Gesinnungstäter war oder ein räuberischer Ganove, der ans große Geld wollte, haben Sie einmal geantwortet: »Wenn Hitler gesagt hätte, lasst uns alle Oberpfälzer umbringen, hätte mein Vater auch ja gesagt. Die Millionen Leichen waren ihm wurscht, Hauptsache, der Mercedes.«

Ich bin mir sicher, dass er kein wirklicher Antisemit war. In den Tagebüchern, die er mit 19, 20 geschrieben hat, ist kein einziger antisemitischer Satz drin. Hitler hat ihn als Generalgouverneur nur genommen, weil er genau wusste, dass Vati eine nachgerade homoerotische Verehrung für ihn hegte und nie Widerstand leisten würde. Wie gesagt, wenn Hitler statt der Juden die Oberpfälzer als Parasiten am deutschen Volkskörper ausgelöscht haben wollte, wäre das Vati auch scheißwurschtegal gewesen. Hauptsache, er konnte brillieren. Wenn er als Generalgouverneur zum Mord an den Juden und Polen aufrief, sagte er nicht einfach nur: »Lasst sie uns vernichten!« Nein, er machte eine sprachliche Pointe daraus: »Wenn ich für je dreißig Polen, die ich erschießen lasse, ein Plakat aushängen ließe, dann würden die Wälder Polens nicht ausreichen, um all das Papier herzustellen für solche Plakate.« Das ist pointiert formuliert und hat bösen Witz. Oder er fragte in Lemberg höhnisch: »Ich bin eben durch dieses alte Judennest gefahren: Ich habe ja gar keinen dieser Plattfußindianer mehr gesehen! Habt ihr etwa etwas Böses mit denen angestellt?« Das hat doch was! Klar, dass der Saal voller Deutscher mit »großer Heiterkeit« reagierte, wie im Protokoll zu lesen ist.

Ihre Mutter kam aus bitterarmen Verhältnissen. Zeitzeugen beschrieben sie als eine zum Fürchten tüchtige Überlebenskampfmaschine, willensstark, mitleidlos, ungebildet, habgierig.

Ja, das war sie wohl. Ich habe allerdings nie wieder

einen Menschen getroffen, der so in der Wirklichkeit gelebt hat wie sie. Ein paar Wochen nach Kriegsende verkaufte sie ihre von Juden in Polen geraubten Juwelen in Schliersee an Juden, die den Holocaust überlebt hatten, als sei nichts passiert. Schon in den Dreißigerjahren, als Vati Reichsminister war und sie mit eigenem Horch und eigenem Chauffeur das Dritte Reich genoss, sagte sie: »Kinder, ich weiß, eines Tages werde ich euch wieder mit meiner Schreibmaschine ernähren müssen.« Ihre Absturzhöhe 1945 war enorm: Die Reichsministergattin und Königin von Polen mit überquellenden Schmuckkassetten und Dutzenden von Pelzen landete plötzlich in einer feuchtkalten Zweizimmerwohnung ohne Bad. Das Frank'sche Vermögen wurde eingezogen, und sie bekam keinen Pfennig Rente. Als kein geklauter Schmuck mehr zu verkaufen war, hatte sie nichts außer fünf ziemlich dämlichen Kindern. Besonders schmerzlich für mich: Es gab keinen Diener Johann mehr.

Ihre hungernden Kinder schickte sie zum Betteln.

Wir kriegten einen Zettel in die Hand und gingen von Bauer zu Bauer. Mein Bruder Michel war charmant und lustig und sah blendend aus. Er hat viel gebracht. Mir hat man nix gegeben. Ohne Johann, wie sollte ich das machen? Die Scham, dass ich nichts brachte, ist noch heute in mir drin.

Im Mai 1947 wurde Ihre Mutter wegen Flucht- und Verdunklungsgefahr verhaftet und ein Vierteljahr lang in ein US-Lager bei Augsburg gesperrt.

Ich habe sie mehrmals besucht und traf auch auf die anderen Hohen Frauen: Frau Göring, Frau Frick, Frau von Schirach oder Frau Heß. Denen ging es da richtig gut. Sie mussten nichts arbeiten, saßen in der Sonne, feierten mit Fresspaketen der Verwandten von Hermann Görings erster Ehefrau Carin aus Schweden, und waren quietschfidel. Einmal fragte mich Mutti bei einem Besuch: »Kannst du das hören?« Ich hörte etwas, konnte es aber nicht identifizieren. Da sagte sie: »Das ist die Ilse Koch, die sie die Bestie von Buchenwald nennen. Die sitzt dort drüben im Keller und singt Nazi-Lieder.« Als Mutti braun gebrannt nach Hause kam, sagte sie: »Kinder, das war mein schönster Urlaub.«

Ihre Mutter wurde als Minderbelastete eingestuft.

Sie konnte zig Persilscheine von Freundinnen und ehemaligen Günstlingen vorweisen. Mit den vielen Juden, die sie angeblich gerettet hatte, hätte man halb Palästina bevölkern können.

Bei Ihnen zu Hause fanden regelmäßig Séancen statt, bei denen mit Ihrem toten Vater geredet wurde.

Damit bin ich aufgewachsen. Tante Martel, Muttis Schwester, galt als Medium für das Herbeirufen von Toten. Der Ärger war nur, dass ihr zunächst immer ihr verstorbener Mann Julius erschien. Der hatte Selbstmord verübt. Das regte uns auf. Wir wollten natürlich mit Vati sprechen. Wir mussten also Julius erst wegschicken, dann stöhnte Tante Martel laut und lange, bis sie endlich Vati rangezerrt hatte. Einmal hat es mich allerdings wirklich gerissen. Mutti fragte neben ihrer in Trance stöhnenden Schwester: »Hans, wenn es wirklich du bist und kein böser Geist, dann klopf jetzt bitte mal im Schrank.« Und ich sage Ihnen, es klopfte im Schrank! Unglaublich! Sogar jetzt werde ich noch ein bisschen zittrig.

Hangmen also die: **John Woods, als Henker von Nürnberg zu Weltruhm gelangt, starb 1950 beim Ausprobieren eines elektrischen Stuhls.**

Mutti hat sich diebisch darüber gefreut. Zur Feier des Tages gab es Bohnenkaffee. Sie kannte das Foto des lachenden Henkers von Nürnberg mit dem Strick in der Hand. Da kannst du als Witwe von seinen Händen schon ein bisserl zornig werden. »Wenn das kein Zeichen des Himmels ist«, sagte sie. Da war sie ganz schnell auf Gottes Seite.

1953 gelang Ihrer Mutter ein geheimer Bestseller. Unter dem Titel *Im Angesicht des Galgens* veröffentlichte sie im Eigenverlag Brigitte Frank Aufzeichnungen, die ihr Mann in seiner Nürnberger Zelle verfasst hatte. Um Käufer zu finden, schrieb sie Tausende Werbebriefe.

Sie hat sich für uns Kinder aufgearbeitet. Sie hatte die clevere Idee, die Empfänger persönlich anzureden, und hämmerte mit so viel Kraft auf die Tasten, dass die Adressaten an der Wölbung der Buchstaben im Papier sehen konnten, dass sie ein Original in der Hand hielten. Das kostete natürlich eine wahnsinnige Arbeitszeit. Sie saß schon morgens um vier an ihrer Erika-Schreibmaschine, und das Geklapper ging bis abends. Sie hat das Buch für 4,50 Mark drucken lassen und für 19,50 Mark verkauft. Da sie nie einen Pfennig Steuer zahlte, hatte sie eine Höllenangst vor dem Finanzamt.

Niklas Frank hat so gut wie keine guten Erinnnerungen an seinen Vater, den Nazi. Vielleicht ist das seine Rettung gewesen.

Wenn ich zu Hause war und es an der Tür läutete, sagte sie leise zu mir: »Niki, schau durch's Guckloch. Wenn's ein Mann mit 'ner Aktentasche ist, sind wir nicht da.«

Ihre Mutter verdiente mit *Im Angesicht des Galgens* rund 250 000 Mark.

Der Chef von VW hat nicht nur zig Exemplare gekauft, sondern ihr auch noch einen VW Käfer geschenkt. Sie zog in eine herrschaftliche Wohnung am Schwabinger Josephsplatz und flanierte im Persianer durch München. Nachmittags trank sie im »Carlton« oder »Regina« Tee und hielt wieder Hof wie als Königin Polens auf dem Wawel in Krakau.

Fünf Jahre später hatte Ihre Mutter das Geld durchgebracht. Herzkrank, mit Wasser in den Beinen und drei Schachteln Camel am Tag rauchend rutschte sie ins Elend.

Als null Geld mehr da war, machte sie aus ihrer Altbauwohnung ein Billigasyl. An den Stuckdecken der Zimmer brachte sie Laufschienen an, arbeitete Bettlaken zu Vorhängen um und bugsierte sie in die Schienen. So entstanden ein Dutzend Kabuffs, in die sie Matratzen und Wolldecken legte. Dann fuhr sie am Abend mit der Tram zum Hauptbahnhof und sprach Leute an, ob sie für fünf Mark bei ihr übernachten wollten. Wenn ich in den Internatsferien bei ihr wohnte, wusste ich nicht, wo ich schlafen kann, weil überall Fremde hausten. Das war eine Wirklichkeit, die Mutti nicht mehr ertrug. Sie brach zusammen. Es war das einzige Mal, dass ich sie weinen sah. Da habe ich richtig gelitten. Und sie sehr geliebt. Ein halbes Jahr später starb sie, mit 63.

Wer zahlte Ihr Internat?

Der Hilfsfonds Freunde der Familie Frank. Ich kam mit zwölf aufs Internat in Wyk auf Föhr und blieb dort bis zu meinem miserablen Abitur 1959.

Gefiel Ihnen das Internat?

Ja, es war meine Heimat. Ich erlebte dort eine unheimlich glückliche Zeit. Das Internat wurde nach den Regeln des Deutschritterordens geführt. Es ging sehr streng zu, mit Appell und Morgenlauf und sehr viel Sport. Dort war ich richtig daheim und bei mir. Der Leiter, Pastor Lohmann, war für mich Ersatzvater. Er sammelte gerne Nazi-Kinder und sagte mir einmal, als ich so um die 14 Jahre alt war: »Niki, dein Vater war der beste Redner, der

war besser als Hitler, Goebbels, Göring!« Dennoch war es keine versteckte Napola.

Wussten Ihre Mitschüler, wer Ihr Vater war?

Nein. Die beiden Ribbentrop-Söhne, Adolf und Barthold, waren auch einige Jahre da. Ich kann mich nicht erinnern, dass ich mit denen je über unsere gehängten Väter geredet hätte.

Wenn Sie nach Hause trampten, protzten Sie vor den Fahrern mit Ihrem Vater. Warum?

Weil ich mit dieser Nummer glänzend gefahren bin. In den Fünfzigerjahren waren es ja meist die alten Nazis, die die ersten Autos fuhren. Und ich wusste, ich krieg von denen was zu essen oder Geld, wenn ich sage, dass ich der Sohn des Generalgouverneurs von Polen bin. Es hat sich immer ausgezahlt. Das war von mir ein übles und eiskaltes Ausnutzen der Verbrechen meines Vaters.

Hatte Ihre Mutter nach 1945 Liebhaber?

Vielleicht einen, aber das ist unsicher. Die Mutti hat alles aufgeschrieben und aufgehoben, sogar das Intimste. Deswegen weiß ich, dass sie nie einen Orgasmus gehabt hat. Geschlechtsverkehr war für sie Dienst am Manne. Es ist unglaublich, mit welcher Härte sie die Männer durchschaut hat. Über ihre beiden Schwiegersöhne sagte sie einmal zu mir: »Ich hätte sie zertreten.« Und der amerikanische Pater, der meinen Vater getauft und zum Galgen begleitet hatte, erzählte mir: »Niklas, Ihr Vater hatte noch im Nürnberger Gefängnis Angst vor Ihrer Mutter!«

Drei Tage vor ihrem Tod im März 1959 sagte sie Ihnen: »Du hast mich nie gemocht, was, Kleiner?«

Das hat sich mir natürlich eingebrannt. Ich habe ihr meine bockige Liebe auch nie gezeigt, außer beim Haarekämmen. Wenn ich sie kämmte, machte sie die Augen zu und schnurrte wie eine Katze. Das war für mich toll. Da war ich ihr sehr nah, weil ich ihr Zärtlichkeit geben konnte. Sie selbst war kein zärtlicher Mensch. Herzlichkeit, Umarmungen, Bussis, das gab es bei ihr nie. Wir fünf Kinder haben diese Kälte, die sie uns während der hohen Zeit der Franks zeigte, durch noch eisigere Kälte heimgezahlt, als sie am Boden lag.

Wie hat Sie die Nachricht vom Tod Ihrer Mutter erreicht?

Ich war im Internat und hatte eine Platte Kuchen bestellt, weil ich Geburtstag hatte. Als ich das Blech über den Appellplatz zu meiner Bude trug, rief mich die Sekretärin ins Büro, da wäre ein Telefongespräch für mich. Ich habe den Kuchen abgestellt, und meine schwer heulende Schwester Brigitte sagte mir, die Mutti sei gestorben. Dazu habe ich mal wieder »Ja« gesagt, bin mit dem Kuchen zu den anderen und habe fröhlich gefeiert. Dass mir eben meine Mutter weggestorben ist, habe ich nicht gesagt, denn ich war wirklich fröhlich. Muttis Tod war eine große Befreiung. Endlich konnte sie mich nicht mehr in meinen Feigheiten ertappen.

Gehen Sie ans Grab Ihrer Mutter?

Selten. Ich kann keine Beziehung zu ihr aufbauen, wenn ich vor dem Grab stehe, denn als meine Schwester Gitti starb, hat ihr Ehemann aus Geiz gebeten, dass sie auch in Muttis Grab gelegt würde. Mein Bruder Norman gestattete es. Mutti musste ausgegraben werden, und ihre Knochen lagen während Gittis Beerdigung in einem offenen Plastiksack hinter dem Nachbargrabstein. Ihr bleicher Schädel mit den riesigen Augenhöhlen lugte hervor. Ich konnte sehen, dass sie ein Gebiss trug. Da hab ich kurz aufgelacht. Die Trauergäste dachten sicher, ich sei debil. Der Tod und das Groteske – wie Muttis plötzlich herübergrüßendes Gebiss – haben mich immer fasziniert. Als mein Bruder Norman 2009 starb und in der Anatomie von Medizinstudenten zerwirkt wurde, hätte ich zu gerne selbst Skalpell angelegt. Aber der Professor durfte es mir nicht erlauben. Ich habe Norman sehr geliebt – im Rahmen der ziemlich beschränkten Frank'schen Liebesmöglichkeiten – und wäre ihm beim Aufschneiden noch einmal ganz nahegekommen.

Sind Sie sich manchmal selber unheimlich?

Nein, das war ich mir noch nie. Ich finde mich rundum glänzend misslungen. Wenn wir zu meiner Lebensphilosophie kommen: Für mich war stets die Groteske das Wichtige. Auch bei Interviews habe ich danach gesucht. Als ich mit Thomas Bernhard in seinem Bauernhof in Ohlsdorf saß, klingelte es draußen. Bernhard ging hin. Als er zurückkam, sagte er: »Weil wir gerade über die Groteske des Lebens reden: Draußen stand meine Putzfrau, um mir zu sagen, dass sie heute nicht kommt.«

Wussten Ihre Freunde und Journalistenkollegen, wer Ihr Vater ist?

Nein. Nur einmal wurde nachgeforscht. Als ich 1973 zum *Playboy* ging, lud mich der von Hugh Hefner eingesetzte Supervisor, Mister Spelman, zum Mittagessen ein und sagte: »Herr Frank, wir wissen sehr wohl, wes' Vaters Kind Sie sind. Aber wenn Sie mir versprechen, dass Sie im *Playboy* nicht Ähnliches wie Ihr Vater verlauten lassen, haben Sie hier freie Hand.« Ich und zwischen nackten Mädchen im *Playboy* wie Vati den Holocaust einfordernd!

1987 haben Sie sich mit Ihrem Buch *Der Vater. Eine Abrechnung* selbst geoutet. Wie kam es dazu?

Als Internatsschüler bin ich oft mit dem Rad nach Wyk in die Buchhandlung gefahren, um im Namensverzeichnis zeitgeschichtlicher Neuerscheinungen unter »Frank, Hans« nachzuschauen. Dann las ich schnell die Seiten, auf denen er erwähnt wurde. Als ich mit 22 meine spätere Frau kennenlernte, habe ich ihr gesagt: »Eines Tages schreibe ich über meinen Vater.« Aber das tat ich erst, als ich schon auf die 50 zuging. Unbewusst hatte ich immer den Satz im Kopf: Ich lasse mir von diesen Eltern mein eigenes Leben nicht kaputtmachen! Den *Vater* habe ich in einem zwölfwöchigen Rauschzustand in Muttis alte Erika-Schreibmaschine gehackt, mit der sie Vatis Geschreibsel aus der Nürnberger Zelle zum Bestseller gemacht hatte. Das war ein äußerst zorniger Kampf gegen meinen Vater, verbunden mit dem befriedigenden Gefühl: Heute wieder schwere Schläge gegen dich geführt, Vati! Ihn verbal in den Dreck zu ziehen, löste ein unendliches Triumphgefühl in mir aus. Es löste auch meine Angst vor ihm, denn er beherrscht ja noch immer mein Gehirn, dieser verfluchte Kerl.

Ihr Buch löste einen Eklat aus. Der Hauptgrund war, dass Sie beschrieben hatten, wie Sie als Jugendlicher jahrelang zu der Vorstellung onaniert haben, wie Ihr Vater gehängt wird. Zitat: »Ich mochte Dein Sterben. Ich legte mich nackt hin, auf das stinkende Linoleum der Toilette, die Linke am schlaffen Glied, und mit einer leichten Rubbelbewegung fing ich an Dich zu sehen, wie Du auf und ab gehst in Deiner Zelle, die Fäuste gegen die Augäpfel gepresst... und dann führten sie Dich die 13 Stufen – Symbolik muss sein – hinauf, die Haube drüber, den Strick um den Hals und ab in die Ewigkeit. Dafür krieg ich den Orgasmus.«

Die Toilette mit dem Linoleum war in der Dürnbachstraße 7 in Neuhaus am Schliersee. Wir vier Geschwister lebten zusammen mit unserer Mutter in dieser Zwei-Zimmer-Wohnung. Die älteste Schwester hatte schon geheiratet. Die Toilette war der einzige Ort, an dem man für sich sein konnte. Dort habe ich vier Jahre lang die Hinrichtung meines Vaters mit Lust zelebriert. Die Todesnacht zum 16. Oktober wurde von Mutti immer feierlich mit Kerzen und lautem Gedenken begangen. Mich indes drängte es aufs Linoleum. Warum, wusste ich lange nicht. Erst eine Journalistin hat mir die Augen geöffnet: »Herr Frank, Sie haben Ihren Orgasmus als Zeichen des Überlebenswillens gegen diesen Vater gesetzt.«

Sie haben in den Folgejahren Bücher über Ihre Mutter und einen Ihrer Brüder geschrieben. Ihr Bruder Norman warf Ihnen mal »unappetitlichen Exhibitionismus aus Ruhmsucht« vor. Ist da etwas dran?

Ja und nein. Wenn ich so im Kreis der schreibenden Nazi-Täter-Nachkommenschaft herumschaue, entdecke ich eine gewisse Eitelkeit. Gegen die kämpfe ich bei mir an, indem ich mir immer wieder klarmache, dass es die Millionen unschuldig Ermordeten sind, denen ich die Einladungen zum Lesen aus meinen Büchern verdanke. Wenn ich danach zum Beispiel eine Flasche Schnaps oder Wein überreicht bekomme, halte ich sie hoch und sage ins Publikum: »Sie sehen, welchen Gewinn man einstreicht, wenn man auf dem Ticket eines Nazi-Verbrechers fährt.«

Sie haben *Der Vater* in Ihrer Zeit als Kulturchef des *Stern* veröffentlicht. Waren Sie als Branchenprofi gegen Verrisse immun, die Ihr Buch als »Seelengekröse« und »hassverseuchtes Gefasel« eines Psychopathen geißelten?

Nein, ich war total im Arsch. Ich dachte, die lieben Kollegen würden sofort kapieren, dass ich dieses Buch aus Zorn über die Verbrechen der Nazi-Zeit geschrieben habe und zeigen wollte, wie es in einer Familie zugeht, die ihre Moral unterdrückt und auf einem Meer von Blut ein prächtiges Leben feierte. Aber meine Verzweiflung dauerte nicht lang. Dann gewann wieder dieses merkwürdige andere Gefühl in mir die Überhand: Ihr könnt mich alle mal! Norman hatte auch dieses Überlegenheitsgefühl und führte es darauf zurück, dass wir zwölf Jahre lang Dienerschaft hatten. Massenmörder mit Hofstaat adelt. Keiner von den kleinen Scheißern kommt an mich heran! Dank Johann.

Ihr *Vater*-Buch schließt mit der Prognose, dass Sie ein »ewig kindlicher Zombie« bleiben werden, da Ihnen Ihr Vater »wie ein Schweinsrüssel« im Hirn steckt.

Er ist immer gewärtig. Du kriegst ihn nicht los. Zwar bin ich schon mein eigener Mensch geworden, aber der Vati ist immer noch wie eine stickige Haube über mir. Sicher ist manches an mir nur zu verstehen, wenn man weiß, dass ich keine Liebe empfangen habe. Aber das haben Millionen anderer Kinder auch erlebt und sind doch großartige, selbstsichere Menschen geworden.

Es heißt, aus ungeliebten Kindern werden Erwachsene, die nicht lieben können.

Nicht ganz. Ich habe viele emotional schräge Stücke geliefert und meine Umgebung rücksichtslos verletzt. Aber ich kann schon Liebe zeigen, wenn auch in sehr schwieriger und komplizierter Weise. Wenn du diesen Vater-Dreck überleben willst, geht das nur durch Witz. Was ich nicht ironisieren kann, bringt mich an den Galgen. »Eltern sind nicht totzukriegen, aber man kann versuchen, sie kleinzulachen«, schrieb mir mal ein Leser. Ich sehe mich immer – auch jetzt in dieser Sekunde – aus zwei bis drei Meter Höhe, und was ich da sehe, macht mir oft rote Ohren. Dennoch werde ich dadurch nicht zum besseren Menschen. Ich sehe, was ich anrichte, und ich richte es trotzdem an.

Glauben Sie, dass Charakter erblich ist?

Mein Bruder Norman sagte, ein Kriegsverbrechersohn darf keine Kinder haben. So ein blöder Quatsch. Das ist faschistische Denke.

Träumen Sie von Ihrem Vater?

Ich habe mein ganzes Leben lang nicht von ihm geträumt, doch vor zwei oder drei Jahren erlebte ich plötzlich diesen Dreckstraum: Ich gehe eine Straße entlang. Neben mir geht Vati, groß gewachsen. In seinem Ledermantel. Viel größer als ich. Ich rieche das Leder seines Mantels. Er blickt auf mich herab und strahlt eine unendliche Verachtung auf mich aus, weil ich dieses Buch über ihn geschrieben habe. Beim Aufwachen war ich natürlich stocksauer, weil es küchenpsychologisch so verflixt offensichtlich ist: Ich suche eben doch noch nach Vatis Liebe. Zum Kotzen!

Drei Ihrer Geschwister waren Nazis. Als Sie nach langem Schweigen Anfang der Achtzigerjahre Ihre Schwester Sigrid in Südafrika anriefen und fragten, was sie gerade mache, bekamen Sie zur Antwort: »Ich rechne aus, wie lange jeder Jude hätte brennen müssen, wenn wirklich sechs Millionen vergast und verbrannt worden wären.«
Sie hat Vati hoch verehrt und hielt den Holocaust für eine Lüge. 1966 ist sie mit Freuden nach Südafrika ausgewandert, weil sie das Apartheid-Regime schätzte. Meine Schwester Gitti verübte mit 46 Jahren Selbstmord. Schon in ihrer Jugend hatte sie davon gesprochen, nicht älter werden zu wollen als Vati, der ja mit 46 hingerichtet worden war. Mein Bruder Michel trank sich mit bis zu 13 Litern Milch am Tag in den frühen Tod mit 53 Jahren. Norman verhielt sich anders. »Mein Vater war ein Nazi-Verbrecher, aber ich liebe ihn«, war sein Lebensfluch. Aus dieser Falle wollte er nie raus. Immerhin hat er sich den Verbrechen unseres Vaters gestellt und sie anerkannt. Prompt wurde er achtzig Jahre alt – wenn auch als lebenslanger Alkoholiker, der manchmal nachts auf allen Vieren durch die Wohnung kroch und um Schnaps bettelte.

Von den fünf Frank-Kindern sind vier am untoten Vater krepiert. Warum Sie nicht?
Woher wissen Sie, dass ich nicht? Meine drei zu früh gestorbenen Geschwister hätten unvoreingenommen prüfen sollen. Aber die haben Vati nur immer als unschuldiges Opfer von Hitler und Himmler verteidigt. Das zog ihnen die Lebenskraft raus. Gegenüber allen vier Geschwistern hatte ich allerdings den Vorteil, dass mich unser Vater zunächst als untergeschobenen Balg zurückgewiesen hatte. Das schuf schmerzliche, aber auch gesunde Distanz. So konnte eine alles verzeihende Liebe gar nicht erst aufkommen. Ich habe nur per Zufall der Geburt mit Vati zu tun. Aber ich bin per Zufall auch Deutscher. Ich werde weder meinem Vater noch uns Deutschen je verzeihen können, was wir in zwölf Jahren zwischen 1933 und 1945 angerichtet haben. Seitdem sind wir in gewisser Weise ein auserwähltes Volk: Wir wissen, dass Feigheit und Schweigen bis zum Holocaust führen können. Doch was erlebe ich? Täglich blinzelt mir mein Vater listig vom Totenfoto in meiner Jackentasche zu. Nein, er und seinesgleichen sind noch lange nicht tot hierzulande.

Wer, glauben Sie, ist Ihr leiblicher Vater: Karl Lasch, Carl Schmitt oder Hans Frank?
Die Lösung ist einfach: Ich schaffte es nie, so ein Frauenheld zu sein wie der Schieber Karl Lasch, ich konnte nie so viele anbetende Jünger um mich scharen wie der Staatsrechtler Carl Schmitt, aber ich kämpfe schon ein Leben lang gegen meine innere Feigheit an, und die kann ich nur von diesem Hans Frank geerbt haben. Tja, ich bin nun mal sein echter Sohn.

Mein Alter

VON CHRISTIAN SEILER **FOTO** MARIA ZIEGELBÖCK

Sein Vater starb mit 53 Jahren. Nun ist unser Autor selbst 53 geworden – ein guter Moment, um zurückzuschauen. Und nach vorn.

Die Ähnlichkeit ist offensichtlich: Christian Seiler und sein verstorbener Vater.

Am 30. Mai 1993, dem Tag, als mein Vater starb, war er 53 Jahre und 103 Tage alt, und ich hatte die stampfende gute Laune eines Hangovers. Tags zuvor war ein Freund von mir vierzig geworden. Er hatte in unserem gemeinsamen Stammlokal im Zürcher Kreis 5 eine Party geschmissen, wir hatten viel getrunken und gelacht. Ich wusste, dass mein Vater die Nacht in Wien im Krankenhaus verbrachte, aber ich maß dem keine größere Bedeutung bei. Er hatte Schmerzen im Bauchraum gehabt und war deshalb in die Notaufnahme gegangen, so viel war klar; aber niemals wäre ich auf den Gedanken gekommen, dass der Grund dieser Schmerzen – wie sich später herausstellte: die Entzündung der Bauchspeicheldrüse – meinen Vater umbringen würde, und zwar binnen 24 Stunden.

Als wir am Tag vor seinem Tod zum letzten Mal miteinander telefonierten – ich in Luzern, er in Wien auf der Internen im Krankenhaus Lainz –, fiel mir zwar auf, wie schlecht und angestrengt er klang, aber die Schärfe der Bedrohung drang nicht zu mir durch. Mein Vater war vielleicht nicht mehr jung, aber keinesfalls in einem Alter, dachte ich, in dem man stirbt. Wenn aus der wechselhaften Geschichte unserer Beziehung ein Motiv herausstach, dann war es jenes der Zukunft, von der wir – er 53, ich 32 Jahre alt – noch reichlich zu haben schienen. In dieser Zukunft würde vieles von dem, was zwischen uns ungesagt und ungetan geblieben war, ausgesprochen und ausgelebt werden, und allein deshalb schien mir der Gedanke absurd, dass das kurze, inhaltslose Telefongespräch an sein Krankenbett zu »famous last words« werden könnte. Wir waren noch nicht fertig miteinander. An Abschied war nicht zu denken.

Auf meine Frage, wie es ihm gehe, antwortete er: »Nicht gut.« Logisch, sonst wäre er ja nicht ins Krankenhaus gegangen. Dass er Mühe beim Sprechen hatte, dass er Angst hatte, verzweifelt war, kann ich heute hören, in meiner Erinnerung, aber nicht damals, an diesem Samstag im Mai des Jahres 1993. Ich notierte die Telefonnummer meines Vaters auf der Rückseite der aktuellen *Spiegel*-Ausgabe – Titelgeschichte war ein Porträt des obskuren VW-Managers José Ignacio López – und fragte ihn, ob es okay sei, wenn ich am nächsten Tag um die gleiche Zeit wieder anriefe. Er sagte Ja

– was sonst? Ich dachte an jenem Abend kein einziges Mal mehr an meinen Vater, der im Wiener Krankenhaus seine letzte Nacht erlebte.

Mein Vater klagte nie über die prekären Umstände seiner Jugend. Er war 1940 in Wien auf die Welt gekommen, im Zweiten Weltkrieg, sein Vater starb 1945 in russischer Gefangenschaft, deshalb musste mein Vater als ältester von drei Brüdern den Mann im Haus darstellen, was er irgendwie hinkriegte. Alle drei Brüder schafften es, keine Selbstverständlichkeit, aufs Gymnasium. Mein Vater war der Begabteste. Er konnte gut zeichnen, sein Strich war fein und sicher. Er wollte Architekt werden, aber als er zwanzigjährig sein Architekturstudium begann, lernte er eine junge Frau kennen, die kein Jahr später meine Mutter war. Es ist der Normalität der frühen Sechzigerjahre geschuldet, dass die Episode nicht übergangen oder wegredigiert wurde, sondern in ein folgenreiches Missverständnis mündete. Volles Programm: Hochzeit im Frühjahr, Geburt des Knaben im Herbst, Unglück im Winter, Trennung im nächsten Frühjahr. Ich wuchs bei der Großmutter auf, der Mutter meines Vaters, und das war – im Gegensatz zum Beziehungsleben meiner Eltern – eine gute Idee.

Mein Vater, 21, heuerte ohne Studium in einem Architekturbüro an, aber anstelle inspirierender, kreativer Prozesse, die er sich wahrscheinlich erträumt hatte, warteten auf ihn vor allem die Aufgaben, vor denen sich Architekten gern drücken: Organisation, Kontrolle, Zeitplan. Wenn man am Schluss fragte, was denn eigentlich sein Anteil an einem Bauwerk sei, antwortete mein Vater: »Dass es steht.«

Unter der Woche wohnte ich bei der Großmutter, am Wochenende holte mich der Vater ab. Meistens fuhren wir seinen Bruder besuchen, meinen Onkel, der selbst zwei Töchter hatte, dort wurde ich den Girls überlassen. Die Männer spielten einander neue Jazz- und Rockplatten vor, rauchten Zigaretten und tranken Bier. Musik, Rauch, Rausch: Aus diesem Material bestehen meine frühen Erinnerungen. An viele Ausflüge ins Grüne kann ich mich nicht erinnern, an Museums- oder Theaterbesuche gar nicht, und in den Urlaub fuhren wir nur zweimal: einmal zu zweit an einen Kärntner See, ein anderes Mal mit der neuen

Freundin meines Vaters nach Jugoslawien, wo ich nur widerstrebend einwilligte, mit an den FKK-Strand zu gehen.

Mein Vater hatte in meinen Augen etwas Wildes, Romantisches. Er war selten da, man konnte niemals genau sagen, wann er auftauchen würde. Er hatte sich, Roaring Sixties, die Haare lang wachsen lassen, bis auf die Schultern – was mir meine Großmutter nie und nimmer gestattet hätte –, trug sein Hemd bis auf die Brust aufgeknöpft und sagte Dinge über einzelne Lehrer, die im Haus meiner Großmutter niemals ausgesprochen werden durften. Wenn sie die altmodische, obrigkeitsgläubige Systemerhalterin war (was sie war; wenn auch weit mehr als das), trat mein Vater als juveniler Anarchist auf. Sie übte mit mir auf der Blockflöte Telemann-Sonaten. Er brachte mir *The Fool on the Hill* von den Beatles mit, den einzigen satisfaktionsfähigen Popsong, in dem eine Blockflöte zu hören ist. Mir war gar nicht bewusst, wie wenig, verglichen mit anderen Vätern, meiner sich um mich kümmerte, und trotzdem galt für meinen, was Philip Roth in seinem Buch *Mein Leben als Sohn* lakonisch über seinen Vater schrieb: »Er war nicht irgendein Vater, er war der Vater, mit allem, was es an einem Vater zu hassen gibt, und allem, was es an einem Vater zu lieben gibt.« Ich hasste, dass er nur am Wochenende da war und dass er mich dazu gezwungen hatte, nackt baden zu gehen. Den Rest, den ich gar nicht wirklich kannte, liebte ich.

Am Sonntag, dem 30. Mai 1993, stand ich gegen zehn auf und legte meine Lieblings-CD dieser Woche ein, *Fragments of a Rainy Season* von John Cale, ein Livekonzert, auf dem Cale ein paar seiner besonders schönen Songs hart an der Grenze zum Absturz vorführt. Höhepunkt der Platte war Cales Version des Cohen-Klassikers *Hallelujah*, den er sich mit seiner tiefen, hohlen Stimme und einer unvergleichlichen Intensität des Vortrags aneignet. Ich steuerte *Hallelujah* an und drehte die Regler nach rechts, dann läutete das Telefon, und ich nahm ab.

»Dreh die Musik leiser«, sagte mein Onkel aus Wien, und ich drehte die Musik leiser.

Dann sagte er: »Dein Vater ist gestorben.«

Mein Onkel und meine Großmutter hatten meinen Vater im Spital besuchen wollen und waren nicht zu ihm vorgelassen worden. Die Entzündung der Bauchspeicheldrüse hatte zu einem Multiorganversagen geführt, gegen das auch heftige Wiederbelebungsmaßnahmen nichts ausrichten konnten. Mein Vater war tot, und ich hatte gedacht, er hole sich maximal die Ermahnung einer Krankenschwester ab, ein bisschen besser auf sich aufzupassen. Nachdem ich das erste Tal der Tränen durchwandert hatte, musste ich mich um Dinge kümmern, von denen ich nun wirklich keine Ahnung hatte: ein Grab besorgen, einen würdigen Abschied inszenieren, eine Grabrede schreiben, die Musik zur Zeremonie aussuchen, mich um das Erbe kümmern – und mich in diesem Koordinatensystem artfremder Beschäftigungen überhaupt erst dessen zu vergewissern, was ich gerade verloren hatte.

Der Vater war tot. Fehlte er mir als Person? Fehlte mir die Vorstellung, dass er in meinem Leben noch einmal eine wichtigere Rolle einnehmen würde als bisher? Oder setzte mir der Verlust der Unbeschwertheit zu, die mich bis zum Anruf meines Onkels beseelt hatte, die jugendliche Unbesiegbarkeit, von der man zwar ahnt, dass sie nicht ewig dauern wird, was freilich nicht heißt, dass man glaubt, sie könnte verschwinden?

In seinem Roman *Lügen über meinen Vater* schreibt der schottische Schriftsteller John Burnside: »Ich kann nicht über [meinen Vater] reden, ohne über mich selbst zu reden, so wie ich nie in den Spiegel sehen kann, ohne sein Gesicht zu sehen.« Die Erkenntnis, dass ich mit meinem Vater tiefer verbunden bin, als ich mir das vielleicht vorstellen wollte, streifte mich erst lange, nachdem ich aufgehört hatte, die Sonntage, die Wochen, die Monate zu zählen, die mein Vater nicht mehr erlebt hatte. Ich beobachtete mich dabei, einen Witz zu machen, wie ihn auch mein Vater gemacht haben könnte, weniger charmant, als das meinem Selbstbild entsprach; ich sah mir dabei zu, wie ich die gleiche entwürdigende Glatze bekam wie er. Auf Fotos bemerkte ich sein melancholisches Lächeln in meinem Gesicht und begann mir Gedanken darüber zu machen, wie mein Leben jetzt, da ich nicht mehr mit ihm sprechen konnte, noch immer mit seinem Leben zusammenhing.

Aber merkwürdig: Sobald ich mir etwas Konkretes, Lebendiges vorstellen wollte, scheiterte ich wie die Erzählerin in Hilary Mantels Story *Endstation*, die ihren toten Vater in einem Zug vorbeifahren sieht, sich reflexartig an ihn erinnern möchte und bemerkt, dass ihr nichts in den Sinn kommt: »Selbst in den hintersten Winkeln meines Gedächtnisses wurde ich nicht fündig, mir wollte keine einzelne Situation einfallen. Dabei sollte ich voller Anekdoten sein (...). Aber ich bekomme nichts zu fassen und kann nur sagen, dass eine gewisse Anzahl von Jahren verstrichen ist.«

Diese Arithmetik der Erinnerung an meinen Vater schob sich in den Vordergrund. Mir fiel auf, dass der Zeitpunkt seines Todes, sein Alter beim Abgang, eine Art Fluchtpunkt für mich darstellte, der anfangs noch weit entfernt war, mit den Jahren aber markanter und deutlicher wurde. Dieser Fluchtpunkt, der Tag, an dem ich 53 Jahre und 103 Tage alt wäre, nötigte mich zu ständiger Positionsbestimmung: Wo stehe ich? Wo stehe ich im Verhältnis dazu, wo mein Vater stand? Und wo stehe ich in meinem eigenen Leben, gemessen an meinen Wünschen und Träumen, Ansprüchen und Vorstellungen?

Als ich die Rede für das Begräbnis meines Vaters aufschrieb - ein Freund las sie der Trauergesellschaft vor, weil ich selbst noch viel zu verstört war, anschließend spielten wir *All Blues* vom epochalen Miles-Davis-Album *Kind of Blue* -, begann ich mit einer Art Präambel zum Wesen von Grabreden. »Grabreden sind meistens unbefriedigend«, schrieb ich. »Sie sind so vorsichtig wie unvollständig. Sie dienen nicht dazu, einen Toten darzustellen, wie er war, sondern wie wir ihn gern gehabt hätten. Das hat seinen Sinn: Es fällt uns in der Regel schwer genug, uns von jemandem zu trennen. Der, der gestorben ist, muss schließlich nicht mehr getröstet werden, sondern die, die er zurücklässt.« Vor allem ich selbst: Ich schrieb meinem Vater die Trauerrede, die mich tröstete, indem ich ihm zuschrieb, ohne Vorbereitung, also auch ohne Angst gestorben zu sein, einen schnellen Abgang gehabt zu haben, wie man ihn sich wünschen mag, wenn man nicht altersweise und mit sich im Reinen ist oder, um es auszusprechen, panische Angst vor dem Sterben hat. »Ich glaube, dass sich mein Vater einen schnellen Abschied gewünscht hat«, schrieb ich. Aber woher wollte ich das wissen? Später, erst lange nach dem Begräbnis, erfuhr ich aus Gesprächen, dass mein Vater durchaus eine Ahnung davon gehabt hatte, dass es nicht

gut um ihn stand. Dass er schon Monate Schmerzen gehabt hatte, die er nicht mit vom Arzt verschriebenen Medikamenten und Verhaltensweisen bekämpfte, sondern indem er sich, wenn die Bauchschmerzen zu stark wurden, einen Wodka einschenkte und vielleicht noch einen - was bei einer Entzündung der Bauchspeicheldrüse ungefähr das Gleiche bedeutet, wie ein Feuer mit einem Kanister Benzin löschen zu wollen.

Dass mein Vater panische Angst vor Krankheit hatte (er hielt die Schmerzen vermutlich für Symptome einer Krebserkrankung), erschütterte mich. Das Ertränken der Schmerzen und der Sorgen im Wodka empört mich noch heute, vor allem, weil sich offenbar niemand zuständig fühlte, das Problem zu sehen, ihm ins Gewissen zu reden und ihn einer vernünftigen Behandlung zuzuführen. Den Vorwurf kann ich auch mir nicht ersparen, selbst wenn ich damals nicht in derselben Stadt wie mein Vater lebte und mir bei unseren routinierten Telefonaten - »Was gibt es Neues?« - »Nichts Besonderes« - nie aufgefallen ist, dass mein Vater angetrunken oder irgendwie merkwürdig gewesen wäre. Die etwas arrogante Misanthropie, mit der mein Vater seit seinen späteren Dreißigern kokettiert hatte, war offenbar in handfeste Einsamkeit umgeschlagen.

»... kann nicht über ihn reden, ohne über mich selbst zu reden«: Früher hatte mir die Schlagfertigkeit meines Vaters gefallen, sein Witz, auch wenn der für meinen Geschmack zu schnell ins Verletzende umschlagen konnte, sein Gefühl dafür, wie man Räume einrichtet, seine Begeisterung für den Jazz der Fünfziger- und Sechzigerjahre, die Art, wie er sich kleidete (er war der Meisterträger des abgerockten Lacoste-T-Shirts in Kombination mit Flanellhosen). Darin mochte und mag ich mich gern wiedererkennen (bis auf die Flanellhosen). Aber natürlich fahndete ich auch nach Anhaltspunkten dafür, ob mein Leben der gleichen Flugkurve folgen würde wie seines. Es fiel mir auf, wie er in seinem Beruf zunehmend mit Dingen und Menschen zu tun hatte, denen er lieber ausgewichen wäre, dass er aber gleichzeitig nicht die Energie oder den Mut aufbrachte, daran etwas zu ändern. Nicht dass ich dem Stress und der Überhitzung des Baugewerbes die Schuld an seinem Tod zugeschrieben hätte. Aber ich fand es entwürdigend, dass mein Vater vor der Eröffnung der »Baumax«-Märkte, deren Bauleitung er innehatte, Blut schwitzen musste, weil die Terminpläne grotesk eng waren und auf ihre Nichteinhaltung Konventionalstrafen standen, die ein kleines Architekturbüro wie das, bei dem mein Vater arbeitete, in Schieflage bringen konnten. Ich fand es demoralisierend, dass als Hinterlassenschaft der Kreativität meines Vaters bloß ein paar kistenförmige Baumärkte an der Peripherie herumstanden, die zu allem Überfluss zuletzt sogar in Konkurs gegangen sind.

Scheißarbeit: Mein Vater schlug sich, fand ich, unter seinem Wert, und es regte mich auf, wie die verzehrende Banalität der Arbeit auch den Menschen veränderte. Der Mann, der sich so vital für neue Literatur und abgefahrene Kunst interessiert hatte, glitt in eher geistlose Unterhaltungsmuster vor der Glotze ab, matt, ausgelöscht. Meine Entscheidung, nie einer »entfremdeten Arbeit«, wie Marx so packend formulierte, nachzugehen, stammt aus der Anschauung meines Vaters in seinen Vierzigern und wurde durch seinen Tod nur verstärkt. Dass es mir tatsächlich gelang, war das Produkt vieler Faktoren. Aber den Entschluss, niemals den Kopf für Dinge hinzuhalten, die sich nicht mit meinen eigenen Interessen und Überzeugungen decken, schulde ich meinem Vater, wenn auch indirekt, gemäß dem berühmten Diktum von Michel Foucault: »Wir sollten nicht zu entdecken versuchen, wer wir sind, sondern was wir uns weigern zu sein.«

Ich bin älter, als mein Vater je war. Der Satz hat eine gewisse Wucht, er trägt mich über die Schwelle eines neuen Lebensabschnitts. Wenn ich in den Fotos krame und den Mann mit seiner etwas unordentlichen Frisur sehe, mit den grauen Schläfen und dem Blick, der mir auf irreversible Weise melancholisch zu sein scheint, erfassen mich Traurigkeit, Mitleid und Dankbarkeit, eine verwirrende Mischung.

Dankbar bin ich meinem Vater, auch wenn das arrogant klingt, dass ich nicht so werden musste wie er. Gleichzeitig fehlt er mir immer wieder fast körperlich. Dass er meinen Sohn, der jetzt 13 ist, nie kennengelernt hat, ist eine Wunde, die schmerzt, und dass wir als erwachsene Menschen keine Gelegenheit hatten, die Nähe herzustellen, die ich mir als Junge gewünscht hätte, macht mich beinahe eifersüchtig, wenn ich in *Mein Leben als Sohn* lese, wie Philip Roth mit seinem 86-jährigen Vater, der einen Hirntumor hat, den Neurochirurgen aufsucht und es schafft, »mit meinen Worten seine finstere Stimmung um etwa ein Milliwatt aufzuhellen«.

Dieses Milliwatt hätte ich auch gern beigetragen, auch wenn ich nicht böse bin, dass meinem Vater und mir der Rest der Geschichte erspart geblieben ist. Um die Intensität vieler Momente, die Vertrautheit und die gemeinsame Erinnerung, die vielleicht wertvollste Währung der gemeinsamen Vergangenheit, tut es mir so leid, dass ich mich manchmal ganz stumpf fühle. Also hole ich meinen Vater näher an mich heran, indem ich mich mit ihm vergleiche, unsere Biografien arithmetisch vermenge, um wenigstens von dem, der ich bin, zu erfahren, wer er gewesen sein könnte.

Ach, du liebe Zeit

VON LAUREN FLEISHMAN

Der Traum vom großen Glück: Jemanden zu finden, mit dem man sein Leben teilen will, ist nicht einfach. Die New Yorker Fotografin Lauren Fleishman hat Paare gesucht, die mehr als fünfzig Jahre zusammen sind – und Menschen gefunden, die sich nach einem halben Jahrhundert noch gern in den Arm nehmen.

Yevgeniy Kissin, Midwood, Brooklyn

Wir haben uns beim Tanzen kennengelernt, bei einer Party im Januar 1938. Ein Freund, der genau wie ich bei der Armee war, hatte mich eingeladen – und versprochen, dass dort viele hübsche Mädchen sein würden. Eine fand ich besonders toll – aber leider hatte sie schon ein anderer Typ zum Tanzen aufgefordert. Er trug Uniform und hohe Stiefel, was die Frau zum Glück schrecklich fand. Ich trug zwar auch eine Uniform, aber meine gefiel ihr. Bis heute weiß ich nicht so genau, ob sie sich damals in mich oder meine Kleidung verliebt hat.

Angie Terranova, Staten Island, New York

Über das Älterwerden denken wir gar nicht nach. Wenn man sich jeden Tag sieht, fallen einem ja keine großen Veränderungen am anderen auf. Wir stehen nicht zusammen vorm Spiegel und sagen: Da, schau mal, eine Falte. Und ein paar Tage später: Guck, die Falte ist ein Stück tiefer geworden. Solche Dinge passieren einfach, ohne dass man sie mitbekommt. Mein Mann wird bald 84 – trotzdem kommt mir nie der Gedanke, dass ich mit einem alten Menschen zusammen bin. Ich hoffe, ihm geht es genauso.

Leila Ramos, Williamsburg, Brooklyn

Er war meine erste große Liebe. Natürlich werden wir immer älter, jeden Tag ein bisschen mehr. Aber im Herzen bleiben wir jung. Und ich glaube, ihm geht es genauso.

Ykov Shapirshteyn, Brighton Beach, Brooklyn

Was das Geheimnis unserer Liebe ist? Sagen wir so: Ein Geheimnis ist und bleibt ein Geheimnis. Unseres werde ich jedenfalls nicht verraten!

Moses Rubenstein, Sheepshead Bay, Brooklyn

Meine Frau ist 85, ich bin bald 88, und ich wünsche mir einfach nur noch fünf oder sechs schöne gemeinsame Jahre. Das ist alles, was ich will, viel länger muss das Leben gar nicht dauern. Dann kann ich noch erleben, wie meine Enkel erwachsen werden und vielleicht heiraten. Ich will, dass sie so glücklich werden, wie wir es sind.

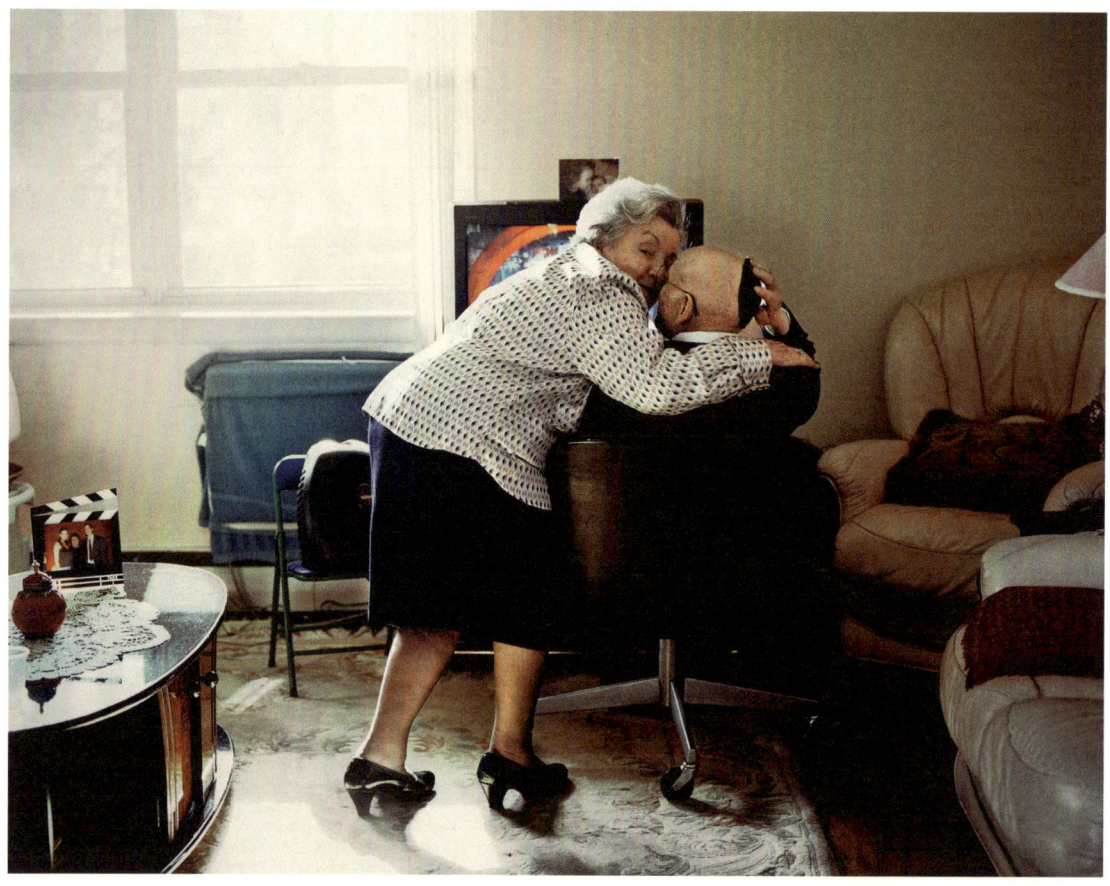

Golda Pollac, Mill Basin, Brooklyn

Am Anfang habe ich mich kaum getraut, ihn anzusprechen. Er war ja viel älter als ich –
und ständig von anderen Frauen belagert, weil er so gut aussah. Von Beruf ist er Schneider
und hatte einen eigenen Betrieb, in dem er Maßanzüge für Männer hergestellt hat.
Nach dem Krieg ist er in das Haus gezogen, in dem auch meine Schwester gewohnt hat.
Wir haben uns nicht sofort ineinander verliebt, aber irgendwann hat es richtig gefunkt zwischen
uns. Im August feiern wir unseren dreiundsechzigsten Hochzeitstag.

Sheila Newman, Flatlands, Brooklyn

Wie wir uns kennengelernt haben? Durch Musik! Ich musste in der Schule ein Referat über einen Komponisten halten, hatte aber keine Ahnung von Musik. Also hat meine Mutter vorgeschlagen, dass ich David um Hilfe bitte, weil er sich damit auskennt. Mein Plan war, dass er das Referat für mich vorbereitet. Aber er hat gesagt: Nein. Ich helfe dir, aber schreiben musst du selbst. Und er hatte so hohe Ansprüche! Das hat mir gefallen. Danach sind wir auf eine Party gegangen. So fing es an.

Feindlicher Übername

VON KERSTIN GREINER   **ILLUSTRATION** SERGE SEIDLITZ

Frauen im besten Großmutteralter wollen plötzlich nicht mehr »Oma« heißen. Zuerst ist das unserer Autorin in der eigenen Familie aufgefallen.

Schon Monate, bevor meine Mutter ihr erstes Enkelkind bekommen sollte, hatte sie einen Plan: Zwar freute sie sich sehr, endlich Oma zu werden und all das zu tun, was Omas eben tun – eiserschmierte Münder abwischen, beim Vorlesen der Abendgeschichte verheißungsvoll die Stimme senken, den Schmerz von verschrammten Knien mit einem Atemhauch wegblasen. Aber »Oma« genannt werden? Das wollte sie nicht! Denn mit einer »Oma« verband meine Mutter die Farblosigkeit von Kleidung, Haaren und Haut, dazu einen Schaukelstuhl im Wohnzimmer, eine karierte Decke auf den Knien und Kukident 2-Phasen.

Ihr Plan war einfach: Sie entschied sich für die italienische Form der Oma, »Nonna«, was in ihren Ohren nicht ganz so weißhaarig und kariert klang, und verpflichtete sämtliche Familienmitglieder, sie mit dem Tag der Geburt vor dem Kind so zu rufen. Ihr Plan ging auf – bis zu einem Augenblick, als das Mädchen unglücklich vom Kindergarten nach Hause kam und weinend vortrug, sie sei die Einzige, die keine Oma habe. Meine Mutter entgegnete keck, dafür sei sie auch die Einzige mit einer Nonna, was das Kind wieder mit der Welt versöhnte.

Mit ihrer Abneigung gegen den Namen »Oma« steht meine Mutter nicht allein da: Recherchen im Internet und im Bekanntenkreis ergeben, dass sie sich in bester Gesellschaft mit anderen Oma-Verweigerinnen befindet, die sich beispielsweise Nana, Rumi, Ama, Jiajia, Uma, Urmi, Näni, Baba, Gromi, Babulja, Mamoma, Ema, Dadi, Ahne, Mimi, Wowam, Mi, Baka oder Nane rufen lassen.

Seit der Emanzipation sind alle Frauenrollen und ihre anscheinend feststehenden Definitionen im Wandel. Mutter, Hausfrau und Ehefrau unterliegen neuen Auslegungen, warum nicht auch die Rolle der Oma? Schon lange sehen Omas auch nicht mehr aus wie Omas, das Bild der alten Frau hat sich verändert: durch Schlupflid-Operationen, Haarverdichtungen, Zahnaufhellung, Botox, glättende Kosmetik, gesunde Ernährung, Fitnesstraining. Auch meine Mutter könnte locker als Mittfünfzigerin durchgehen, was an einem ausgefeilten Make-up liegt sowie an ihren dünnen Beinen, die sie mit viel Sport fit hält. Natürlich geht mit dieser Entwicklung ein Weiblichkeitsmodell verloren, das es schon seit Urzeiten gibt und nach dem sich laut dem Psychoanalytiker C.G. Jung jeder Mensch instinktiv sehnt: die alte Weise. Das Bild der alten Weisen lebe in unserer Seele, schrieb Jung, und deswegen tauche dieser »Archetyp« in Erzählungen und Kunstwerken aller Epochen und Kulturen der Menschheit auf.

Ich kann aber gut nachvollziehen, warum meine Mutter keine große Lust auf Ähnlichkeit mit diesem Archetyp hat: Sie will nicht aus dem Leben verblassen, so wie es eben viele alte Menschen mit der Blässe ihrer Kleidung signalisieren, nicht offiziell und für jeden auf der Straße hörbar die letzte Frauenrolle antreten, die im Buch des Lebens geschrieben steht. Ähnliches hat der Autor Rupert Christiansen beobachtet, der ein Werk über die Geschichte der Tante schrieb (*The Complete Book of Aunts*) und feststellte, dass sich junge Frauen heute dem Namen »Tante« verweigern, da sie den Stempel des mittleren Alters fürchten.

Im Moment freut sich meine Mutter erst mal darauf, zum zweiten Mal Oma zu werden. Sie bleibt die »Nonna«, so viel steht fest, doch eine Sorge galt der anderen, neu dazugewonnenen Oma – ob die denn Oma heißen müsse? Doch da die neue Oma aus den USA stammt, heißt sie bei all ihren anderen Enkeln auch schon immer »Granny«.

Und siehe, es war sehr gut

VON THORSTEN SCHMITZ   **FOTOS** CHARLOTTE SCHREIBER, SABINA Mc GREW

Schwule Paare dürfen in Deutschland kein Kind von einer Leihmutter kriegen. Warum? Das Gesetz will es so. Jürgen und Axel aus Neuss konnten sich damit nicht abfinden. Um Väter zu werden, mussten die beiden Männer jahrelang in Indien und Kalifornien nach Hilfe suchen.

Jürgen und Axel Haase mit ihrer dreijährigen Tochter Jasmin und den Babys Alisha und Anna.

Vor Kurzem hat Ashley Mcneil auf ihrer Facebook-Seite vier Fotos hochgeladen. Die Bilder stifteten Verwirrung. So hatten ihre Freunde sie noch nie gesehen.

Ashley Mcneil ist 19 Jahre alt, studiert Biologie in Long Beach, im Süden von Los Angeles, und wenn sie lacht, dann tut sie es so laut, dass sich die Studenten auf dem Campus umdrehen. Hunderte Fotos kann man auf ihrer Seite anklicken, Ashley an Weihnachten, Ashley in der Wüste, Ashley am Strand, Ashley in der College-Küche.

Die vier Fotos zeigen sie als Mutter – mit Zwillingsbabys in den Armen. Die Babys heißen Anna und Alisha. Sie sehen ihr ähnlich. Ende Oktober 2012 sind Anna und Alisha per Kaiserschnitt aus dem Bauch von Jessica Sanchez geholt worden. Ashley Mcneil und Jessica Sanchez sind sich nie begegnet.

Ein paar Stunden nachdem sie die Fotos auf ihre Facebook-Seite gestellt hat, will eine Freundin wissen: »WAS? Du hast Kinder bekommen?« Ashley Mcneil textet schnell zurück und beschreibt die Situation so, wie sie ist: »Nein, nein, nein! Ich habe Eizellen gespendet, also sind sie meine Babys, aber nicht MEINE Babys.«

Nach Annas und Alishas Geburt ist sie nach San Diego gefahren, um die Babys einmal in den Armen zu halten. Sie war so aufgeregt, dass ihr Freund beschloss, sie könne nicht alleine hinfahren. Auf dem Weg die Küste hinunter beschäftigte sie ein einziger Gedanke: Was sie wohl empfinden und ob sie Ähnlichkeiten in den Gesichtern der Zwillinge suchen werde. »Ich hatte mir vorgenommen, mich nicht mit den Babys verbunden zu fühlen«, sagt sie heute, Wochen nach der Visite. Es ist ihr geglückt. Als sie die Babys in den Armen hielt, sagt sie, »war es eher komisch zu denken, dass die beiden ein Resultat aus meiner Eizellenspende sind. Ich habe nicht gefühlt, dass das meine Mädchen sind.«

San Diego, im November, es sind 23 Grad. Jürgen Haase sitzt im T-Shirt im Garten einer Ferienwohnung und gibt Anna eine Flasche Milch. Es ist Babymilch aus dem Supermarkt, fertig angerührt. Anna und Alisha sind jetzt sieben Tage alt. Drei Wochen vor dem geplanten Termin sind sie auf die Welt gekommen, sie sind so winzig, dass sie in ihren Strampelanzügen zu verschwinden scheinen.

Jürgen Haase war gerade mit seinem Lebenspartner Axel in einer Kinderpraxis in San Diego, um Anna und Alisha untersuchen zu lassen. Ein Routinecheck, die Ärztin war zufrieden. Im Warteraum saß ein anderes schwules Paar mit einer Tochter. Sie beglückwünschten die Papas aus Deutschland und wollten wissen, wie alt die Babys seien. Dann wurden Jürgen und Axel Haase aufgerufen. Die Ärztin wog die Babys, notierte, wie sie schlafen, trinken, verdauen. Sie tippte Zahlen in ihr Smartphone, auf dem eine App die Daten zu einem Gesamtbild formte. Zum Abschied sagte sie: »Guten Rückflug! Wir werden euch vermissen.«

Anna ist eingenickt beim Nuckeln, Jürgen Haase dreht die Flasche und sagt: »Hier in Kalifornien ist Leihmutterschaft etwas ganz Alltägliches. In Deutschland nicht, und trotzdem hat dort jeder eine Meinung darüber.« Wobei nur die wenigsten auch eine Ahnung hätten.

Es sei ja so: Männer, die eigene Kinder haben wollten, bereiteten sich jahrelang darauf vor und wälzten jedes Für und Wider. Er legt Anna an die Schulter, sie rülpst. »Viele Hetero-Familien gehen kaputt, lassen sich scheiden, wenn plötzlich Kinder da sind, weil sie sich zu wenig Gedanken gemacht haben. Das kann uns nicht passieren.« Drinnen, in der Ferienwohnung, legt Axel Haase Alisha ins Babybett, dann beginnt er im Internet günstige Flüge nach Düsseldorf zu suchen. In ein paar Tagen wird Familie Haase wieder zu Hause sein, in Neuss. Mit zwei Töchtern mehr.

Axel und Jürgen Haase sind seit 26 Jahren zusammen. Axel Haase ist 47 Jahre alt, sein Partner 46. Ihr verflixtes siebtes Jahr hatten sie, sagt Axel Haase, »als wir drei Jahre zusammen waren«. Seitdem sind sie unzertrennlich. Axel hat Industriekaufmann gelernt, jetzt ist er Hausmann. Jürgen Haase ist Geschäftsführer einer Papierhandelsagentur. Sie haben viel von der Welt gesehen, doch irgendwann spürten sie: Ihnen fehlt etwas. Der Wunsch nach einem Kind wurde größer. Axel Haase hat schon mit zwanzig Jahren entschieden, dass er Kinder haben wollte. Wie, das war ihm nicht klar. Damals gab es keine Frauen, die bereit waren, ihre Eizellen einem schwulen Paar zu verkaufen.

Alles haben Jürgen und Axel Haase versucht, um eine Familie zu gründen. Haben überlegt, Kinder in Pflege zu nehmen oder Kinder mit einem

»Andere Eltern genießen die ersten Monate mit ihren Babys sorglos. Wir müssen einen riesigen bürokratischen Berg bezwingen.«

lesbischen Paar zu teilen. Doch sie wollten eigene Kinder. Sie sind sogar nach Afrika geflogen, um ein Kind zu adoptieren, weil schwule Paare in Deutschland nicht gemeinsam Kinder adoptieren dürfen. Doch die Wege wurden immer zwielichtiger.

Im Internet lasen sie dann, dass sie Kinder durch eine Leihmutter bekommen könnten. Auf eigene Faust, ohne eine Agentur, fuhren sie nach Mumbai und schauten sich Fertilitätskliniken an. In einer unterschrieben sie einen Vertrag, entschieden sich für eine indische Eizellenspenderin, Axel Haase lieferte eine Samenprobe. Insgesamt zehn Eizellen der Spenderin wurden befruchtet. Beim ersten Versuch wurden fünf befruchtete Eizellen in die Gebärmutter einer indischen Leihmutter transferiert, doch keine der fünf nistete sich ein. Nach dem zweiten Versuch erhielten Axel und Jürgen dann die Nachricht, dass ihre indische Leihmutter schwanger sei.

Die Freude über Jasmin war groß. Die Fassungslosigkeit über das, was danach geschah, auch. Eineinhalb Jahre musste Axel Haase mit Jasmin in Indien ausharren, weil sich das deutsche Konsulat weigerte, für das Baby einen Reisepass auszustellen: In Deutschland gilt Leihmutterschaft als »sittenwidrig«. Ohne Reisepass konnte Jasmin Indien nicht verlassen. Eineinhalb Jahre lebte Axel mit Jasmin in Indien, unfreiwillig. Rechtsanwälte und Gericht beschäftigten sich mit ihrem Fall. Jürgen Haase ist

in der Zeit achtmal nach Indien geflogen, den Rest der Wartezeit überbrückten sie mit Skype-Gesprächen. Axel Haase fühlte sich in Indien gefangen. Die Perspektivlosigkeit, sagt er, »war eine Qual«.

Wie die Perspektivlosigkeit und die Anspannung auf Jasmin gewirkt haben mögen? Die Väter wissen es nicht. Was sie wussten: dass Jasmin kein Einzelkind bleiben sollte. So erkundigten sie sich, wo Leihmutterschaft noch möglich ist. Sie landeten bei »A Perfect Match«, einer Agentur in Kalifornien. Hier werden Frauen vermittelt, die ihre Eizellen spenden, und Frauen, die ihre Bäuche für Geburten »vermieten«.

Bei »A Perfect Match« kostet eine Leihmutterschaft dreimal so viel wie in Indien, dafür kann man mit dem Kind nach Deutschland einreisen. Denn jedes Kind, das in den USA geboren wird, bekommt einen US-Pass, und in der Geburtsurkunde stehen die Namen beider Väter. »Es ist verrückt«, sagt Jürgen Haase. »In San Diego hat es nur zwei Wochen gedauert, bis wir für Anna und Alisha US-Pässe bekommen haben. In Indien mussten wir eineinhalb Jahre um einen deutschen Pass kämpfen.«

Heute ist Jasmin zweieinhalb Jahre alt, sehr aufgeweckt und beliebt bei den Kindern der Tagesmutter in Neuss. Sie tanzt bei jeder Gelegenheit. Nimmt das Smartphone von Jürgen Haase und schaut fasziniert das *Gangnam*-Video an. Oft tanzt

JESSICA SANCHEZ

»Ich finde es ungerecht,
wenn schwule Männer keine eigenen
Kinder bekommen können«: die
31-jährige Leihmutter Jessica Sanchez.

Jürgen Haase mit, er sammelt Musik aus den Achtziger- und Neunzigerjahren. Jasmin nennt ihre Eltern Papa Axel und Papa Jürgen. Noch nie hat sie gefragt, wo ihre Mutter sei. Dafür fragen manchmal Erwachsene, ob Jasmin »die Mama« vermisse. Jürgen Haase sagt dann: »Kinder vermissen etwas, was sie kennen. Wir sind für sie die Eltern, also vermisst sie nichts.«

Ende Oktober, drei Wochen vor dem offiziellen Geburtstermin, bekommt Axel Haase einen Anruf, dass bei der Leihmutter die Wehen begonnen haben. Axel Haase ist mit Jasmin bereits seit Anfang des Monats in San Diego. Schnell fährt er Jasmin in einen Kindergarten und macht sich auf den Weg ins Krankenhaus. Er ist so nervös, dass er kurz vor der Klinik versehentlich in eine Einbahnstraße biegt. Eine Polizeistreife stoppt ihn. Axel Haase entschuldigt sich und sagt, er erwarte jeden Moment Zwillinge. Der Polizist verzichtet auf einen Strafzettel und sagt: »Enjoy your twins!«

Nach dem Besuch im Krankenhaus schreibt Axel Haase Jürgen eine E-Mail, dass er kommen soll. Er schreibt auch: »Ich habe jetzt zum ersten Mal gesehen, wie die Kinder durch den Bauch strampeln. Wahnsinn!«

Am Mittag kauft er einen Kinderwagen für Zwillinge. Dann treibt ihn der Hunger ins »Filter Café«, dessen Besitzer setzt sich manchmal zu Axel und Jürgen Haase. Sie reden dann über Kindererziehung und schlaflose Nächte. Der Café-Besitzer hat mit seinem Partner ein Mädchen adoptiert. Als ihm Axel Haase erklärte, dass Schwule in Deutschland nicht gemeinsam ein Kind adoptieren können, sagt er: »Ich dachte immer, Deutschland sei fortschrittlich.« Kalifornien ist für schwule Väter ein Paradies: Man sieht hier viele Männerpaare auf den Straßen, die Kinderwagen schieben und Schnuller aus Windeltaschen hervorholen.

Im »Filter Café« klingelt Axel Haases Handy wieder. Es ist der Arzt, er möchte nicht länger warten. Nach 36 Wochen und sechs Tagen ist es so weit: Anna und Alisha werden per Kaiserschnitt zur Welt gebracht. Axel Haase steht in einem Raum neben dem Kreißsaal, er trägt einen weißen Kittel. Die beiden Zimmer sind mit einer Durchreiche verbunden. Er sieht, wie der Bauch von Jessica Sanchez geöffnet wird, er sieht, wie sie seine Töchter herausholen, er hört, wie sie zu schreien beginnen. Jessica Sanchez waren zwei befruchtete Eizellen in die Gebärmutter eingesetzt worden, beide hatten sich gleich eingenistet, Anna und Alisha.

Axel Haase hat einen Fotoapparat mitgebracht, doch die Batterien sind leer. Eine Schwester macht Fotos mit ihrem Smartphone und dreht einen kleinen Film. Anna und Alisha werden untersucht, gewaschen und in Tücher gewickelt, dann beugt sich Axel über seine Töchter. Mit ihren winzigen Händen greifen sie einen Finger seiner Hand. Tränen stehen ihm in den Augen. Er fragt eine Krankenschwester: »Sind die Frau und die Kinder gesund?« Axel und Jürgen hatten sich festgelegt, was sie machen, wenn eines der Kinder mit einer Behinderung zur Welt gekommen wäre: »Wir nehmen sie so, wie sie sind.«

Alisha beginnt zu schreien, Anna auch. Die Leihmutter wird sie nicht stillen, die Babys bekommen Milch aus der Flasche. Auch das hatte das Paar vorher festgelegt. »Welchen Sinn soll das haben, Jessica stillen zu lassen?« sagt Axel Haase. »Dann würde sich ja eine emotionale Bindung einstellen, die wieder abgebrochen wird.«

Auf der Internetseite des Außenministeriums findet sich unter der Überschrift »Leihmutterschaft« eine Warnung: »Falls Sie erwägen, in Indien ein Kind durch eine Leihmutter austragen zu lassen, beachten Sie bitte: Leihmutterschaft ist in Deutschland verboten. Ein von einer Leihmutter geborenes Kind eines deutschen Staatsbürgers hat keinen Anspruch auf einen deutschen Reisepass.« Wenn man der Pressestelle des Außenministeriums in Berlin eine E-Mail schickt, wird man schnell zurückgerufen. Weshalb Leihmutter-Kinder, die in Indien geboren werden, keinen deutschen Reisepass erhalten, dagegen aber Leihmutter-Kinder, die in den USA zur Welt gekommen sind? Das Gespräch ist interessant, aber man darf daraus nicht zitieren. Das Thema ist zu heikel, die Gesetzeslage unklar. Das Auswärtige Amt will keine Präzedenzfälle schaffen, auf die sich dann andere Leihmutter-Väter beziehen können.

Anruf bei Tobias Helms, der an der Marburger Philipps-Universität die Professur für Bürgerliches Recht, Privatrecht und Rechtsvergleichung innehat. Er ist Experte in Internationalem Familienrecht. Der deutsche Staat, sagt Helms, verbiete Leihmutterschaft »aus Sorge, dass ein Leihmutter-Kind unter Identifikationsproblemen leiden könnte«. Das Verbot solle auch Konflikte verhindern, falls eine Leihmutter das Kind nicht hergebe oder ein behindertes Kind nicht von den Auftragseltern in Obhut genommen werde. Väter wie Jürgen und Axel Haase, sagt er, »bewegen sich bei ausländischen Leihmutterschaften in einer rechtlichen Grauzone«. Helms ist kein Anhänger von Leihmutterschaften. Er sagt: »Das ist ein moralisch

und ethisch heikles Thema. Wie belastend ist das etwa für Kinder, die mit so vielen Mitwirkenden auf die Welt gekommen sind?« Er findet es auch »fragwürdig«, dass Leihmütter gegen Bezahlung Kinder austragen. Dennoch hält er es für »nicht befriedigend«, wie das deutsche Recht mit Kindern umgehe, die von Leihmüttern im Ausland für deutsche Eltern geboren werden. Es sei wünschenswert, dass der Gesetzgeber für diese Fälle Rechtssicherheit schafft. Es sei legitim, wenn der Gesetzgeber versuche, Leihmutterschaften zu unterbinden. »Aber letztlich«, sagt er, »ist das Verbot international nicht mehr durchzusetzen.«

Auch der Bund der Standesbeamten spricht sich für eine Legalisierung von Leihmutterschaften aus. Jährlich engagierten Hunderte kinderlose deutsche Paare Leihmütter im Ausland. Immer häufiger stünden Standesbeamte vor einem Dilemma, weil Wunscheltern ihre im Ausland von einer anderen Frau ausgetragenen Kinder in das deutsche Personenstandsregister eintragen lassen wollten. Dabei komme es aber »wegen des restriktiven Familienrechts« in Deutschland »zu erheblichen Problemen«.

Das Embryonenschutzgesetz von 1991 verbietet die Leihmutterschaft. Heterosexuelle und homosexuelle deutsche Paare fahren deshalb in die USA, nach Tschechien, Indien und nach Südafrika, wo man legal Eizellen kaufen und Leihmütter beauftragen kann. In Deutschland gilt als Mutter diejenige, die ein Kind gebiert. Auch sind nach deutschem Recht die Ehemänner von Leihmüttern Väter der Leihmutter-Kinder – obwohl die Leihmutter-Kinder ja nicht mit dem Samen der Ehemänner der Leihmütter entstanden sind.

Bei Familie Haase ist es im Moment so: Nach US-Recht sind sie beide Eltern von Anna und Alisha, sie stehen beide in der Geburtsurkunde. Noch als die Zwillinge im Bauch der Leihmutter waren, hat ein US-Familienrichter entschieden, dass die Haases ihre Eltern sein werden. Nach deutschem Recht allerdings ist Axel der Vater, Jessica Sanchez die Mutter. Jürgen Haase besitzt kein Sorgerecht. Zurzeit liegt ein Verfahren vor Gericht. Axel und Jürgen Haase wollen, dass die US-Geburtsurkunde von den deutschen Behörden anerkannt und eine deutsche Geburtsurkunde ausgestellt wird. Dann würde Jürgen Haase einen

Viele Heterofamilien gehen kaputt, wenn plötzlich Kinder da sind. Weil sie sich vorher zu wenig Gedanken gemacht haben. Das kann Jürgen und Axel Haase nicht passieren.

Antrag auf Stiefkindadoption stellen, denn nach dem Lebenspartnerschaftsgesetz dürfen die leiblichen Kinder des Partners adoptiert werden. »Andere Paare genießen die ersten Monate mit ihren Babys sorglos«, sagt Axel Haase. »Wir müssen einen riesigen bürokratischen Berg bezwingen.«

Es ist Nachmittag, Ashley Mcneil hat gerade Biologiestunde gehabt. Sie sitzt draußen auf dem Campus ihres Colleges in Long Beach auf einer Bank und erzählt, was sie einmal werden möchte: »Neurologin. Das Gehirn fasziniert mich.« Auch Wellen faszinieren sie. Sie macht gerade einen Surfkurs.

Wie sie darauf kam, Eizellen zu spenden? In der Collegezeitung stand eine Anzeige von »A Perfect Match«. Sie bewarb sich und bekam einen Katalog mit 600 Fragen zugeschickt: »Ich habe ein Jahr gebraucht, um alle Fragen zu beantworten«, scherzt sie. Fragen wie: Was war dein Lieblingsessen als Kind? Was ist dein Lieblingskäfer? Dann hatte sie Skype-Gespräche mit einer Psychologin. Ob sie mitunter Fantasien habe, sich wehzutun, solche Sachen wollte die wissen.

Sie erzählt von den Hormonspritzen, wie überrascht die Ärzte waren, als sie später 32 Eizellen zählten, wie ihr das Laufen schwerfiel am Tag nach der Eizellenentnahme, wie schließlich 18 Eier befruchtet wurden. »Ich weiß nicht, was mit den restlichen befruchteten Eiern passiert«, sagt sie und nestelt an dem Jesuskreuz um ihren Hals. »Sie liegen irgendwo, tiefgefroren.«

Ihre Mutter sei gegen die Eizellenspende gewesen. Ob sie dann selbst auch noch Kinder bekommen könne, habe sie gefragt. Auch ihr ehemaliger Freund war dagegen. Ein Kind brauche eine Mutter, keine zwei Väter, fand er. »Quatsch«, sagt Ashley Mcneil. »Was Kinder brauchen, sind Eltern wie Axel und Jürgen, die ihre Kinder mit Liebe aufziehen.«

Ein paar Monate nach ihrer ersten Eizellenspende hat sie gleich noch einmal gespendet – diesmal für eine schwarze alleinstehende Frau, von der sie nur den Vornamen weiß. Die Frau möchte keinen Kontakt zu Ashley Mcneil. »Vielleicht«, sagt sie, »schämt sich die Frau, dass sie Eizellen von einer anderen Frau benutzt hat ...« Auf jeden Fall mag sie es, dass Axel und Jürgen Kontakt zu ihr halten, ihr Fotos schicken und E-Mails.

Sie haben sie auch schon nach Deutschland eingeladen. Den beiden ist der Kontakt zu Ashley Mcneil sehr wichtig. »Wir wollen, dass unsere Kinder wissen, wo sie herkommen. Sobald sie fragen, kriegen sie von uns Antworten.« Eine Antwort hat Jürgen Haase schon parat: »Wir erklären ihnen explizit, dass sie Wunschkinder sind.«

8000 US-Dollar hat Ashley Mcneil für die Eizellenspende bekommen. »Das Geld«, sagt sie, »ist es eigentlich nicht wert. Ich habe es schnell ausgegeben.« Sie hat sich einen neuen Laptop gekauft, ihre Schwester nach Disneyland eingeladen und sich ein Flugticket geleistet, um ihren Vater in Oklahoma zu besuchen.

Ihre Eltern sind geschieden.

Überall in San Diego wehen an diesem Tag US-Flaggen, das Land gedenkt der Veteranen. Axel und Jürgen Haase haben nach kurzer Suche den Eingang zum Konsulat gefunden, in einem verspiegelten Hochhaus im Zentrum von San Diego. Gleich werden sie Jessica Sanchez zum ersten Mal nach der Geburt außerhalb des Krankenhauses treffen.

Ein Aufzug bringt die beiden und ihre drei Töchter in den zehnten Stock. Jürgen Haase fragt: »Und? Wo ist deine Brille?« »Ach«, sagt Axel, »vergessen.« Jürgen kramt die Brille seines Ehemanns hervor und lächelt.

Jessica Sanchez sitzt bereits im Besucherzimmer des Konsulats. Sie trägt einen pinkfarbenen Kapuzenpulli. Sie freut sich, als sie die Babys sieht. Es ist die zurückhaltende Freude einer Bekannten. Axel Haase fragt, ob sie Anna in den Arm nehmen möchte. Vorsichtig hält sie die Kleine, schaut ihr ins Gesicht, streichelt einen ihrer Füße. Als die Konsulatsangestellte zum Fotokopieren den Raum verlässt, erzählt Jürgen Haase, dass es Jasmin schwerfalle, plötzlich zwei Schwestern zu haben. »Vorher war sie im Zentrum unseres Universums.« Jessica Sanchez nickt. Dann sagt sie: »Ich will es wieder machen.« Jürgen Haase ist überrascht. »Wirklich?«

Nach einer Stunde verlässt die Familie das Konsulat, mit deutschen Reisepässen für Anna und Alisha. Sie können jetzt nach Düsseldorf fliegen. Die Männer fragen Jessica Sanchez, ob sie Lust habe, einen Kaffee zu trinken. Gleich neben dem Hochhaus hat ein »Starbucks« geöffnet. Sie sitzen draußen auf der Terrasse des Cafés, ein kräftiger Wind weht. Jessica Sanchez bestellt einen Kakao mit Sahne. Sie fragt, ob es jetzt kalt sei in Deutschland. Es will kein richtiges Gespräch aufkommen. Nach einer halben Stunde brechen alle auf zu ihren Autos. Auf dem Bürgersteig geben sie sich die Hände, sagen »Goodbye« und »Take care«. Jürgen Haase sagt noch: »Thank you, Jessica, thank you so much.«

Die Nacht war kurz. Axel Haase ist dreimal aufgestanden, seit fünf Uhr ist er wach. Windeln wechseln, Milch geben, aufs Bäuerchen warten, Windeln, Schnuller. Die Mädchen haben verschnupfte Nasen, alle paar Minuten befreit Axel Haase mit einem Saugballon die Nasenlöcher. Anna genießt das, faltet dann die Hände vor ihrer Brust und dämmert weg. Jasmin ist ungeduldig. Heute darf sie zu »Kid Ventures«, einem Indoor-Spielplatz, in dem es eine Feuerwehr gibt, eine Bücherei und einen Kindergarten. Als die beiden Väter mit ihren drei Töchtern die Spielhalle betreten, sind sie eine kleine Sensation. Ob das Zwillinge seien, wie alt sie seien, wie sie heißen, wollen die anderen Mütter wissen.

Jasmin verschwindet sofort im Hort und widmet sich den Puppen dort. Sie spielt nach, was Axel und Jürgen seit ein paar Tagen mit Anna und Alisha machen. Jürgen Haase hat eine Idee: »Wir werden ihr eine Puppe kaufen, die sie wickeln und mit Milch füttern kann.« Die Babys liegen in Körben und dösen. Es ist die erste kleine Pause an diesem Tag für Axel und Jürgen. »Wir sind jetzt eine Großfamilie«, sagt Axel Haase. Eine Familie, deren Kosten schon weit vor der Geburt begonnen haben.

Wie viel sie die Familiengründung bislang gekostet hat? »Es ist viel Geld, für alle Beteiligten: Für uns – und für die, die unser Geld bekommen«, sagt er. Unter 100 000 US-Dollar sei eine Leihmutterschaft in den USA nicht möglich. In Indien kostet es ein Drittel, aber für homosexuelle Paare geht es in Indien jetzt nicht mehr. Vor einem Monat hat die indische Ausländerbehörde verfügt, dass nur noch heterosexuelle Paare Leihmutterschaften in Auftrag geben dürfen.

Zwölf Uhr, die Väter verlassen die Spielhalle und laufen mit ihren Töchtern zum Auto. Die Sonne ist so warm, dass sie beschließen, Jasmin das Mittagessen auf einer Wiese zu geben, Linseneintopf von Alete. Sie sitzt auf Jürgen Haases Schoß, schmiegt sich an ihn. Axel Haase schaut

den beiden zu und sagt: »Was wir heute machen, ist in Deutschland Pionierarbeit. Vor zehn Jahren gab es so etwas ja noch gar nicht.«

Jessica Sanchez wohnt in La Mesa mit ihrem siebenjährigen Sohn Michael in einem flachen Haus, zwei Zimmer, Küche, Bad. Vom Vater ihres Sohnes hat sie sich getrennt. La Mesa liegt eine halbe Stunde mit dem Auto entfernt von San Diego. Die Mieten in San Diego kann sie sich nicht leisten.

An diesem Vormittag passt Jessica Sanchez auf das Baby einer Nachbarin auf. Der Junge liegt träge in einer Babyschaukel. Jessica Sanchez sagt: »Ich liebe es, schwanger zu sein.« Es mache sie glücklich, sagt sie, wenn der Bauch anschwillt und das Baby mit den Füßen gegen die Bauchdecke tritt.

Sie ist 31 Jahre alt und sehr zurückhaltend. Ein Gespräch mit ihr fließt nicht. Irgendwann entschuldigt sie sich: »Sie merken ja, dass ich schüchtern bin.« Dafür hat sie ein großes Herz. »Ich finde es ungerecht, wenn schwule Männer keine eigenen Kinder bekommen können.« 28 000 US-Dollar hat sie für die neun Monate bekommen. Manchmal hat Michael sein Ohr an ihren Bauch gehalten. Er habe verstanden, dass darin nicht seine Geschwister liegen. »Ich habe ihm erklärt: Ich helfe anderen, die keine eigenen Kinder bekommen können.«

Eine Freundin hatte ihr erzählt, dass man Kinder für andere austragen könne. Damals arbeitete sie in einer Restaurantküche und verdiente wenig Geld. Ihre Eltern sind strenggläubige Katholiken aus Mexiko, sie verstanden nicht, wovon ihre Tochter redete. So nahm Jessica Sanchez die Eltern mit zu der Agentur, wo ihnen Rose Pinkerton auf Spanisch erklärte, dass Leihmütter nicht die eigenen Kinder austragen und weggeben. Sie sollten sich das so vorstellen: Ihre Tochter vermiete ihren Bauch für neun Monate.

Jessica Sanchez streicht die Tischdecke vor sich gerade und sagt: »Um ehrlich zu sein, dachte ich, dass es schwieriger sein würde. Aber ich war mir von Anfang an bewusst, dass das nicht meine Kinder sind. Ich vermisse sie nicht.« Wie das war für sie, die Begegnung im Konsulat? »Ich habe mich für Axel und Jürgen gefreut. Sie sind bei ihnen in sehr guten Händen.« Einen Teil der 28 000 US-Dollar hat sie ihren Eltern gegeben, einen Teil hat sie für die Ausbildung ihres Sohnes angelegt,

einen weiteren Teil dem Vater ihres Sohnes geschenkt. Dessen Mutter war krank und hatte eine hohe Rechnung zu begleichen. »Vielleicht«, sagt sie, »kommen wir ja wieder zusammen.«

Ein milder Wind weht vom pazifischen Ozean hinüber in den Botanischen Garten der Stadt. In ein paar Tagen werden die Männer mit ihren drei Töchtern zurück nach Deutschland fliegen. Der Park ist voller Familien. Sie sind das einzige Männerpaar mit Kindern. Auf einem Stück Rasen lassen sie sich nieder, die Väter legen die Babys auf ihre Bäuche. Jasmin zieht Alisha am Fuß, erschrocken beginnt sie zu weinen. Jasmin wusste, dass sie Geschwister bekommt. Ein ums andere Mal haben ihr das Axel und Jürgen erklärt. Doch Jasmin hat nie einen Bauch gesehen, in dem ihre Schwestern herangewachsen sind. Plötzlich waren sie da.

Eine junge Mutter läuft an Familie Haase vorbei. Sie sagt: »Die sehen ja anbetungswürdig aus! Ist sehr viel Arbeit, oder?« Axel Haase sagt: »Wir haben uns daran gewöhnt.« Woran sie sich nicht gewöhnen können: die Kommentare in Deutschland. Ob Leihmutterschaft nicht ein Ausnutzen von Frauen sei, so was würden sie in Deutschland gefragt. Und in Kalifornien? »Hier«, sagt Jürgen Haase, »wollen die Leute wissen, warum das in Deutschland verboten ist.«

Zurück in der Ferienwohnung beginnt Jürgen Haase mit dem Packen. Im Flur stapeln sich Kisten mit Secondhand-Platten, die er auf Trödelmärkten gefunden hat, Axel Haase faltet Wäsche, Jasmin schaut einen Trickfilm, die Babys schlafen. Was er erwarte, wenn sie zurück seien? »Ich schaue positiv in die Welt hinein«, sagt er. »Sonst hätte ich das alles ja auch nicht gemacht. Ich freue mich auf das, was kommt.

Wenn man Rose Pinkerton besucht, fragt sie, noch bevor sie einem die Hand reicht: »Mögen Sie Hunde?« Sie sitzt in einem geblümten Sessel, ihr zu Füßen liegt Mia, eine Mischlingshündin. Sie weicht keinen Zentimeter von Pinkerton, wenn sie mit Leihmüttern, Eizellenspenderinnen und zukünftigen Eltern spricht. »A Perfect Match« ist eine der ältesten Leihmutteragenturen in San Diego, seit 1998 sind mehr als tausend Babys durch sie auf die Welt gekommen. Zurzeit sind 45 Leihmütter von »A Perfect Match« schwanger.

Vor 15 Jahren gab es nur drei Agenturen in San Diego, inzwischen sind es zwölf. Es gibt große, zu denen gehen Sarah Jessica Parker und Elton John. Manche seien »auf das schnelle Geld aus«, sagt Pinkerton, und berauschten sich an den Gewinnmargen. Sie sagt: »Wir wollen eine kleine Agentur bleiben.« Pinkerton hat Axel und Jürgen Haase betreut. Zu ihrem Service gehört, dass sie ihnen bei der Leihmutter-Auswahl geholfen und Eizellenspenderinnen vorgeschlagen hat und auch bei Geburten anwesend ist, wenn gewünscht. Zu ihrem Service gehört auch das Aussieben ungeeigneter Kandidatinnen.

Nicht jede Frau sei psychologisch gefestigt, ein Kind auszutragen und abzugeben. Andere kämen aus ganz profanen Gründen nicht in Frage. Vor ein paar Wochen hatte sich bei ihr eine Frau beworben. Sie rauche nicht, habe sie angegeben. »Aber sie hat nach Rauch gerochen. Da habe ich sie überraschend zu Hause aufgesucht und Zigaretten gefunden.« Die Frau wurde nicht in den Agentur-Katalog aufgenommen.

Pinkerton ist 36 Jahre alt. Sie hat einen eigenen Sohn aus erster Ehe, 15 Jahre ist er alt. Und sie hat sechs andere Kinder zur Welt gebracht, für die Agentur. Viermal war sie schwanger im Auftrag anderer Menschen. Sie sagt: »Es ist ein unbeschreibliches Gefühl, schwanger zu sein.« Sie lobt auch ihren Sohn: Stets habe er sein Zimmer aufgeräumt und Tee gekocht, wenn ihr übel war. Die vier Schwangerschaften hat sie ihm so erklärt: »Die anderen Mütter haben einen kaputten Bauch.«

Natürlich gehe es auch um Geld, sagt Rose Pinkerton. Je höher die Ausbildung der Leihmutter oder der Eizellenspenderin, desto höher der Lohn, der als »compensation« bezeichnet wird. Für ein Paar schaltete Pinkerton einmal Anzeigen in Zeitungen von Elite-Universitäten der USA. Das Paar wollte eine hochbegabte Eizellenspenderin. Es wurde fündig – und zahlte 50 000 US-Dollar für die Eizellen einer Harvard-Absolventin.

In der Regel bekommt eine Leihmutter zwischen 26 000 und 28 000 US-Dollar. Nach jeder erfolgreich verlaufenen Schwangerschaft erhöht sich die Zahlung um 5000 US-Dollar. Zusätzlich bekommen Leihmütter Geld für Kleidung, Fahrten, Telefongespräche. Eizellenspenderinnen erhalten zwischen 8000 und 10 000 US-Dollar. Welche Gefühle sie hatte, als sie Leihmutter war? »Keine mütterlichen, weil du ja weißt: Das sind nicht deine Kinder.«

Vor Kurzem hat Rose Pinkerton den Sohn der Agenturchefin geheiratet. Morgen fahren sie nach Hawaii in die Flitterwochen. Sie strahlt vor Vorfreude. Im Urlaub will sie ihren neuen Mann für einen Plan gewinnen.

Viermal war Rose Pinkerton schwanger für andere Menschen – und dreimal hat sie ihre Eizellen gespendet. Mit einem deutschen homosexuellen Paar, das mit Pinkertons Eizellenspende zwei Töchter zur Welt bringen konnte, hat sie sehr engen Kontakt. Sie flog zur Taufe der Mädchen nach Deutschland, die Väter flogen zur Hochzeit von Pinkerton. Die Töchter sind heute drei Jahre und ein Jahr alt. Regelmäßig telefonieren die Väter mit Rose Pinkerton, immer via Skype, damit die Mädchen sie auch sehen können. Die Mädchen sagen dann »Mami«. Einmal ist die dreijährige Tochter morgens aufgewacht und hat geweint. Sie hat ihre »Mami« vermisst: »Wo ist Rose? Alle anderen Mädchen im Kindergarten haben doch auch eine Mami.«

Wenn der Plan von Rose Pinkerton aufgeht, wird die Beziehung zu den deutschen Vätern demnächst noch enger.

Der Ehemann von Rose Pinkerton ist unfruchtbar, er leidet an einer Stoffwechselerkrankung. Beide möchten gern eigene Kinder haben, doch Rose Pinkertons Mann möchte nicht, dass seine Frau mit einer anonymen Samenspende schwanger wird. Vor ein paar Tagen riefen die Väter der zwei Mädchen aus Deutschland Rose Pinkerton an. Sie hätten da eine Idee: Ob sie sich Embryos einpflanzen lassen wolle, die noch übrig geblieben sind von ihrer In-vitro-Fertilisation? Die Embryos liegen tiefgefroren in einem Labor in Kalifornien. Sie bezahlen eine jährliche Lagergebühr dafür. Es sind jene Embryos, die bei der In-vitro-Fertilisation mit dem Samen des einen deutschen Mannes und der Eizelle von Rose Pinkerton gewachsen sind.

Für die deutschen Väter, sagt Rose Pinkerton, wäre das »toll, zu wissen, dass ihre Töchter Halbgeschwister bekommen«.

Axel Haase wickelt Anna im Wohnzimmer, Alisha hat gerade Milch bekommen und schläft. Der Rückflug, erzählt er, »war eine Katastrophe.« Jasmin habe die ganze Zeit geschrien, die Zwillinge hätten kaum geschlafen. Aufgeregt seien sie gewesen, als sie vor dem deutschen Passbeamten standen. Ob er Probleme machen würde? Nach einer Minute standen sie vor dem Gepäckband, mit allen drei Töchtern, auf deutschem Boden.

Axel Haase sucht gerade Fotos zusammen, für ein Album. Jasmin bekommt in diesem Jahr ihr drittes, die Zwillinge ihr erstes. Die Fotobücher sollen die Identität der Kinder stützen. Manchmal ertappt sich Axel Haase dabei, wie er die beiden ersten Bücher von Jasmin anschaut, Jasmin am Strand von Mumbai, Jasmin bei einer indischen Tagesmutter, Jasmin auf dem Hotelzimmerbett. Er fragt sich dann, wie das sein kann, dass sich in Deutschland alle beklagen, dass zu wenige Kinder geboren werden – und man ihm und seiner Tochter Jasmin eineinhalb Jahre lang die Einreise in seine – und ihre – Heimat verwehrt hat. »Warum ist Leihmutterschaft in Deutschland illegal, wenn die Leihmutter doch einverstanden ist?« Demnächst wollen Axel und Jürgen Haase Fotos von Ashley Mcneil und Jessica Sanchez an die Wohnzimmerwand hängen. Die Mädchen sollen wissen, wem sie ihr Leben zu verdanken haben.

Draußen schneit es. Axel Haase vermisst den blauen Himmel über San Diego. Anna und Alisha haben zugenommen. Sie liegen in Tragekörben im Wohnzimmer und schlafen, Jasmin ist gerade Brötchen holen mit Papa Jürgen. Morgen möchte Axel mit Jasmin schwimmen gehen, nur die beiden. Sie tut sich noch immer schwer damit, die Aufmerksamkeit ihrer Väter mit Alisha und Anna zu teilen.

Jasmin stürmt mit der Brötchentüte ins Wohnzimmer, dann rennt sie in ihr Kinderzimmer. Sie holt ein Buch mit indischen Göttern hervor. Axel Haase zeigt auf einen Gott und fragt, wer das sei. »Shiva!« ruft Jasmin. Manche Kinder, erzählt er, hätten gefragt, warum Jasmin zwei Papas hat. »Dann sagen wir immer: Weil Jasmins Papa einen Mann liebt. Kinder nehmen das hin, dann ist das für die abgehakt.« Wie es ist, wieder zurück zu sein? »Eine Herausforderung«, sagt Axel Haase. Jürgen Haase steht neben ihm, Alisha im Arm. »Am Anfang war es eine Leistung, wenn wir es geschafft haben, uns zu rasieren.« Sie lachen.

Ihr Auto war zu klein geworden für drei Kindersitze, sie haben es verkauft. Ein Richter aus Essen hat es sich vor ein paar Tagen angeschaut. Er hat die beiden Männer gesehen, die drei Töchter, und zum Abschied hat er gesagt: »Ist ja auch viel Arbeit für Ihre Frau ...« Axel hat ihn nicht korrigiert. Vor ein paar Tagen schrieb der Richter eine E-Mail – und entschuldigte sich: »Erst im Nachhinein habe ich begriffen, dass Sie wohl in einer Lebenspartnerschaft leben. Das Wichtigste ist ja, dass Kinder von zwei liebevollen Menschen aufgezogen werden.«

Es gibt aber auch andere Begegnungen. Vor Kurzem war Familie Haase auf einem Markt. Ein Mann blickte erst auf die beiden Männer, dann auf Jasmin und auf die Zwillinge im Kinderwagen. »Sind die echt?«, wollte er wissen.

Anna liegt auf den Beinen von Jürgen Haase, sie lächelt ihn an, hält seinen Finger fest umkrallt. »Wir sind jetzt mit den Kindern mehr Teil der Gesellschaft und nicht mehr die schwulen Außenseiter«, sagt Jürgen Haase. Dann schaut er Anna in die Augen. »Alles klar?«

Anna heißt Anna, weil Axel Haases Mutter diesen Namen trug. 84 Jahre alt wurde sie. Nach einem Sturz hatte sie sich den Arm gebrochen und kam ins Krankenhaus. Ein Routinefall, aber ihre Gesundheit verschlechterte sich rapide. Sie musste beatmet werden. Kurz darauf starb sie.

Axel Haase wird ruhig, wenn er vom Tod seiner Mutter erzählt: »Wenn ich mit Jasmin bei ihr gewesen wäre, wäre sie heute noch am Leben. Sie hätte Kraft geschöpft durch unsere Anwesenheit.« Beweisen könne er das natürlich nicht.

Die letzten Tage in ihrem Leben verbrachte die Mutter, ohne ihren Sohn Axel noch einmal zu sehen. Er konnte nicht ausreisen, weil das deutsche Konsulat Jasmin keinen deutschen Reisepass ausstellen wollte. Zwei Wochen nach ihrem Tod wurde die Mutter auf dem Hauptfriedhof von Neuss beerdigt.

Axel Haase konnte an diesem Tag nicht Abschied nehmen von ihr. Er saß 10 000 Kilometer entfernt in einem Hotelzimmer in Mumbai. Und weinte.

»Im Gesetz steht von Liebe kein Wort«

INTERVIEW GABRIELA HERPELL   **FOTO** PETER RIGAUD

Helene Klaar ist eine Scheidungsanwältin mit nüchternem Blick: Meistens sind es die Frauen, die sie beauftragen – aber die Männer, die sich scheiden lassen wollen.

Helene Klaar, 67, Scheidungsanwältin, in ihrer Wiener Kanzlei.

Als Expertin für die kaputte Ehe: Was würden Sie Leuten vor der Hochzeit raten?

Weiß ich nicht. Ich sehe Ehen scheitern, die mit den besten Absichten geschlossen werden. Mann und Frau sagen: Wir sehen die Gefahren und machen es besser. Sie scheitern. Es scheitern Ehen, die erst geschlossen werden, nachdem die Partner schon lange miteinander gelebt haben. Manche heiraten, wenn schon ein Kind da ist. Auch diese Ehen scheitern. Früher gab es ja Muss-Ehen, weil ein Kind unterwegs war. Das ging oft schief. Aber das gibt es nicht mehr.

Wann geht es heute schief?

Der häufigste Scheidungsgrund ist das zweite Kind. Mit einem Kind lässt sich der Status noch aufrechterhalten. Mit dem zweiten Kind tritt der permanente Ausnahmezustand ein. Sicher, selbst Leute, die zehn Jahre verheiratet sind, kriegen das erste Kind, und schwupp, geht die Ehe den Bach runter. Aber selbst wenn man die erste Krise überstanden hat, kommt mit dem zweiten Kind die größere Krise.

Was sind die Anschuldigungen?

Kein Sex am Nachmittag. Kein ungestörtes Essen mehr. Keine Gespräche mehr über Literatur und Theater. Ich habe ja selbst zwei Kinder. Das erste Kind war schwierig und anstrengend. Wenn Besuch kam, hat einer von uns das brüllende Kind herumgetragen, der andere hat die Gäste charmant unterhalten. Als wir zwei Kinder hatten, ist jeder in einem Zimmer verschwunden, und die Gäste haben nicht mehr gewusst, warum sie da sind. Nach kurzer Zeit hatten wir einen neuen Freundeskreis: Leute, die auch brüllende Bälger hatten. Mit anderen Menschen kann man nicht verkehren in dieser Phase.

Sie sind noch mit dem Vater der schreienden Bälger verheiratet. Was ist Ihnen gelungen, was anderen nicht gelingt?

Wir haben nie geglaubt, dass uns das pure Glück erwartet. Wir haben nicht an die Fernsehwerbung geglaubt, die einem vormacht, wenn man den Kindern nur die richtige Windel umschnallt, tanzen sie Cancan, schreien nie, und man kann wunderbar kochen und hübsch sein und aufregenden Sex haben. Außerdem haben mein Mann und ich feste politische Überzeugungen und sind der Meinung,

dass an allem wirklich Schlechten der Kapitalismus schuld ist. Daher lassen wir uns nicht gegeneinander hetzen.

Guter Trick.

Ich bin überzeugt, dass die 40-Stunden-Woche viel dazu beiträgt, dass die Menschen unzufrieden sind. Man kann nicht 40 Stunden arbeiten und daneben einen Haushalt führen und die Kinder unterhalten.

Sie haben das gemacht.

Und wir haben Stress gehabt. Man ist am Abend müde und geschafft, kocht das Nötigste und lässt die Unordnung Unordnung sein. Wer das nicht aushält, sondern aufräumt und bügelt, ist danach zu müde für Sex. Das ist, als würde man versuchen, einen Tisch mit einem zu kleinen Tischtuch zu bedecken. Irgendwo ist immer eine nackerte Stelle. Also kommt die Frau drauf, der Mann ist schuld, denn er ist zu wenig da und macht nix. Das stimmt ja meistens. Und der Mann findet, die Frau ist nicht mehr für ihn da, sondern kümmert sich nur um die Kinder.

Stimmt ja meistens auch.

Ja. Dann sind beide der Meinung, mit einem anderen Partner ginge es besser. In Wirklichkeit ist es die 40-Stunden-Woche.

Scheiden Sie kaum kinderlose Ehen?

Doch. Dann ist meistens ein Grund, dass einer von beiden kein Kind wollte. Sie haben sich geeinigt, auf Kinder zu verzichten, um sich einander widmen zu können. Wenn dann ein Fünfzigjähriger mit einer neuen Frau, einer Dreißigjährigen, doch ein Kind kriegt, ist das auch keine schöne Scheidung. Das geht mir immer sehr nahe. Weil ich wirklich nicht weiß, was ich der Frau Tröstendes sagen kann.

Warum trennen sich Paare nach 30 Jahren, wenn die Kinder aus dem Haus sind?

Meistens war die Ehe schon lange nicht gut, und sie fürchten sich davor, zusammen allein zu sein. Manchmal verändern sich auch die Männer sehr, wenn sie zu Hause sitzen und sich nicht mehr an ihren Lehrlingen oder im Büro abreagieren können. Dann kriegen die Frauen das ab, was vorher die Kollegen abgekriegt haben. Oder die Männer sind mit ihren Frauen plötzlich unzufrieden, weil sie ganz andere Lebensgewohnheiten und Interessen entwickelt haben, während sie neben ihnen herlebten.

Sie reden, als wären vor allem die Frauen die Leidtragenden.

Sind sie meistens auch. Weil sie nicht die Macht haben. Weil sie nicht das Geld haben. Ich kann Ihnen tausend Beispiele nennen. Die Frau, die gekocht und geputzt und die Kinder betreut und gearbeitet und gespart und sich gefreut hat auf die Zeit, in der sie zusammen die Rente genießen, die dann erfährt, dass er sich in eine andere, jüngere verliebt hat. Eine meiner Klientinnen, die einen guten Job hatte und einen Mann im Rentenalter, schied zum frühestmöglichen Zeitpunkt aus ihrer Firma aus. Ihr Mann hatte sich gewünscht, dass sie auch in Rente geht, wenn er geht. Nachher stellte sich heraus, dass er schon eine andere hatte, als sie kündigte. Er wusste, dass er bei nächster Gelegenheit weg sein würde. Wenn er ihr das gesagt hätte, hätte sie noch fünf Jahre arbeiten können und ihr Aktivgehalt gehabt. Plus: eine höhere Rente. Für Frauen ist die Scheidung meistens ein existenzielles Problem, für einen Mann ein finanzielles.

Man hört aber oft, dass mehr Frauen als Männer die Scheidung wollen.

Zu mir kommen immer wieder Frauen, die sagen, sie wollen sich scheiden lassen. Und wenn ich nachfrage, stellt sich heraus, dass der Mann sich scheiden lassen will.

In Deutschland wurde 2008 das Unterhaltsrecht geändert: Der Anspruch auf Betreuungsunterhalt der Person, bei der die Kinder leben, wurde auf drei Jahre reduziert. Damit Mütter der Arbeitswelt nicht so lange fernbleiben.

Zu sagen, wir wollen, dass die Frauen schnell wieder arbeiten, darum nehmen wir ihnen den Unterhalt, schiebt der Frau das Risiko zu, wieder einen Job zu finden. Wenn man wirklich wollte, dass Frauen dem Arbeitsmarkt erhalten bleiben, müsste man die Unterhaltsansprüche erhöhen und nicht abschaffen. Wenn es für den Mann nach der Trennung teuer wird, weil sie nicht erwerbstätig ist, wird er sagen, ich bringe die Kinder in den Kindergarten, und du arbeitest weiter. Denn wenn beide gleich verdienen, muss er nie Unterhalt zahlen. Aber er muss vorher was dafür leisten.

Was spricht überhaupt für die Ehe?

Der Wunsch, den Widrigkeiten des Lebens zu zweit zu begegnen, einen Menschen zu haben, der zu einem hält und einen nie verlässt. Das ist verständlich und dem Menschen eingepflanzt. Außerdem ist die Ehe eine ökonomische Angelegenheit. Man braucht nur eine Wohnung, eine Waschmaschine, ein Auto.

Dafür kann man auch ohne Trauschein zusammenleben.

In der Lebensgemeinschaft stellt sich die Frage, wer Mieter der Wohnung ist. Der, der nicht Mieter ist, ist innerhalb von 14 Tagen draußen.

Man kann zusammen Mietverträge unterschreiben.

Dann kriegt einer den anderen nicht raus. Da hilft nur der Tod. Die Ehe ist in ihrer Regelmäßigkeit mit dem Schlossgarten von Schönbrunn vergleichbar, mit seinen gestutzten Bäumen und hübschen Alleen. Die Lebensgemeinschaft ist die Prärie: Es gilt das Recht des Stärkeren. Und das ist nicht immer die Frau.

Sehen Sie es als Scheidungsgrund, wenn zwei sich nicht mehr lieben?

Ja, aber nur, wenn man trotz Scheidung gut leben kann. Wenn man hungert und friert, finde ich nicht so wichtig, ob die Liebe noch so ist wie am ersten Tag. Ich bekenne mich dazu, nicht der Meinung zu sein, dass nur eine Ehe erhaltenswert ist, die perfekt glücklich ist. Ich wehre mehr Scheidungen ab, als ich aktiv betreibe. Viele der Frauen, die zu mir kommen, denken, wenn er mich nicht mehr will, was bleibt mir anderes übrig als die Scheidung? Sie freuen sich, wenn ich sage, sie müssen das nicht wollen.

Aber was machen sie, wenn der Mann nicht mehr will?

Man kann die Scheidung in Österreich für etwa drei Jahre hinausschieben. Drei Jahre, in denen Mann und Frau getrennt sein müssen. Nach drei Jahren ist die große Kränkung meistens weg, und man kann sich auf das Wesentliche konzentrieren: Vermögensteilung, Unterhalt, die Kinder. Aber wenn alles zusammentrifft, die Kränkung, die Kinder, die komisch werden, weil der Vater auszieht und eine andere hat, fallen die Frauen allen möglichen Beratern in die Hände. Die einen sagen, geh bloß nicht arbeiten, dann muss er dir weniger zahlen. Die anderen sagen, von dem Schuft nimmst du kein Geld mehr. Beides ist in gleicher Weise falsch.

Wie ist es mit der Vermögensteilung?

Gerade die, die sehr verliebt waren und eine sehr innige sexuelle Beziehung hatten, sind nachher besonders bösartig zueinander.

Viele Frauen klammern sich im ersten Moment an alles: Wenigstens das Haus will ich haben, oder das Ferienhaus, für das ich die Vorhänge genäht habe, das muss ich meinen Kindern erhalten. Aber wenn sie drei Jahre allein im Ferienhaus gesessen haben, und die Kinder kommen höchstens viermal im Jahr, ist es plötzlich bei der Scheidung kein Thema mehr. Dann lässt man dem Mann das Ferienhaus, bekommt mehr Geld und kann sich eine Wohnung mit Balkon und Blumenkästen leisten.

Läuft die Bedenkzeit meistens auf die Scheidung hinaus?

Manchmal auch nicht. Mir erzählen Klientinnen: Jetzt sind die drei Jahre um, und ich höre nichts von meinem Mann. Dann denke ich, vielleicht will er die Neue nicht heiraten und sagt ihr, ich würde dich ja gern heiraten, Schnuckiputzi, aber es geht nicht, ich bin noch verheiratet. Ich hatte mal eine Klientin in der Situation. Sie schrieb der Geliebten des Mannes: Wissen Sie, dass mein Mann jederzeit die Scheidung beantragen könnte? Wollen Sie ihm nicht Dampf machen?

Raten Sie zu Eheverträgen?

Nein. Denn die schließt man, bevor man heiratet. Der schlechteste Zeitpunkt. Gerade ausgebildete junge Frauen, die ein gutes Einkommen haben, können sich nicht vorstellen, dass sie jemals in ein Abhängigkeitsverhältnis von ihrem Mann geraten,

wie ihre Mütter oder ihre Großmütter. Die unterschreiben stolz, dass sie auf Unterhalt verzichten, denn wenn der Mann sie nicht mehr will, möchten sie nicht von seinem Geld leben und finden es unappetitlich, die Hälfte seines Sparvermögens zu beanspruchen. Nur: Wenn die Frau Kinder kriegt und nicht arbeiten geht, hat sie nichts Erspartes. Und wenn er kontrolliert, was sie kauft, wenn er ihr die Strumpfhosen und den Lippenstift verbietet, merkt sie, was sie da unterzeichnet hat. Die meisten Eheverträge werden auf Wunsch des gut verdienenden Mannes geschlossen und sind Verzichtserklärungen von Frauen.

Ehe und Liebe haben nicht viel miteinander zu tun, wenn man Ihnen so zuhört.

Ich sage immer, das Gesetz regelt die Ehe, und da steht von der Liebe kein Wort. Es ist keine Voraussetzung, dass Menschen sich in Liebe verbinden müssen. Man hat doch nicht geheiratet, weil man sich liebt.

Hat man nicht?

Nach den Begriffen des bürgerlichen Rechts nicht. Nur weil man sich liebt, könnte man auch so zusammenleben. Wenn man heiratet, erwartet man diese rechtliche Bindungswirkung. Und die ist völlig unabhängig von der Liebe. Natürlich, man hält die Ehe leichter aus, wenn einem der andere wenigstens sympathisch ist. Aber Geschäftsgrundlage der Ehe ist die Liebe nicht.

Sexualität schon, oder nicht?

Die umfassende Lebensgemeinschaft impliziert den Anspruch »auf den wechselseitigen Gebrauch der Geschlechtsorgane«.

Darf ein Ehepartner, der über längere Zeit vom Partner zurückgewiesen wird, Sex einklagen?

Einmal Nein zu sagen ist sicher kein Scheidungsgrund. Aber die regelmäßige und grundlose Verweigerung des ehelichen Verkehrs ist einer. Hat natürlich den Nachteil, dass das schwer beweisbar ist.

Die Verweigerung oder die Grundlosigkeit?

Beides. Die Frau kann immer sagen, er hat nicht können. Und er kann immer sagen, sie hat mich nicht lassen. Aber ich habe Klienten, die zehn, zwölf Jahre keinen ehelichen Verkehr hatten. Und wenn nicht etwas anderes dazugekommen wäre, wären sie nicht bei mir aufgetaucht. Männer kommen meistens dann, wenn sie eine Frau finden, mit der es wieder schön ist.

Und Frauen?

Haben oft resigniert. Hätte der Mann nicht andere unliebenswerte Eigenschaften entwickelt oder sich nicht eine Freundin zugelegt, wären sie immer noch bei ihm.

Wie oft erleben Sie große Verbitterung auf beiden Seiten?

Meiner Erfahrung nach wollen die wenigsten Leute einen Rosenkrieg. Das kostet Zeit, Geld, Energie. Die meisten möchten so schnell wie möglich eine befriedigende Lösung. Das Schlimmste, oft Unfassbare, tun sich die Leute meistens im Vorfeld an. Gerade die, die sehr verliebt waren und eine sehr innige sexuelle Beziehung hatten, sind nachher besonders bösartig zueinander.

Weil sie besonders enttäuscht sind?

Vielleicht. Sie haben ein großes Rachebedürfnis. Der eine möchte sich sein Verhalten schönreden, indem er am anderen kein gutes Haar lässt. Der hat dann 20 Jahre lang überhaupt nichts richtig gemacht. Das ist schrecklich, weil man damit die ganze Vergangenheit entwertet.

Woran glauben Sie: Gleich und gleich gesellt sich gern? Oder: Gegensätze ziehen sich an?

Nach dem Gesetz der Trägheit kann man sich nicht das ganze Leben verstellen und mitmachen, was der andere macht, wenn man das eigentlich gar nicht gut findet. Partylöwe–Mauerblümchen, das wirkt zeitweise sehr attraktiv, aber man muss hart dran arbeiten, dass es gut geht. Die Menschen sind hormongesteuert und blicken in Richtung Fortpflanzung. Da gefallen ihnen Dinge am anderen Geschlecht, die ihnen nicht mehr gefallen, wenn die Fortpflanzung abgeschlossen ist.

Wie ertragen Sie es, sich ständig mit kaputten Beziehungen zu befassen?

Zu mir kommen die Leute mit ihrem Ehemüll und bitten mich, den zu trennen. Das mache ich, so gut es geht. Ich habe das Gefühl, einer sehr sinnvollen Tätigkeit nachzugehen.

Was kann Sie noch frustrieren?

Wenn meine Klientinnen den Unterhalt verspielen, den wir erkämpft haben. Sie heiraten einen anderen Mann, bei dem abzusehen ist, dass er nichts hat. Weil sie der Liebe noch mal eine Chance geben wollen. Dann ist aber auch der Unterhalt des ersten Mannes weg. Ich habe mal von einem Architekten gelesen, der sagte, er möchte die Häuser, die er gebaut hat, zehn Jahre nach der Übergabe nicht mehr sehen – aus Angst davor, was die Benutzer damit angestellt haben. Das denke ich auch manchmal.

Mit meinen Augen

VON AMELIA WISCHNEWSKI   **FOTOS** MORITZ KÜSTNER

Die Mutter ist blind. Der Vater ist blind. Auch die kleine Schwester hat eine Augenkrankheit. Nur Myra kann sehen. Die Geschichte einer außergewöhnlichen Familie.

Nachmittags fahren Myra und ihr Vater mit dem Bus, um Myras kleine Schwester aus der Kita abzuholen.

Nina und Andreas wussten, dass ihre Kinder blind werden können. Sie sind selbst blind, und ihre Seherkrankungen sind erblich. Welche besseren Lehrer könnte ein blindes Kind haben als blinde Eltern?, dachten sie. Bei ihnen wäre das Kind kein Sonderling. Dann wurde ihre erste Tochter, Myra, geboren. Sie konnte sehen, das war ein Schreck.

Dass Nina, die Mutter, blind ist, beschloss sie mit 27. Ihren Realschulabschluss hatte sie noch an einer Regelschule gemacht. Als einzige Sehbehinderte hatte sie sich durchgekämpft. Die durch Kohlepapier geschlagenen Tafel-Mitschriften ihrer Tischnachbarin nachmittags aufgearbeitet, während die anderen draußen ihre ersten Zigaretten rauchten. Sie las, übte, studierte, mit der Nase nah am Papier, der Schrift nah am Auge. Geh nie auf eine Blindenschule, sagte ihre Mutter, dann bist du für immer abgestempelt. Nina weigerte sich, die Blindenschrift Braille zu lernen, mit dem Finger über Papier zu tasten. Nina wollte nicht anders sein.

Von ihrer Mutter hatte sie die Angst davor geerbt, als behindert zu gelten. Und die Aniridie. Eine seltene Krankheit, etwa 900 Menschen in Deutschland leiden daran. Aniridie heißt: Dem Auge fehlt die Regenbogenhaut, die Iris. Licht fällt ein, aber ungebündelt. Auf der Netzhaut formt sich kein klares Bild, nur ein wildes Durcheinander an Helligkeit und Farben. Eine bunte Blindheit.

Doch nach und nach verlor Nina auch die Helligkeit. Auf dem linken Auge schneller als auf dem rechten. Nina ging von Arzt zu Arzt. An dem Tag, als sie beschloss, blind zu sein, war sie zum dritten Mal in die Uniklinik Düsseldorf gefahren, um sich eine Spender-Hornhaut transplantieren zu lassen. Zum dritten Mal hatte der Arzt die Operation Minuten vorher abgesagt. Der Druck in ihren Augen sei zu groß, eine Operation unter diesen Umständen zu riskant. Nina saß im Sprechzimmer. Vor ihr standen der Stationsarzt und die Oberärztin. Seit 15 Jahren hatte Nina auf die Hornhaut gehofft. Jetzt fühlte sie sich, wie sie sich nie fühlen sollte, ausgeliefert und abhängig. Behindert. Sie nahm ihre Tasche und stand auf. »Wenn Sie die Behandlung abbrechen, kann das zur völligen Blindheit führen«, sagte die Oberärztin. Nina ging. Heute sagt Nina, dass sie mit dieser Entscheidung erwachsen geworden ist.

Ninas Sehnsucht galt der Normalität. Als sie die Siedlung in Hannover zum ersten Mal betrat, wusste sie, hier wollte sie leben: gestutzte Hecken, Häuserreihen wie mit einem Legostecksystem aufgereiht, Äcker rundherum. Perfekt, fand Nina, und ließ sich dort ein Haus errichten. Die blinde Frau hängte Bilder an die Wände und Gardinen an die Fenster. Andreas lernte sie auf einer Party kennen. Nina hatte einen Käsekuchen gebacken und Zucker mit Salz verwechselt. Das gefiel ihm. Sie redeten die ganze Nacht durch. »Es war Liebe auf den ersten ... wie nennt man das? Horch?«, sagt Andreas. Andreas ist ein stolzer Blinder, er brachte Nina zum Lachen. Sie verliebten sich, heirateten, er zog von Leipzig zu ihr nach Hannover. Sie nahm eine Stelle als Telefonistin in einer Bank an, er eine als Physiotherapeut.

Vor Myras Geburt waren Andreas und Nina bei einem Humangenetiker. Sie wollten ausschließen, dass ihr Kind mit einer offenen Wirbelsäule geboren würde, wie es in Ninas Familie schon vorgekommen war. Nichts fand Nina schlimmer als die Vorstellung eines unselbstständigen Lebens für ihr Kind. Die Wahrscheinlichkeit, dass Myra blind würde, lag bei fünfzig Prozent. Wenn es nur das ist! Nina-Jasmin Mangelsdorf war 29 und bereit, Mutter zu werden. Wir nehmen's, wie's kommt, sagten die Mangelsdorfs.

Schon bei der Geburt hatte Myra die Augen offen. Nina, ihr blinder Ehemann und ihre blinde Mutter lauschten im Kreißsaal auf das Klimpern des Schlüsselbundes der Hebamme. »Hat sie Pupillen?«, fragte Nina. »Ihre Augen folgen dem Schlüssel«, sagte die Hebamme. Myra konnte sehen. Für Nina war es, als würde jemand zu ihr sagen: Du hast alles richtig gemacht.

Das ist sechs Jahre her. Es ist schwer zu sagen, ob Myras Augen einem stärker auffallen, weil der Rest ihrer Familie blind ist oder weil sie einfach groß sind. Die Eule, wie ihre Eltern sie nennen, hat grünblaue Augen, blonde Haare und einen Pagenschnitt. Sie ist drahtig und quirlig. Wenn sie nicht gerade tanzt, springt sie Seil oder balanciert auf einem Ball. Stolz präsentiert Myra ihre Zahnlücke und steckt die Zunge durch.

In ihrer Familie ist Myra diejenige, die nicht wie die anderen ist. Sie braucht morgens Licht im Bad, sie guckt gern fern und spielt Han-

Oben: Das Gute-Nacht-Ritual: Nina, Andreas und ihre Töchtern singen jeden Abend La le lu und versammeln sich an Myras Bett.
Unten: Nicht Myra, die sieht, geht voraus, sondern ihr Vater mit Blindenstock.

dyspiele. Sie ist die Einzige, die die aufgestellten Familienfotos im Wohnzimmer sehen kann, und sie macht ihre kleine Schwester sauber, wenn die sich vollgekrümelt hat.

Vor einem Jahr bekamen Nina und Andreas Mangelsdorf eine zweite Tochter, Aliah. Als sie mit derselben Krankheit wie ihre Mutter geboren wurde, Aniridie, sagte Myra: »Dann gucke ich halt für vier.« Nina weinte. Zu sich selbst sagte Nina: Na ja, wenigstens haben wir eine in der Familie mit Durchblick. Ob Aliah einmal auf die Blindenschule muss oder einen Führerschein machen wird, weiß im Moment niemand. Noch kann sie sehen. Sie tastet nicht nach Buntstiften, sie nimmt sie gezielt. Eine lichtfilternde Brille kompensiert erst einmal, dass die Iris fehlt. Aliahs Sicht kann im Laufe ihres Lebens schlechter werden, aber das ist nicht vorauszusagen. Auch nicht, wann und in welchem Tempo sich zum Beispiel ihre Hornhaut zersetzen könnte. Das Problem: Die Krankheit kann sich nur verschlimmern, nicht verbessern.

Fragt man Myras Lehrer, ob sie einen Unterschied zu den anderen Schülern feststellen, ist die Antwort: Nein, sie sei völlig unauffällig. Oder doch, eine Sache sei da, sie sei die Einzige in ihrer Inklusionsklasse, die sich für eine Gruppenarbeit auch mal von alleine zu einem behinderten Kind an den Tisch setze.

Myra kann nicht wie die behinderten Kinder nach der Schule von einem Fahrdienst nach Hause gefahren werden, weil sie nicht behindert ist. Dass ihre Eltern sie aber trotzdem nicht mit dem Auto abholen können, wurde nicht bedacht. Also fängt Nina morgens oft später an zu arbeiten und hört mittags manchmal früher auf, um Myra mit dem Bus zur Schule und Aliah zur Kindertagesstätte zu bringen und von dort wieder zu holen. Auch wenn Myra meistens allein fahren will.

Manchmal fragt Myra ihren Vater, ob sie ihn führen darf. Das ist nichts Außergewöhnliches für die beiden. Es ist die Außenwelt, die ihr zu verstehen gibt, dass sie anders ist. Als ihr Vater sie neulich, wie jeden Freitag, vom Schwimmunterricht abholte, schenkte ein Mann ihr zwei Fünfzig-Cent-Stücke und Schokolade. Aus Bewunderung. Also aus Mitleid. Weil sie ihren Vater immer so toll führe. Wenn Myra und ihr Vater zusammen gehen, zum Beispiel von zu Hause zur Bushalte-stelle, legt er für gewöhnlich seine Hand auf ihre Schulter. Sie reden dabei nicht, und Myra warnt nicht vor Hindernissen. Sie bleibt an der Ampel stehen, er auch. Sie steigt die Stufen hoch in den Bus, er kommt hinterher. Es ist ein wortloses Verstehen, beiläufig.

Nina sagt: »Unsere Kinder sind keine Blindenhunde. Ich habe ein Haus gebaut, geheiratet und zwei Kinder geboren. Ich habe sie nicht gekriegt, um im Leben klarzukommen.« Manchmal fühlt sie sich entmündigt, wenn ihre Kinder in der Öffentlichkeit angesprochen werden, als wären die Eltern unsichtbar. Myra sitzt am Küchentisch. Seit September geht sie in die erste Klasse und lernt Lesen. Nina steht über ihrer Tochter und schaut auf das kopierte Arbeitsblatt mit den Übungen. Mit einem Monokular, einer Art Fernglas, erkennt sie einzelne Buchstaben. So arbeitet sie sich auch durch Briefe und Rechnungen. Myra wackelt unter dem Tisch mit den Beinen, greift sich in ihre blonden Haare und starrt auf ihren Zettel. Myra liest den ersten Buchstaben: »Pe.« Ninas Ton wird scharf.

»Myra, wie sollt ihr das aussprechen?«

Myra schlägt die Hände über dem Kopf zusammen.

»Myra, jetzt lies.«

»P?«

»Lies das ganze Wort, Mensch.«

»P-f-e-r-d, Pferd.«

Neues Wort. »Pe ... äh, nein ...«

»Mensch, Myra! Jetzt denk nach!« Myra schießen Tränen in die Augen. Sie verzieht ihr Gesicht. Sie macht weiter, bis sie alle Wörter auf dem Zettel gelesen hat. Nach zehn Minuten ist sie fertig. »Boah«, stößt Nina genervt aus, legt ihr Monokular weg und lässt Myra allein in der Küche.

Nina ist eine strenge Mutter. Vom Lesen bekommt sie Kopfschmerzen, denn nur ihr rechtes Auge kann noch mit Hilfe des Monokulars Buchstaben erkennen, das linke ist ganz blind. Die Übungen mit ihrer Tochter macht sie trotzdem.

Nina gibt keine Aufgaben an ihre sehende Tochter ab. Sie würde sich nicht führen oder einen Brief vorlesen lassen. Sie ist die Mutter, die Rollen sind klar. Und auch wenn sie oft das Gefühl hat, das Leben bestehe nur aus Rechnungen, Busfahrplänen und Packungsbeilagen, empfindet sie es als ihre Verantwortung, damit zurechtzukommen.

»Meine Kinder können nichts für meine Behinderung«, sagt sie. Deshalb ist es ihr Ziel, ihren Töchtern ein normales Leben zu ermöglichen. Normal für Sehende. »Ich setze aber manchmal zu viel voraus bei Myra. Ich denke dann, sie könnte leichter durch das Leben gehen, als sie es tut.«

Oft geht Myra leise durch das Leben, sie hat dafür »Schleichsocken«, solche mit besonders dicker Sohle. Denn ihre Eltern können sie auch hören, wenn sie nicht im selben Raum sind. Sie merken fast alles. Myra zieht ihre Schleichsocken an, um auf das Regal in ihrem Kinderzimmer zu klettern und ihr Poesiealbum aus der obersten Schublade zu holen oder um heimlich in der Küche Seil zu springen.

»Sag mal, wisst ihr eigentlich, dass Myra die Wände vollgekritzelt hat?«, fragte eine Nachbarin, als sie neulich zu Besuch war. Männchen, Häuser, Herzchen, schwarze, rote, gelbe Striche, ja sogar die Lampe über ihrem Bett hatte sie angemalt. Nein, Nina wusste es nicht. Oberflächliche Dinge wie Ordnung und Sauberkeit sind schwierig zu kontrollieren, wenn man nicht sehen kann. Die Angst davor, in der Welt der Sehenden als Mutter nicht zu genügen, durch Umstände, die sie nicht kontrollieren kann, macht Nina Mangelsdorf misstrauisch.

Was ist, wenn Nachbarn finden, es sei nicht sauber genug in ihrem Haus? Würde das vielleicht das Jugendamt auf den Plan rufen? Nina hat auch das in Gedanken oft durchgespielt: »Ich lasse die einfach nicht rein. Ich kann keine Ausweise lesen. Theoretisch muss ich nicht einmal die Polizei reinlassen.« Der Boden in ihrem Haus ist gefliest, im ersten Stock hat sie leicht abwischbares Laminat verlegen lassen. Die Kinder sollen auf keine allzu neugierigen Fragen der Nachbarn antworten, und die Buntstifte ihrer Tochter hält Nina jetzt unter Verschluss. Myras Malereien an den Wänden will Nina mit ein paar Freunden überstreichen, mit sauberem, glattem Blau.

Mit Andreas, dem Vater, spielen die Töchter, sobald sie aus der Schule und der Kindertagesstätte kommen. Er singt mit ihnen, tröstet sie, wenn sie hingefallen sind, nimmt sie auf den Arm, wenn sie Medizin schlucken müssen. Mit sechs Jahren, er war so alt wie Myra heute, fiel er beim Spielen hin, erlitt eine Gehirnerschütterung und verlor sein Augenlicht. Sein Sehnerv sei beim Sturz »zerbröckelt«, sagt er. Aufgrund einer Augenkrankheit war der Nerv fragil. Wegen dieser Augenkrankheit, die er in den Genen trägt, wäre Andreas auch ohne Sturz irgendwann erblindet; die Krankheit vererbt sich nur auf Jungen, sodass Myra und Aliah sie nicht bekommen können – deren Söhne aber schon. Nach dem Unfall war Andreas erst entmutigt, dann begann er mit sieben Jahren Sport zu machen. Er nahm als blinder Sprinter an Leichtathletik-Meisterschaften in der DDR teil. Seine Mutter ließ ihn als Kind allein Zug fahren, er ist sogar mal Fahrrad gefahren. Er vermisst heute nichts, sagt der 38-Jährige.

Sehende nähmen die Welt zu achtzig Prozent visuell wahr, sagt Andreas. Es ist etwas Emotionales für die Menschen, hat er festgestellt. Deshalb begegnet man ihm mit Mitleid. Das ist das eigentlich Schlimme am Blindsein, findet er: ständig erklären zu müssen, dass es nicht schlimm ist. Die Wiese riecht genauso bunt, wie sie aussieht, den Vogel im Baum kann er hören, seine Frau und die Kinder fühlen. Andreas nimmt die Dinge leicht. Das Einzige, was er sich nicht vorstellen kann, ist, ohne Gehör zu leben. »Dann wäre ich behindert«, sagt er.

»Ist es schlimm, dass wir nicht sehen können?«, fragt er Myra. »Nö ... ähm, doch.« Myra schaut ihren Vater an. »Nee«, sagt sie und vergräbt ihr Gesicht in seiner Armbeuge. Er umarmt sie und küsst sie auf den Kopf.

Zweimal im Jahr gehen die Mangelsdorfs mit Aliah ins Kinderkrankenhaus, um ihre Entwicklung zu beobachten. Die regelmäßigen Termine sind ein Test ihrer Normalität, ein Test der Familie: Isst sie genügend Fleisch? Weicht sie Hindernissen aus? Wie groß ist ihr Wortschatz? Aniridie hat nicht nur Auswirkungen auf die Sehkraft. Die Krankheit kann auch geistige Behinderung und Diabetes zur Folge haben.

Die Ärztin, kurze graue Haare, Brille, klopft mit einem kleinen Hammer an Aliahs Knie und in ihre Armbeuge. Nach einer Stunde sagt sie: »Ich kann ihr im Moment nichts anhängen.« Alle lachen. Andreas beugt sich runter: »Echt, du bist normal? Das hätten wir gar nicht gedacht!« Er hebt seine Tochter auf den Arm und streichelt ihr über den Kopf. Sie hat die Locken ihrer Mutter.

Oben: Aliah und ihr Vater im Wartezimmer der Kinderäztin. Klappt er das Glas an seiner Uhr auf, kann er die Zeit ertasten.
Unten: Familienausflüge sind nicht einfach. Bleiben alle zusammen? Fasst ein Fremder die Kinder an?

Der Kindergarten im Ort möchte Aliah nicht aufnehmen, weil dort keine behinderten Kinder betreut werden. Dass Aliah behindert ist, steht aber auf keinem Papier. Die Diagnose Aniridie reicht noch nicht für einen Behindertenausweis, es zählt die jetzige Einschränkung. »Da kann das Kind so viel Aniridie haben, wie es will«, sagt die Ärztin. Der Kindergarten fordert nun von der Familie Mangelsdorf den ärztlichen Nachweis, dass Aliah gesund ist. Aber andere Kinder müssten ihre Gesundheit doch auch nicht schriftlich beweisen, sagt Nina und weigert sich.

Myra hatte keinen Anspruch auf eine Frühförderung, weil sie selbst kein Handicap hat. Also hat Nina ihre Tochter mit sieben Monaten zu einer Tagesmutter gebracht, damit jemand ihren Blick erwidert. Hat Myra sich je gewünscht, selbst blind zu sein? Sie schüttelt den Kopf. Warum nicht? »Weil ich dann irgendwo gegenlaufe«, sagt sie.

Die anderen Eltern lassen ihre Kinder im Gedränge des Jahrmarktes nicht aus den Augen. Nina kauft ihrer Tochter einen Chip für das Karussell und sucht sich einen ruhigen Ort, um dort mit Andreas und Aliah zu warten, bis Myra sie wiederfindet.

Nach der Fahrt klettert Myra von ihrem Karussellpferd, schlüpft zwischen den Vätern und aufgeregten Kindern hindurch und läuft auf direktem Weg zu ihren Eltern. Als Andreas sich ein Fladenbrot holen will, bleibt Nina stehen. Sie wartet allein mit dem riesigen Kinderwagen. »Mitten in den Weg stellen, ganz tolle Idee«, sagt ein Mann, der Nina im Vorbeigehen leicht anstößt. Eine Frau schüttelt den Kopf und drängelt sich vorbei, während sie »Och, also echt!« zischt. Nina senkt den Blick, sie sagt nicht, dass sie nicht sehen kann, trägt keine Armbinde, die sie kennzeichnet. Nina will weg hier, schnell, Andreas kommt zurück. Sie bleibt mit dem Kinderwagen zwischen zwei Pflastersteinen stecken. Die Menschen hinter ihr stauen sich in dem schmalen Gang zwischen den Buden. Aliah weint. Nina hat die Orientierung verloren. Alle starren sie an. Plötzlich reißt Nina den Kinderwagen hoch und geht ganz nah an Aliahs Gesicht: »Was willst du? Was ist dein Problem?«, blafft sie. Die Vorderräder kommen hart wieder auf dem Kopfsteinpflaster auf. Die Leute machen Platz, Nina geht weiter, läuft fast.

Endlich, eine U-Bahnhaltestelle. Die letzten Meter laufen sie. Plötzlich ist es still, bis auf das mechanische Öffnen und Schließen der Türen der Bahn. Niemand sagt etwas. Nina hebt Aliah aus dem Kinderwagen, die tapst davon. Eine Frau mit kurzen Haaren hebt sie auf und bringt sie zurück zum Kinderwagen. »Jetzt hat irgendein Fremder sie angefasst. Wieso machen die Leute so was einfach ohne Erlaubnis?«, fragt Nina und setzt Aliah wieder in den Kinderwagen. Andreas nimmt Myra auf den Arm und lobt sie: »Du läufst nicht einfach weg, ne?« – »Nein«, antwortet Myra, »jetzt muss Mama nur noch auf dich aufpassen.«

Stille Nacht

VON GABRIELA HERPELL **FOTO** PETER DE KROM

Die Augen müde, der Kofferraum voll, die Seele geborgen: Kaum etwas verbindet Menschen so stark wie eine gemeinsame Autofahrt im Dunkeln.

Am härtesten ist natürlich diese Variante: sich abends um elf hinlegen, den Wecker auf zwei Uhr nachts stellen, aus dem Tiefschlaf gerissen werden, zwei Zehnjährige aus dem Tiefschlaf reißen, halbtot Betten abziehen, Wasser und Gas abstellen, weil danach erst mal niemand mehr Ferien in dem Haus machen wird, Taschen durch den strömenden irischen Regen zum Auto schleppen, den Schlüssel bei den Nachbarn einwerfen und immer Panik spüren, irgendwas ganz Wichtiges vergessen zu haben.

Aber dann: sitzen wir zu viert im Auto. Warm und trocken. Das Auto ist gemietet und winzig, überall türmt sich Gepäck. Nach wenigen Minuten schlafen die Kinder ein, ihre Köpfe, die sie an die Tasche zwischen sich gelehnt haben, stoßen fast aneinander, ihre Münder sind leicht geöffnet.

Wir sind zu müde, um zu reden. Der Regen verschwimmt auf der Frontscheibe, Gebläse und Scheibenwischer geben ihr Bestes, dazu singt Aimee Mann. Die Landstraße im Westen Irlands, County Mayo, ist schmal, das Fahren auf der linken Seite nach zwei Wochen immer noch ungewohnt, das Schalten mit der linken Hand auch, der nasse Asphalt blendet, die Fuchsienhecken rechts und links wirken undurchdringlich, man muss sich unglaublich konzentrieren. Wir wechseln uns ab, der Mann und ich. Wenn er fährt, die Kinder schlafen, ich döse, empfinde ich Momente des Glücks. Geborgenheit.

Um neun Uhr geht unser Flug von Dublin nach München. Vier Stunden mindestens rechnet man von der West- an die Ostküste, wir liegen gut in der Zeit. Als es dämmert, lässt der Regen nach. Die Kinder wachen auf, wir packen die Brote aus, die wir abends geschmiert haben, und trinken den Tee, den wir abends in die Thermoskanne gefüllt haben. Die Straße ist leer, nirgends Licht in den Farmhäusern, die Iren sind keine Frühaufsteher. Nur wir sind wach, wir vier. Als wären wir allein auf der Welt. Die Butterbrottüten knistern, wir reichen uns Tee weiter, keiner sagt ein Wort. Wieder diese Momente des Glücks. Weil wir uns so nah sind in unserem winzigen überheizten Auto, um uns herum der diesige Morgen, in den keiner hinaus möchte.

Ich erinnere mich kaum an ähnlich innige, harmonische Momente. Höchstens auf anderen nächtlichen Autofahrten. Man kann ja auch abends los. Den ganzen Tag schon in Aufbruchstimmung sein, von der Arbeit nach Hause radeln, erfüllt von Vorfreude, packen, CDs mit der Musik für die Nacht aussuchen, Portishead, Johnny Cash, *Harry Potter und der Gefangene von Askaban* für die Kinder, an der Tankstelle Sandwiches und Kaffee zum Mitnehmen holen. Dann weiter, Richtung Süden, am Brenner im ersten Autogrill auf der italienischen Seite einen Mitternachtscappuccino trinken und bei Sonnenaufgang am Kai von Piombino auf die Elba-Fähre warten. Oder die ersten, unglaublich guten Croissants beim Bäcker in Nizza kaufen.

Vor dem Mitternachtscappuccino reden wir alle viel: Wird es sehr heiß sein dies Jahr? Wer macht einen Tauchkurs? Haben wir an die Angelsachen gedacht? Nach dem Mitternachtscappuccino wird es still im Auto. Einer schläft, die anderen wachen. Oder alle schlafen, einer wacht. Es ist kein einsames Geschäft, das Fahren, während alle schlafen, im Gegenteil. Wenn ich es bin, umhüllt mich die schlafende Anwesenheit der Menschen, die ich liebe, wie ein warmer Mantel. Und ich freue mich auf den Moment, in dem sie aufwachen und ich sagen kann: Nur noch dreißig Kilometer, und wir sind am Meer.

Natürlich möchte man ankommen, darum fährt man ja. Aber kaum ist man ausgestiegen, schaut der eine nach rechts, der andere nach links. Der eine will frühstücken, der andere mit den nackten Füßen sofort ins Meer. Die Innigkeit, die Einheit, die Verbundenheit, weg. Weil man nicht mehr dieselbe Luft atmet, nicht mehr dieselbe Musik hört, nicht mehr aus demselben Becher trinkt, nicht mehr in eine Richtung unterwegs ist, während draußen alles schwarz ist.

Ein ertränktes Leben

VON ANONYM **ILLUSTRATIONEN** PAULA BULLING

Matthias ist schwerer Alkoholiker. Er leugnet es, verschanzt sich, lehnt Hilfe ab — seit Jahrzehnten. Bald wird er wohl sterben. Sein Bruder erzählt ihre gemeinsame Geschichte.

Irgendwann durfte man ihn nur noch nach langer Ankündigung besuchen.

Im Februar habe ich meinen Bruder Matthias das letzte Mal gesehen. An einer roten Ampel, ein paar Meter von seiner Wohnung entfernt. Ich saß im Auto, er ging rechts vor mir auf dem Gehsteig, über einen Rollator gebeugt, die Beine dünn wie Stecken, die Haare lang und strähnig. Ich habe mich nicht bemerkbar gemacht. Es erschüttert mich zu sehr, dass er mich wohl nicht mehr erkennt: Neun Monate zuvor, als ich ihn das vorletzte Mal sah, an derselben Ampel, habe ich ihm noch zugewinkt. Er versuchte gerade, die Tür einer Telefonzelle zu öffnen, und schaffte es nicht. Er merkte wohl, dass jemand was von ihm wollte, und schaute mich mit offenem Mund und leerem Blick an – als könne er mich nicht mehr einordnen. Zu Hause habe ich geheult.

Dass wir verabredet waren und einander gegenübersaßen, liegt acht Jahre zurück. Kurz nach der Beerdigung unserer Mutter hatten wir einen Termin bei der Bank. Es ging um ihr Testament und um unser Erbe. Als er kam, roch er so schrecklich nach Bier und Schnaps, dass die Bankangestellte das Fenster öffnete, obwohl er versuchte, seine Fahne mit einem Pfefferminzbonbon zu neutralisieren. Er hat gepoltert und geschimpft, dass ich ihn um sein Erbe betrügen würde und es gewagt hätte, ihn unter Vormundschaft zu stellen. Mein Bruder ist seit vielen Jahren, eher seit Jahrzehnten, schwerer Alkoholiker. Er ist 53. Zufällig werde ich ihm kaum noch begegnen, ich bin aus dem Vorort weggezogen, in dem wir beide die vergangenen zehn Jahre gewohnt haben – gerade mal zwei Kilometer voneinander entfernt.

Wir sind drei Brüder, Alex, Matthias und ich. Matthias, der jüngste, war immer das Sorgenkind, er hatte eine Erbkrankheit, die Perthes'sche Krankheit, bei der zerstört sich das Knochengewebe an der Hüfte. Die Krankheit verhinderte, dass er gehen lernte. Als er drei war, musste er ins Krankenhaus, zwei Jahre lang lag er in einer Gipsschale, bewegungsunfähig. Ich glaube, das war der Anfang vom Ende, das hat sein Schicksal besiegelt. Heute kann man bei dieser Krankheit operieren, Mitte der Sechzigerjahre nicht.

Meine Mutter besuchte ihn täglich in der Klinik, Besuch von anderen Kindern war damals in Krankenhäusern grundsätzlich nicht erlaubt. Alex und ich konnten ihn nur alle drei Monate sehen, aus der Ferne. Dann, wenn seine Gipsschale aufgemacht wurde, damit er an den Hüften gewaschen werden konnte. An diesen Tagen warteten mein älterer Bruder und ich im Garten des Krankenhauses, bis unsere Mutter mit Matthias auf dem Arm ans Fenster trat. Dann winkten wir ihm von unten in den dritten Stock zu. Weil unsere Mutter so viel weg war, habe ich mich von klein auf für die Familie verantwortlich gefühlt, viel mehr als mein älterer Bruder Alex. Schon mit neun habe ich fast täglich nach der Schule für Alex und mich Mittagessen gekocht. Unser Vater, Offizier bei der Bundeswehr, kam meistens nur an den Wochenenden nach Hause. Gegen die Rolle dessen, der sich um alles kümmert, habe ich mich nie gewehrt. Sie ist mir zur Selbstverständlichkeit geworden.

Als Matthias fünf war, hatten sich die Hüftknochen so weit stabilisiert, dass er das Krankenhaus verlassen konnte, er musste jedoch im Rollstuhl sitzen. Mit sechs bekam er zusätzlich einen Gehapparat, in dem hing er wie in einem Korsett, an den Beinen Stahlschienen. Er ging in eine normale Schule. Ich zog ihn morgens an und fuhr ihn mitsamt Rollstuhl hin. In der Klasse hatte er sofort eine Sonderrolle: Er war das Kind, das man nicht berühren durfte, weil es sonst umfiel. Eines Tages sagte die Lehrerin, sie könne ihn nicht mehr schützen, er sei so aggressiv und würde andere Kinder an seine Stahlschienen drücken und ihnen Schmerzen zufügen. Dass er dringend psychologische Hilfe gebraucht hätte, nahm damals niemand zur Kenntnis.

Nach ein paar Jahren konnte er normal gehen und die Stahlschienen ablegen. Allerdings liebte er es, mich zu fesseln. Das hatte nichts Sadistisches, ich glaube, er wollte sehen, wie es ist, wenn ein anderer als er bewegungsunfähig ist. Als ich keine Lust mehr auf das Spiel hatte, bot er mir sein gesamtes Taschengeld, wenn ich mich doch fesseln ließe. Manchmal willigte ich ein und nahm das Geld. Er kam aufs Gymnasium, hatte Freunde, mit 17 oder 18 auch eine Freundin. Die Jahre bis zum Abitur waren unsere beste Zeit: Wir spielten stundenlang Backgammon, und er konnte wirklich lustig sein. In seiner Freizeit reparierte er Autos, spielte sich zum Experten auf und gab damit an. Er hatte immer ein Problem mit dem Selbstbewusstsein, mit den Autos aber hatte er eine Nische gefunden, in der ihm nie-

In seiner Wohnung:
Berge von Zigarettenstummeln,
ein Meer leerer
Flaschen, Müll und Katzenkot.

mand das Wasser reichte. Er trug einen Blaumann, der anderen zeigen sollte: Ich arbeite. Bis vor ein paar Jahren trug er ihn jeden Tag. Dabei hat er in seinem Leben fast nie gearbeitet.

Nach dem Abitur begann er eine Lehre als Automechaniker. Unser Vater war entsetzt: In seiner Vorstellung mussten seine Söhne selbstverständlich studieren. Alex und ich haben diesem Wunsch entsprochen, Alex studierte Forstwirtschaft, ich Amerikanistik. Bis zu seiner Lehre hatte Matthias nur abends Bier getrunken. Während der Lehre aber begann er, auch tagsüber zu trinken. Nach eineinhalb Jahren brach er sie angeblich wegen Rückenproblemen ab, er begann ein Studium und zog in eine andere Stadt.

Anfangs fuhr er noch häufig zu unseren Eltern, und er lud sie ein, ihn zu besuchen, sie sollten sich ansehen, wie toll er seine Wohnung eingerichtet hatte. Er wollte ihnen so sehr gefallen. Mein Vater aber lehnte ihn bis zu seinem letzten Atemzug ab, meine Mutter liebte ihn, vielleicht deswegen, umso mehr. Alex, der Erstgeborene, war sein Lieblingssohn, er konnte sich alles leisten, ihm wurde immer verziehen. Ich war eifersüchtig auf ihn, weil ich von unserem Vater auch so bevorzugt behandelt werden wollte. Mir stand unser Vater bestenfalls neutral gegenüber. Auf meine Mutter und Matthias war ich hingegen nie eifersüchtig: Er war der arme

Kranke, und wir beide haben uns um ihn gekümmert. Matthias studierte lange. In seinen Erzählungen war er der beste Student, den man sich vorstellen konnte, von den Professoren geliebt. Meine Mutter glaubte jedes Wort und sagte: »Er macht das ganz wunderbar.« Mein Vater entgegnete: »Der säuft.« Meine Mutter: »Ach, die paar Bierchen, die er abends trinkt.« Sein Verfall verlief langsam. Irgendwann durfte man ihn nur nach langer Ankündigung besuchen. Wohl weil er Zeit brauchte, um die Wohnung aufzuräumen und die Flaschen zu entsorgen. Um Fragen über den Fortgang seines Studiums zu entgehen, gab er es nach fünf, sechs Jahren auf, das war Ende der Achtzigerjahre. Angeblich wurde er Bauleiter, in seinen Worten natürlich der beste weit und breit.

Ich verliebte mich in eine Südafrikanerin und zog Ende der Achtziger zu ihr nach Johannesburg. Schrieb mein Vater mir in einem Brief: »Matthias ist Alkoholiker«, so schrieb meine Mutter garantiert im nächsten: »Glaub ihm kein Wort, er verleumdet den Matthias.« Inzwischen besuchte er auch meine Eltern nicht mehr. Es verlangte ihm zu viel ab, Normalität aufrechtzuerhalten. Meine Mutter hat das so begründet: weil unser Vater zu grausam war zu ihm.

1993 kehrte ich mit meiner hochschwangeren Frau und unserem kleinen Sohn nach Deutsch-

Er brauchte Zeit, um die Wohnung aufzuräumen und die Flaschen zu entsorgen.

land zurück. Ein paar Tage nach der Geburt unseres zweiten Kindes rief mich ein mir unbekannter Mann an und fragte, ob ich wisse, dass mein Bruder im Gefängnis sitze. Ich wusste es nicht. Er hatte einen Strafzettel wegen Falschparkens jahrelang ignoriert, die Summe hatte sich auf 400 Mark hochgeschaukelt, die er nicht bezahlen konnte oder wollte, 14 Tage sollte er deshalb absitzen. Es wäre einfach gewesen, ihn freizubekommen, ich hätte nur einen Scheck über 400 Mark ausstellen müssen. Im Gefängnis riet mir die zuständige Psychologin, das nicht zu tun, sondern die zwei Wochen zu nutzen, um Matthias trockenzulegen. Treffen konnte ich ihn erst mal nicht, er durfte nur einmal in diesen 14 Tagen Besuch empfangen.

Ich musste in seine Wohnung, um Unterlagen zu suchen und Kleidung einzupacken. Der Hausmeister sperrte mir auf. Das bekamen die Nachbarn spitz und lauerten wie die Geier, um einen Blick in Matthias' Wohnung zu werfen. Der Anblick war das Schlimmste, was ich je gesehen hatte: Berge von Zigarettenstummeln, ein Meer leerer Flaschen, Müll und Katzenkot über den ganzen Boden verteilt, dazwischen leere und halb leere Pizzakartons. Es stank zum Erbrechen. Ich habe die gaffenden und geifernden Nachbarn rausgedrängt, die Entrümpelung organisiert und den einen Besuchstermin im Gefängnis wahrgenommen, der mir zustand.

Als er in das Besuchszimmer kam, war er aufgedunsen, verkommen, die Haare schulterlang. Er saß da und sagte: »Hol mich hier raus.« Immer nur diesen einen Satz. Ich sagte: »Ich hol dich hier raus, nur ein paar Tage noch«, aber er war zu keinem Gespräch fähig. Wahrscheinlich, weil er auf Entzug war. Er sah so fürchterlich aus, dass der Friseur, zu dem ich ihn nach seiner Entlassung fuhr, nicht ihn, sondern gleich mich fragte, wie viel er denn abschneiden solle.

Ich nahm ihn mit zu mir nach Hause, ich wusste keinen anderen Rat. Ich dachte, ich hätte ihn da besser unter Kontrolle. Auf der Fahrt sagte ich zu ihm: »Matthias, gib zu, du säufst.« Er druckste rum und meinte, na ja, er würde ein bisschen trinken, aber er habe die Sache völlig im Griff. Dann sagte er plötzlich: »Ich muss wohl eine Therapie machen.« Ich bin mir sicher, es war ihm ernst in diesem Moment, er war gerade trocken, und der Schock, im Gefängnis zu sitzen, saß tief.

Er hat es nie in Angriff genommen. Es war bis heute, 22 Jahre später, das einzige Gespräch, das ich mit ihm über seine Sauferei führen konnte, das einzige, in dem er nicht sofort abblockte und mich der Verleumdung bezichtigte.

Zwei Wochen später wollte er wieder in seine Wohnung. Ich schlug vor, mit ihm und meiner Familie zwei Wochen in die Toskana zu fahren – ein weiterer sinnloser Versuch, ihn vom Trinken abzuhalten. Der Urlaub wurde ein Reinfall. Er war zu nichts zu gebrauchen, völlig apathisch, wenn man mit ihm sprach, reagierte er nicht.

Er zog in eine Dachgeschosswohnung, der alte Vermieter hatte ihn rausgeschmissen. Er prahlte, dass er nun ein erfolgreicher Bauunternehmer sei, der alte Häuser renoviere, zur größten Freude des Denkmalamtes. Meine Mutter glaubte ihm auch das. Als ich ihr vom Zustand seiner Wohnung erzählte, meinte sie, nö, so schlimm sei das sicher nicht gewesen. Sie gab ihm 100 000 Mark, um ein altes, heruntergekommenes Haus zu kaufen und zu renovieren und seine Angestellten, die er beschäftigte, zu bezahlen. Unser Vater hat getobt.

Der Vater starb im Jahr 2000. Drei Jahre später zog Matthias, damals 42, zurück zu unserer Mutter, in unser Elternhaus. Sie war selig, dass ihr Spatz, wie sie ihn nannte, wieder da war. Das renovierungsbedürftige Haus hatte er verkauft. Was aus dem Geld geworden ist, weiß ich nicht. Das war der Moment, wo er offiziell aufhörte zu existieren. Ich dachte nicht, dass man in Deutschland einfach so verschwinden kann: Er hatte keine Wohnung mehr, zahlte keine Steuern, keinen Strom, kein Telefon, war nicht krankenversichert. Keiner außer uns wusste, wo er war, es gab ihn nicht mehr. Erst viel später habe ich erfahren, dass er hoch verschuldet war, bei seinen Vermietern, bei der Krankenkasse. Er hätte längst Insolvenz anmelden müssen. All dem hat er sich durch die Flucht zu unserer Mutter entzogen.

Bei ihr musste er sich um überhaupt nichts mehr kümmern. Jetzt hat er nur noch gesoffen, auch in ihrer Gegenwart. Sie belog sich immer noch: »Ich bitte dich, er trinkt manchmal ein bisschen, er schläft ja auch bis mittags, der Spatz. Und wenn er weggeht, nein, dann trinkt er nichts, sagt er.« Unsere Mutter gab ihm ihre EC-Karte mitsamt der PIN. Das wusste ich da aber noch nicht. Wenn er wegging, hat er in Kneipen gesoffen, die ihn nach und nach alle rauswarfen. In dem Vorort, in dem wir drei Brüder damals alle wohnten, sprach sich das schnell rum. Als ich ihr sagte, er sei nicht mal krankenversichert, wurde meine Mutter zum ersten Mal panisch: Die Vorstellung, er müsse ins Krankenhaus und sie dafür bezahlen, machte ihr Angst. Sie ging sogar mit mir zur Suchtberatung, um zu fragen, was wir mit Matthias tun könnten. Nichts, lautete die Antwort, er müsse selbst einsichtig sein.

Mich beschimpfte Matthias als Lügner, er zeigte mir eine Krankenversicherungskarte, die längst abgelaufen war. Da ist mir der Kragen geplatzt, ich konnte diese Ausreden nicht mehr hören und schrie ihn an: »Lass endlich diesen Quatsch!« Er blaffte und polterte irgendwas zurück. Trotzdem habe ich zwei- oder dreimal die Krankenkassenanträge komplett für ihn ausgefüllt, ihm unter die Nase gehalten und gesagt: »Unterschreib.« Er hat nie unterschrieben. Dabei hätte unsere Mutter sogar seine Beiträge bezahlt. Ich vermute, er verweigerte die Unterschrift, weil er damit zugegeben hätte, dass er doch nicht mehr krankenversichert war. Ganz sicher weiß ich, dass ich spätestens zu diesem Zeitpunkt alles hätte hinschmeißen und sagen sollen: Mach deinen Scheiß allein. Aber ich tat es nicht. Ich habe ihn schon damals nicht mehr wie meinen Bruder betrachtet, sondern wie mein Kind. Und ein Kind gibt man nicht auf.

Mir wurde aber klar: Wenn unsere Mutter stirbt, sie hatte Krebs, und er erbt, dann ist das Geld sofort weg, sobald irgendjemand rauskriegt, wo er ist – jeder Gläubiger hätte dann Anspruch. Ihm aber sagte sie: »Mach dir keine Sorgen, du wirst Alleinerbe.« Das hat mir einen Stich versetzt: Ich hatte zwei Kinder, er war allein – und sollte alles kriegen? Aber ich habe nichts gesagt. Irgendwann hat sie kapiert, dass er hoch verschuldet war. Dass sie deshalb ihre Meinung geändert hat, erzählte sie aber lediglich mir, nicht ihm.

Mit der Hilfe einer Rechtsanwältin haben meine Mutter und ich nach Lösungen gesucht, wie ihr Geld nach ihrem Tod vor möglichen Gläubigern gerettet werden könnte und ihr Spatz dennoch versorgt wäre. Sie kaufte eine Zwei-Zimmer-Wohnung in der Nähe unseres Elternhauses, die meinem Bruder Alex und mir gehören sollte, Matthias bekäme im Gegenzug lebenslanges Wohn-

recht. Sie zog selbst ins Altersheim, das Haus wurde verkauft.

Als sie 2007 starb, war kein Testament aufzufinden, auch bei der Rechtsanwältin war keines hinterlegt. Nie hat Matthias unsere Mutter im Altersheim oder im Krankenhaus besucht, aber kaum war sie tot, beschimpfte er mich am Telefon, dass ich das Testament hätte verschwinden lassen, um ihn, der sich als Alleinerbe wähnte, zu betrügen. So aber erbte jeder von uns Brüdern ein Drittel. Matthias erzählte da zum ersten Mal, dass er noch ihre EC-Karte hatte. Ich warnte ihn davor, Geld abzuheben, weil er sich strafbar mache, wenn er von einer Toten Geld nehme, bevor das Erbe geregelt und mögliche Schuldner ausfindig gemacht worden seien. Er hob trotzdem 25 000 Euro aus dem Geldautomaten ab. Als ich die Kontoauszüge bekam, traf mich fast der Schlag. Ich dachte nicht, dass er dazu überhaupt noch in der Lage wäre.

Der Tag kam, an dem wir uns alle in der Bank trafen, in der Hoffnung, wir würden ihr Testament in einem Schließfach finden. Wir fanden es nicht. Matthias, betrunken, beschimpfte mich, die Bankangestellte öffnete das Fenster, ich schämte mich entsetzlich.

Noch vor dem Tod unserer Mutter wollte ich, ursprünglich mit ihrem Einverständnis, einen amtlichen Vormund für Matthias bestellen. Es dauerte ein Jahr. Ich schrieb den Antrag, schickte Unterlagen, sprach mit der Vormundschaftsrichterin, schrieb ihr Briefe, musste den Verdacht ausräumen, dass ich Matthias, um mehr zu erben als er, entmündigen lassen wollte. Als der Antrag endlich genehmigt war, konnte er nicht zugestellt werden. Matthias öffnete die Tür seiner Wohnung nicht. Auf Klingeln reagierte er nicht, den Briefkasten öffnete er nicht, egal wie er überquoll, Handy hat er keines mehr. So ist das bis heute. Und bis heute lebt Matthias hinter heruntergelassenen Rollläden, er zeigt sich niemandem, der irgendwas von ihm wollen könnte.

Manchmal rufen mich die Nachbarn an, wenn sie wieder wochenlang vergeblich versucht haben, mit ihm Kontakt aufzunehmen. Immer wieder beschweren sie sich, dass es aus seiner Wohnung nach Rauch und Müll stinkt. Den Müll trägt er nicht weg. Irgendwann stapelte er ihn auf dem Balkon, der Abfall vergor nach einer Weile, und es tropfte aus den Müllsäcken auf den Balkon der Nachbarn unter ihm. In ihrer Verzweiflung klebten sie lauter Duftbäume um seine Wohnungstür, ein paar Mal riefen sie die Polizei, aber die kommt nicht, nur weil einer den Müll nicht rausträgt und die Tür nicht aufmacht. Oder die Nachbarn riefen mich an, weil er seine nasse Wäsche nicht aus der Waschmaschine im Keller nahm und sie stinkend vor sich hin schimmelte. Ich fahre dann zu ihnen, versuche sie zu beruhigen, und habe gleichzeitig Horror davor, meinem Bruder, diesem Wrack, zu begegnen, der mich, wenn überhaupt, nur wild beschimpfen, mir drohen und mich verleumden würde.

In meinem Bruder Alex habe ich keine Unterstützung. Er setzt es längst als selbstverständlich voraus, dass ich mich um Matthias kümmere. Er hat sich von ihm distanziert, nennt ihn ein verkommenes Subjekt und schimpft über ihn. Ich kann das nicht hören, ich verteidige Matthias dann und sage zu Alex, er müsse endlich einsehen, dass Alkoholismus keine Schande, sondern eine Krankheit sei. In einem Punkt muss ich Alex allerdings recht geben: Matthias' Lügerei kann einen wahnsinnig machen.

Seine Nachbarn sagen, sie hören manchmal, wie er sich rausschleicht. Er geht dann wohl zur Eisdiele gegenüber, der einzigen Kneipe, die ihn noch aufnimmt, außerdem muss er sich ja Nachschub an Alkohol und Zigaretten besorgen. Er qualmt wie ein Schlot.

Eines Tages erfuhr ich, dass er tatsächlich einen Vormund bekommen hatte. Wie das geklappt hat, ob die Polizei ihn herbeigeschafft hat, ob er selbst zur Richterin gegangen ist, weiß ich nicht – das darf mir niemand sagen. Ich weiß nur von seiner Betreuerin, dass er inzwischen glaubt, er habe selbst den Antrag gestellt. Nicht mal diese Auskunft hätte sie mir geben dürfen.

Er wird nun verwaltet, bekommt Hartz IV, kann keine Unterschriften unter Verträge setzen, aber sein persönlicher Wille muss weiter respektiert werden. Anfangs dachte ich noch naiv, nun würde die Betreuerin ihn zum Arzt oder in eine Therapie oder in eine Wohngruppe bringen können. Aber wenn er nicht will, kann sie nichts machen. Die Betreuerin hat nicht mal einen Schlüssel zu seiner Wohnung. Sie äußerte auch den Verdacht, dass er inzwischen Brennspiritus trinkt, vergällten Alkohol, der billig zu haben ist und den man verdünnen muss – der letzte Schritt eines Alkoholikers ohne Geld. Die 25 000 Euro, die er vom Konto unserer toten Mutter abgehoben hat, sind wohl futsch.

Es kam der Tag, an dem ich mir sicher war: Jetzt ist er tot. Nachbarn riefen wieder bei mir an, weil sich die Anzeigenblätter vor seiner Tür stapelten, es noch schlimmer als üblich stank und der Fernseher rund um die Uhr lief. Ich fuhr sofort hin, klingelte natürlich vergeblich, hörte den Fernseher, rannte runter zur Eisdiele, dort hatte man ihn auch schon Tage nicht mehr gesehen. Ich rief die Polizei, die sagte, sie brechen die Wohnung auf, aber ich dürfe nicht dabei sein.

Zu Hause schaute ich aus dem Fenster. Ich wusste: Polizisten rufen nicht an, sondern kommen persönlich vorbei, um mitzuteilen, dass jemand gestorben ist. Stattdessen klingelte das Telefon. Eine Sanitäterin sagte, Matthias sei in letzter Sekunde gerettet worden, er habe völlig dehydriert im Bett gelegen, die Wohnung sei vermüllt, verschimmelt und nicht mehr bewohnbar, das Gesundheitsamt werde eingeschaltet. Das war das Letzte, das ich offiziell über ihn erfuhr.

Inoffiziell erzählte mir ein Jahr später jemand vom Krankenhauspersonal, den ich kannte und der zufällig Matthias im Krankenhaus behandelt hatte, er habe nicht geglaubt, dass Matthias das überlebt, die Lunge sei völlig hinüber gewesen. Als er im Krankenhaus lag, hoffte ich, dass er nun eine Pflegestufe erhält, sodass wenigstens einmal am Tag jemand bei ihm vorbeischaut. Aber Pustekuchen. Er wollte das nicht, er wollte nur in die Wohnung zurück. Und er durfte das, trotz Schimmel, trotz Gesundheitsamt. Er kann nicht zwangseingewiesen werden.

Es grenzt an ein Wunder, dass er noch lebt. Vielleicht kann er für all das nichts. Ich fühle mich noch immer für ihn verantwortlich und hänge an ihm. Verloren habe ich ihn aber schon lange. Und ich bin sicher, ich hätte ihn nie davor bewahren können, Alkoholiker zu werden. Jetzt erwarte ich von ihm nichts mehr. Nur noch seinen Tod. Dann werde ich mich noch einmal um meinen Bruder kümmern müssen.

Ohne meine Mutter

VON FRANZISKA GEIGER   **FOTO** JULIAN BAUMANN

Als Jugendliche war unsere Autorin ihre engste Vertraute – dann brach die Mutter den Kontakt ab. Die Geschichte einer jahrelangen Suche.

Die Ähnlichkeit der Autorin mit ihrer Mutter ist nicht zu übersehen.

Sie keift: Wie wir uns mit dieser Frau an einen Tisch setzen können?! »Familie ist für mich jetzt gestorben!« Dann höre ich Tuten im Telefon. Aufgelegt.

Ihr Zetern ist nicht ungewöhnlich, bei ihr hört sich vieles schnell dramatisch an. Es ist Ostermontag, ich bin Anfang zwanzig, stehe in der Wohnküche meiner WG und spüle Geschirr. In ein paar Tagen ist die Aufregung verflogen, denke ich. Ich täusche mich. Es sind für lange Zeit die letzten Sätze, die meine Mutter mit mir spricht.

Neun Jahre lang dieselbe Frage: Warum hat meine Mutter zu mir und meinem jüngeren Bruder den Kontakt abgebrochen? Verwandte fragten mich, Freunde, die Eltern von Freunden. Die meisten Menschen glauben, es gibt für alles eine Erklärung. Es nicht zu erklären ist nicht erlaubt. Sie bohren dann, werden mitleidig oder suchen selbst nach Antworten.

Also erzähle ich immer von jenem Ostersonntag, dem Tag, bevor meine Mutter aus meinem Leben verschwand. Wir gingen brunchen – mein Vater, mein Bruder und meine Oma, die Mutter meines Vaters. Papa brachte seine neue Freundin mit. Oma, sagten wir immer wieder, erzähl Mama nichts von dem Essen! Vor allem nicht von Papas neuer Partnerin. Aber Oma war nicht geschickt in diesen Dingen. Meine Mutter schon. Und so fand sie es bereits am Ostermontag heraus.

Damals sind meine Eltern ein halbes Jahr getrennt. Mein Vater lebt in einer hübschen Dreizimmerwohnung im Münchner Osten. Jeden Morgen steigt er in seinen BMW, fährt in dasselbe Büro zu denselben Kollegen, macht dieselbe Arbeit wie all die Jahre zuvor. Abends besucht er seine neue Freundin. Mein Bruder zieht in die Nähe von Mannheim und macht eine Ausbildung zum Fachinformatiker. Ich lebe in einer WG in München-Neuhausen und studiere an der Filmhochschule.

Meine Mutter zog nach der Trennung in ihre neue Wohnung im Norden der Stadt, ein Zimmer. Hochparterre, damit die Katze raus kann. Mit Freunden hatte ich ihr beim Umzug geholfen. Als ich sie Wochen danach besuchte, hatte sie erst drei Kartons ausgepackt. In der Küche stand nichts als ein Wasserkocher auf dem Fliesenboden, aus den Wänden ragten die Wasseranschlüsse. Wochenlang wacht meine Mutter morgens zwischen ihren Umzugskisten auf und weiß nicht, womit den Tag rumbringen. Dann kommt das Osterwochenende, unser Essen mit Papas Freundin, der Anruf meiner Mutter.

Immer erwähne ich diesen Anruf, wenn mich jemand nach ihr fragt. Dabei glaube ich nicht daran, dass das der Grund sein kann. Es war doch nur ein Essen!

Als sich meine Mutter eine Woche nach Ostern immer noch nicht gemeldet hat, rufe ich sie an. Sie geht nicht ran. Ich probiere es wieder und wieder, bin genervt. Dann eben nicht. Irgendwann rufe ich sie von einer fremden Festnetznummer aus an. Prompt hebt sie ab. Beim ersten Mal macht sie sich noch die Mühe einer Ausrede. Sie habe Gäste und könne jetzt nicht sprechen. Die zwei, drei Male danach hängt sie einfach ein, sobald sie meine Stimme hört. Zwei Wochen später ist ihre Nummer tot.

Ich glaube immer noch nicht, dass das länger so gehen wird. Gleichzeitig bin ich erleichtert. Ich beschließe, mir endlich mal keine Gedanken um sie zu machen. Mich nicht zu fragen, wie es ihr geht, ob sie zurechtkommt.

Seit ich zehn, elf Jahre alt war, sah meine Mutter in mir ihre engste Vertraute. Bekannten oder den Nachbarn sollte ich nichts erzählen von den Ehekrisen meiner Eltern. Mir erzählte meine Mutter alles. Am schlimmsten waren die Winter. Ich erinnere mich an zwei Weihnachten, an denen mein Vater an Heiligabend ging und nicht mehr wiederkam. Er ging, noch bevor wir die Geschenke ausgepackt hatten. Ich hatte eine solche Wut im Bauch. Er ließ uns einfach allein mit ihr. Sie weinte. Als ich versuchte, sie zu trösten, weinte sie noch mehr.

Erst Jahre später, als ich schon ausgezogen war, begriff ich, wie sehr meine Mutter meine Wut auf meinen Vater immer wieder angefacht hat. Vielleicht wollte sie das nicht. Vielleicht wollte sie einfach ihren Schmerz teilen und wusste nicht, mit wem sonst.

Einmal, ich war elf und Papa mal wieder ausgezogen, fuhren wir in ihrem silbernen VW Polo zu seiner Wohnung. Ich erinnere mich nicht, woher ich es wusste, ob sie es mir gesagt hatte oder nicht. Ich wusste jedenfalls, was ich zu tun hatte: Sie wollte, dass ich ihn mit der anderen Frau erwische.

Wir parkten nicht vor dem Haus, sondern in einer Seitenstraße. Es dämmerte schon. Die Tür zum Haus stand meistens offen, mein Vater wohnte unter dem Dach. Ich klingelte oben an seiner Wohnungstür. Ich klingelte noch mal, dann machte er auf. Er wollte mich nicht reinlassen, ich versuchte durch die Tür zu kommen. Wir verhakten uns ineinander: Papa, ich und meine ganze Wut. Ich biss ihn in den Unterarm. Schließlich packte er mich, trug mich runter auf die Straße und fuhr mich nach Hause. An den Rest der Nacht erinnere ich mich nicht.

Dann kam der Sommer. Und mit dem Sommer zog mein Vater zurück zu uns ins Reihenhaus. Für eine Zeit war unsere Familie wieder so, wie ich mir damals eine normale Familie vorstellte.

Nachdem meine Mutter ihre Telefonnummer gewechselt hat, schreiben mein Bruder und ich ihr Mails. Ihre Mail-Adresse scheint sie noch zu haben, denn nie kommt eine Fehlermeldung zurück. Aber es kommt auch keine Antwort. Im Winter schicke ich ihr einen Brief; nicht zu Weihnachten, sondern erst im neuen Jahr, kurz vor meinem Geburtstag. Ich schreibe ihr, wie es mir geht, wie es meinem Freund und seinem Sohn geht, meinem Ziehkind. Was die Uni und die Filme machen. Dass ich gern für ein Jahr nach Spanien gehen möchte, und ob wir nicht mal telefonieren wollen. Der Brief kommt ungeöffnet zurück.

Ostern im Jahr darauf verbringe ich mit einer Freundin und ihren Eltern in Berlin. Annas Mutter schenkt mir ein Buch von Judith Hermann, *Sommerhaus, später.* Ich versuche das Gefühl wegzuschlucken, aber die erste Träne rinnt mir schon über die Wange. Nicht wegen des Buches weine ich. Ich weine wegen all der Bücher, die meine Mutter mir nicht mehr schenkt. Sie liebte es, uns zu beschenken. Kein Buch ohne Widmung. Kein Geschenk ohne schönes Papier und passende Schleife.

Am meisten aber vermisse ich die Momente mit ihr, wenn sie gut drauf war. Meine Mutter konnte sehr lustig sein. Einmal, ich war vielleicht zwölf, besuchten wir Omi, Mamas Mutter, zu dritt auf Mallorca. Mein Vater war in München geblieben. Wir langweilten uns auf der Insel und machten uns abends über meine Großmutter und ihre durchgeknallten Freundinnen lustig. Aufgedreht spielten meine Mutter und ich nach, wie Omi und die maßlos überschminkte Inge sich mit Bussi-Bussi begrüßten und immerzu Prosecco tranken.

In der kleinen Ferienwohnung, in der wir übernachteten, war es abends kalt. Meine Mutter drehte den Herd an und ließ bis zum Schlafengehen drei große Töpfe mit Wasser vor sich hin kochen, damit es wärmer wurde. Sie wusste sich fast immer zu helfen.

In der sechsten Klasse steckte ich im Drogeriemarkt ein paar Haarklammern ein, meine Freundin Wimperntusche.

Zwei Polizisten brachten uns im Streifenwagen auf die Wache. Weil ich meine Eltern nicht erreichen konnte, nahm Marions Mutter mich mit. Kein Wort sprach sie mit uns. Das erledigte dann der Stiefvater, als wir ankamen. Er tobte.

Als meine Mutter schließlich eintraf, konnte ich vor Scham und Tränen kaum sagen, was passiert war. Aber meine Mutter brauchte keine Erklärung. Lächelnd nahm sie mich in den Arm und fing den zornigen Stiefvater mit ruhigen Worten wieder ein.

Als meine Mutter mit mir schwanger wurde, kannten sie und mein Vater sich noch kein Jahr. Sie war 24, mein Vater studierte. Nicht die richtigen Voraussetzungen für ein Kind, fanden seine Eltern. Sie redeten so lange auf meine jungen Eltern ein, bis die es auch glaubten.

Meine Mutter ging also in die Klinik. Allein, denn um die Erlaubnis für die Abtreibung zu bekommen, hatte sie bei der zuständigen Stelle erzählt, die Beziehung zum Kindsvater wäre zerrüttet. Mein Vater wartete im Auto auf dem Krankenhausparkplatz. Als sie die Steintreppe zum Klinikeingang hochstieg, entschied sich meine Mutter anders – und lief zurück zum Parkplatz. »Ich kann es nicht«, sagte sie zu meinem Vater. Sie weinte, er nahm sie in den Arm. Dann saßen sie eine Weile auf einer Parkbank am Isarhochufer und malten sich die Zukunft aus. So erzählte sie es mir im Mallorca-Urlaub.

Zunächst war ich stolz, dass sie mir das anvertraut hatte, mir, ihrer Tochter, gerade mal zwölf Jahre alt. Aber von da an steckte mir die Geschichte im Kopf. Bei jeder Trennung meiner Eltern fragte ich mich, wie das Leben meiner Mutter sein könnte, wäre ich nicht da. Bei meinem Vater fragte ich mich das nie.

Ich schreibe ihr, wie es mir geht.
Der Brief kommt ungeöffnet zurück.

Zehn Jahre später frage ich mich: Wie lebt meine Mutter? Arbeitet sie? Ist sie allein? Vermisst sie uns? Was antwortet sie, wenn jemand fragt, ob sie Kinder hat?

Niemals, sagt mein Vater, wenn ich mit ihm über sie spreche – wir unterhalten uns nicht oft über sie, es strengt uns zu sehr an –, niemals hätte er sich vorstellen können, dass meine Mutter mit meinem Bruder und mir bricht. »Als deine Mutter mit dir schwanger war«, erzählt er, »haben wir überlegt, wie wir uns nach deiner Geburt organisieren würden. Ab wann sie wieder arbeiten könnte, ob sie in der Kanzlei weitermacht oder etwas ganz anderes probiert.« Dann kam ich auf die Welt, und meine Mutter brauchte keinen Plan mehr. Sie hatte ihn gefunden: Babyschwimmen, Krabbelgruppe, Mütterkreis. Sie wurde zum zweiten Mal schwanger, diesmal mit Absicht. Ich ging in den Kindergarten, sie mit meinem Bruder wieder in die Krabbelgruppe.

Als ich in die Grundschule kam, spazierte ich morgens allein die zwanzig Minuten zur Schule. Es war meiner Mutter wichtig, dass ihre Kinder lernen, furchtlos und selbstständig durchs Leben zu gehen. Ein Jahr lang lief sie mir als unsichtbare Begleiterin in sicherem Abstand bis ans Schultor hinterher. »Ihr wart ihr Leben«, sagt mein Vater.

Warum fährst du nicht einfach zu ihr und klingelst?, fragen mich Freunde. Mein Bruder probiert es tatsächlich einmal, nach gut zwei Jahren Funkstille. Er war in München, um bei BMW sein Auto abzuholen. Ein 3er-Coupé in Weiß, sein erster Firmenwagen. Ich musste lachen, weil ich nicht mit Kaffeebecher einsteigen durfte. Zu meiner Mutter fuhr er allein. Er wollte sie gern wiedersehen, aber ebenso sehr wollte er ihr sein neues Auto zeigen.

Ihre Balkontür steht offen, er ist sich sicher, dass sie zu Hause ist. Er klingelt, aber sie macht nicht auf. Auch nicht, als er klopft und durch die Wohnungstür nach drinnen ruft. Mama!, ruft er – ein Mann mit breiten Schultern, fast zwei Meter groß. Mama! Nach einer Viertelstunde steigt er wieder in seinen BMW und fährt davon.

Nicht ein Mal läuft sie mir in all den Jahren in der Stadt über den Weg. Ich frage mich, ob ich sie noch erkennen würde.

Von Omi erfahren wir, dass sie noch in München lebt, aber in eine andere Wohnung gezo-

gen ist. Ansonsten weiß selbst meine Großmutter nicht viel aus dem Leben ihrer Tochter. Auch sie hat ihre Nummer nicht. »Wenn sie anruft«, sagt Omi, »redet sie immer nur vom Kater.« Immerhin ruft sie dich an, denke ich. Omis größte Angst ist, dass sie tot umfallen und niemand ihre Tochter informieren könnte.

Was, wenn meiner Mutter etwas passiert?, frage ich mich. Was, wenn mir etwas passiert und uns die Chance, miteinander zu sprechen, genommen wird? Ich denke daran, ihr meine eigene Todesanzeige zu schicken, und habe schon vor Augen, wie ich sie gestalten würde. Lieber will ich meine Mutter verletzen als sie gar nicht zu erreichen.

Irgendwann kommt eine Rechnung aus einem Fliesenladen. Ich habe keine Terrakottafliesen bestellt und rufe in dem Geschäft an. Als niemand abhebt, wähle ich die zweite Nummer auf der Rechnung, eine Handynummer. Eine Mailbox geht ran. Meine Mutter meldet sich – mit neuem Vornamen. Ich erschrecke so sehr, dass ich auflege. Dann rufe ich ein zweites Mal an, höre die Ansage zu Ende, hinterlasse aber keine Nachricht.

Aufgekratzt sitze ich an meinem Schreibtisch. Meine Festnetznummer aus dem Büro kann sie nicht kennen, denke ich, also wird sie bestimmt zurückrufen. Ich fühle mich wie ein Teenager, der neben dem Telefon sitzt und wartet, dass der Schwarm sich meldet. Ich warte vergebens. Nach zwei Stunden verliere ich die Geduld. Ich hinterlasse ihr eine kurze Nachricht, dass die Post mir eine Rechnung zugestellt hat, die möglicherweise an sie gehen sollte. Keine Reaktion.

Zwei Tage später – immer noch kein Anruf – tüte ich die Rechnung ein, um sie zurück an den Fliesenladen zu schicken. Ein letzter Versuch, denke ich, und wähle noch mal ihre Nummer. Sie hebt ab.

»Hallo, Mama«, sage ich.

»Hallo, Franziska«, sagt sie.

Pause.

Beide sind wir überfordert. Ich laufe rüber in den Schneideraum und ziehe die Tür zu. Ich stehe im Dunkeln und weiß nicht, was ich sagen soll.

»Du kannst dir ja keine Vor!!stellung machen!!, was ich hinter mir habe!!« Ihre Stimme klingt hoch und gepresst. Beinahe jeden Satz fängt sie mit meinem Namen an. Er klingt hart, wie sie ihn sagt. Sie spricht vor allem von ihm: »Dein Vater ... dein Vater ... dein Vater ...!« Nach zehn Minuten legen wir auf.

Ich bleibe im Dunkeln stehen, es rauscht in meinem Kopf. Ich will nicht, dass sie in mein Leben zurückkommt. Ich will nicht wissen, wie es ihr geht. Ich will nicht wissen, wie einsam sie vielleicht ist. Lass mich, denke ich. Bitte lass mich.

Als ich die Tür des Schneideraums öffne, lässt das Rauschen nach. Ich bitte einen Freund, mit mir um den Block zu gehen. Er kauft uns Käsekuchen, danach arbeite ich weiter. Das habe ich all die Jahre gemacht: weiter.

Dann stirbt der Kater meiner Mutter. An einem Dienstagmorgen liegt das Tier röchelnd auf dem Wohnzimmerteppich. Es rinnt ihm aus allen Körperöffnungen, so erzählt es meine Mutter später. Sie ruft die Tierrettung, aber die Tierärztin kann nicht mehr viel machen, der Kater ist alt. Er liegt bei meiner Mutter im Arm, als die Ärztin ihm die Spritze gibt. Als das Tier längst den letzten Atemzug getan hat, sitzt die Tierärztin noch bei meiner Mutter im Wohnzimmer und tröstet sie. Der Kater war das letzte Überbleibsel aus dem alten Leben meiner Mutter. Aus unserem Leben.

Ein paar Stunden später ruft sie an. Ich stehe in einem Bürogebäude, blicke aus dem Fenster. Vier Stockwerke tiefer stehen Menschen zusammen in der Sonne und trinken Kaffee. Meine Mutter sitzt allein vor ihrer toten Katze. Sie schluchzt so laut, dass ich sie kaum verstehe. Ich soll meinem Bruder Bescheid geben, dass die Katze tot ist. Sie kann sich nicht vorstellen, dass das Tier für uns ziemlich nebensächlich ist.

Nach diesem Anruf meldet sie sich ab und zu. Sie will wissen, was ich mache, wie ich lebe. Dann höre ich wieder lange nichts. Schließlich ruft sie an und fragt, ob wir uns treffen sollen.

Neun Jahre nach dem Osterbrunch sitze ich an einem Sonntag an der Bar eines kleinen Cafés und warte auf meine Mutter. Sie verspätet sich, ich bin nervös. Sofort ist mir alles an ihr vertraut. Ihre Gesichtszüge, wie sie sich bewegt. Sogar was sie anhat, hat sich kaum verändert. Ein bisschen rund ist sie geworden und kaschiert es mit einem weiten Pullover. Die Haare trägt sie kurz, sie sind fast weiß. Wir umarmen uns. Sie lacht, ich auch. Ihre Lesebrille erinnert mich an die Modelle, wie sie bei »dm« in den Brillenständern vor der Kasse stecken. Sie setzt sie ab, wischt sich die Augen. Heuschnupfen, sagt sie. Sie sieht nicht so alt aus, wie ich mir sie vorgestellt hatte. Wahrscheinlich habe ich mich in den neun Jahren stärker verändert.

Wir sprechen über das Café, die Speisekarte; dass ich mit dem Fahrrad da bin. Sie fragt nach meinem Bruder, wir reden über Omi. Die Fragen, die mich all die Jahre beschäftigt haben, stelle ich nicht.

Ein paar Wochen später treffen wir uns wieder, danach ein drittes Mal. Komm doch bei mir vorbei, schlage ich vor. Aber meine Mutter lehnt ab: »Dann hätte ich ein schlechtes Gewissen, dass ich dich noch nicht zu mir eingeladen habe. Aber dafür brauche ich noch.« Also verabreden wir uns wieder in einem Restaurant.

Sie schleppt eine dicke schwarze Tasche an. Sie komme gerade aus dem Büro, sagt sie. Ich frage, was sie arbeitet. »Ich telefoniere, Kundenberatung.« Mehr verrät sie nicht. Dann sagt sie: »Ich konnte ja nichts. Nur mit Menschen reden, das konnte ich.«

Als meine Mutter vor meiner Geburt in einer Anwaltskanzlei arbeitete, funktionierten Computer noch mit Lochstreifen. Dann war sie 22 Jahre lang Hausfrau und Mutter. Einmal, kurz vor der Trennung, wollte sie sich auf eine Stelle in einem Büro bewerben. »Die nehmen dich eh nicht«, sagte mein Vater.

Wir bestellen Essen. Dann sagt sie: »Nach nur zehn Monaten haben sie mir meinen ersten Job wieder gekündigt. Betriebsbedingt.« Ab morgen brauchen wir Sie nicht mehr, hätten sie ihr gesagt, mehr nicht.

In den Wochen danach stand meine Mutter mehrmals an der S-Bahn und dachte: Ein Schritt nur, und es würde nicht mehr wehtun. Eine Freundin sagte ihr: »Wenn du das machst – das bringt dir gar nichts. Dann musst du im nächsten Leben noch mal durch. Von vorn.« Meine Mutter lacht, als sie das erzählt. Sie glaubt nicht an ein nächstes Leben. Aber die Vorstellung, es könnte doch so kommen, hat ihr solche Angst gemacht, dass sie sich vom Menschenstrom in die S-Bahn tragen ließ.

Regungslos sitze ich am Marmortisch. Ich schlucke, dann traue ich mich endlich: Ich frage sie, warum sie aus unserem Leben verschwand. »Anders hätte ich es nicht geschafft«, sagt sie.

»Aber warum so lange, warum neun Jahre?«, will ich wissen. »Neun Jahre waren das?«, fragt sie und klingt ehrlich erstaunt. An unsere Anrufe, Mails und meinen Brief erinnert sie sich kaum.

Selbst an das Osteressen muss ich sie erst erinnern. »Ich konnte nicht verstehen, dass dein Bruder und du da mitmacht. Wie in einer Fernsehserie kam mir das vor. Gleiches Spiel wie jedes Jahr, nur mit einer anderen Hauptdarstellerin. Ihr habt mich einfach ausgewechselt.«

Sie muss doch wissen, dass es nicht so war, denke ich. Warum hat sie das nicht gespürt?

Meine Mutter erinnert sich an Dinge, die ich vergessen oder nie erfahren habe: Die Mutter meines Vaters erzählte meiner Mutter unbedarft, dass doch die neue Freundin meinem Vater mal sagen müsse, wie sehr er schnarche und wie gefährlich das sei. Oder dass mein Vater meinem Bruder und mir im ersten Jahr nach der Trennung Schals von Burberry zu Weihnachten schenkte. Und was so ein Schal kostet. Jetzt fällt auch mir der Schal wieder ein. Er war hellrosa, ich hatte ihn selten an, ich mag kein Rosa.

Neun Jahre habe ich meinen Freunden vom Osteressen erzählt. Es war wenigstens irgendeine Antwort auf die Frage, warum. Meine Mutter beschreibt einen anderen Moment: den Tag, als mein Bruder sie zum ersten Mal in ihrer Einzimmerwohnung besuchte. Es würde sein einziger Besuch dort bleiben. Als er ging, sah sie ihm vom Balkon aus nach, wie er durch den kleinen Park hinterm Haus in Richtung Straße lief. Es war November und kalt, die Bäume kahl. In dem Moment, sagt meine Mutter, wusste sie, dass sie es nicht aushalten würde. Sie schämte sich. Sie schämte sich für ihre kleine Wohnung, für die zerbrochene Ehe, dafür, nicht zu wissen, wie es weitergehen sollte.

»Hast du uns nicht vermisst?«, frage ich. »Ich habe jeden Tag an euch gedacht«, sagt sie, »wie ein Kreisel habt ihr und euer Vater euch in meinen Gedanken weitergedreht.« Jahrelang hat sie zu viele Lebensmittel eingekauft. Sich beim Spazierengehen umgedreht. Sich nicht daran gewöhnen können, allein unterwegs zu sein.

Manches, was sie mir erzählt, erscheint mir absurd: Zu uns brach sie den Kontakt ab, fuhr aber immer wieder in unseren früheren Wohnort, um dort einzukaufen. Im Sommer, erzählt sie, roch es aus den Gärten nach Gegrilltem. Sie dachte an uns vier, in unserem Garten, beim Grillen. Dann verbot sie sich solche Ausflüge in die Vergangenheit.

»Die Kartons in meiner ersten Wohnung blieben gepackt, bis ich wieder ausgezogen bin«, sagt sie. Sieben Jahre waren das. Sieben Jahre hat meine Mutter sich geweigert anzukommen. »Meine erste Wohnung«, sagt sie, »war meine Schmutzschleuse.« Als Kind hatte meine Mutter dieses Wort von einer Bäuerin gelernt: der Raum, in dem der Bauer sich den Mist runterwäscht, ehe er sein Haus betritt. Meine Mutter lacht.

Als wir aufstehen, um zu gehen, hievt sie die schwarze Tüte über den Tisch. »Für dich. Ich glaube, es sind neun Kilo, schaffst du das?«

Zu Hause packe ich aus: eine Tüte mit Bergpfirsichen, zwei Gläser Honig, spanischer Schinken, Mandeln in Schokolade, drei Packungen Feigenbrot, Walnüsse, Pesto mit Steinpilzen, Pesto mit Basilikum, getrocknete Tomaten, Seife, ein Labello und zwei *Geo*-Hefte. Mein halber Küchentisch steht voll. Neun Kilo, denke ich. Für jedes Jahr eines.

Lieber kein Wort

VON ANNABEL DILLIG **ILLUSTRATION** BRECHT EVANS

Bei einer Frau wird Krebs erkannt. Ihre Tochter verschweigt ihr die Diagnose – warum, erzählt sie hier anonym.

nde Oktober, kurz vor Allerheiligen 2004, färbte sich das Weiß in Mamis Augen gelb. Ich fuhr mit ihr ins Krankenhaus. Man legte sie auf den Gang, weil keine Betten frei waren. Stunden warteten wir darauf, dass ein Arzt sie untersuchte. Mami machte Witze: Wie lange man sie hier noch festhalten wolle, sie habe doch Chorprobe fürs Weihnachtskonzert?

Als um neun Uhr am Abend noch nichts passiert war, wollte ich sie wieder mit nach Hause nehmen und ging zum Assistenzarzt. »Die Gelbsucht ist ernst, die Werte sind lebensbedrohlich«, entgegnete er. Ich wollte sofort den Oberarzt sprechen, doch der hatte nur noch Bereitschaftsdienst. »Dann holen Sie ihn.« Als der Oberarzt kam, entschuldigte er sich. »Es war so ein stressiger Tag, ich musste erst mal heim und ein Schinkenbrot essen.« Mami und ich sahen uns amüsiert an. Es war klar, dass wir ihn von da an nur noch »das Schinkenbrot« nennen würden.

Das Schinkenbrot wollte sie gleich untersuchen. Ich fragte, ob ich mitkommen könne. »Sie müssen! Es ist keiner mehr da, Sie müssen das Bett mit mir schieben.« Während der Endoskopie wartete ich auf dem schwach beleuchteten Gang und war mit meinen Gedanken und Gebeten allein. Ich dachte an meinen Mann, meinen Bruder und dessen Frau, die zu Hause auf meinen Anruf warteten. Den ganzen Tag hatte ich sie vertrösten müssen und nur gesagt, dass es nichts Neues gebe.

Mami war schon achtzig, aber immer bei bester Gesundheit gewesen. Und jetzt diese stechenden Bauchschmerzen, die Appetitlosigkeit, die Gelbsucht. Im Dunkeln, vor dem Behandlungszimmer, wurde die Möglichkeit ihres Todes auf einmal real.

Mein Vater starb, als ich 15 war und mein Bruder elf. Er war auf dem Fahrrad von einem Auto erfasst worden. Meine Mutter hat Jahre getrauert, ach was, Jahrzehnte. Nie wieder wollten wir Kinder sie leiden sehen. Nie wären wir von ihr weggezogen. Mein Bruder wohnte über ihr im Elternhaus und ich mit meiner Familie im selben Dorf, keine zehn Minuten entfernt.

Die Tür zum Untersuchungsraum ging auf, der Oberarzt schüttelte ernst den Kopf. Er bat mich hinein, während Mami auf Station gebracht wurde. Ich drückte ihr noch die Hand, sie sah mein sorgenvolles Gesicht. »Bis gleich«, sagte ich. Das Schinkenbrot erklärte, sie habe ein Pankreaskarzinom, weit fortgeschritten. Ein Tumor an der Bauchspeicheldrüse habe den Gallengang blockiert. Daher die Gelbsucht. Mit einem Stent habe er den Zufluss wieder freigelegt. Ich fragte nach der Prognose. Achselzucken. »Ein Vierteljahr oder ein halbes«, sagte er. Und nach einer Pause: »Sagen Sie ihr heute nichts mehr.«

Ich fuhr direkt zu meinem Bruder und seiner Frau. Wir weinten viel in dieser Nacht, und wir trafen eine Entscheidung: Wir werden Mami nichts sagen. Heute nicht und morgen nicht und übermorgen auch nicht. Nur wenn sie explizit nachfragt. War sie nicht jemand, der die Sachen nie so genau wissen wollte? Sie war gut darin, Schlimmes von sich fernzuhalten, es war ihre Überlebensstrategie nach dem frühen Tod ihres Mannes gewesen.

Auf der anderen Seite: Wie kann man jemandem verschweigen, dass er todkrank ist? Erst recht jemandem, den man liebt? Bis zum letzten Atemzug ist es der Mensch gewohnt, frei zu entscheiden: Palliativmedizin, Sterbehilfe, Freitod. Hatten wir das Recht, Mami diese Entscheidung abzunehmen? Zumal die Medizin heute doch immer die Machbarkeit propagiert: ein neues Hüftgelenk mit 85, Chemo mit neunzig, alles keine Seltenheit. Juristisch gesehen dürfen Ärzte die Diagnose ihren Patienten nicht verschweigen, sie müssen sie über Therapiechancen und Krankheitsverlauf informieren. Nur in ganz seltenen Fällen, etwa bei Suizidverdacht, sind sie von dieser Mitteilungspflicht befreit.

Haben sich die Ärzte bei meiner Mutter daran gehalten? Schwer zu sagen. Vieles wurde nur vage ausgedrückt. Zum Beispiel am nächsten Tag im Krankenhaus, diesmal waren auch der Chefarzt, mein Bruder und dessen Frau anwesend. Die Worte Bauchspeicheldrüse und Tumor fielen nicht. Auch von Krebs war nie die Rede. Man sprach von einer Geschwulst. »Aber die kann man doch entfernen?«, fragte Mami. Der Chefarzt sagte: »Ja, könnte man. Jetzt behandeln wir erst mal Ihre Gelbsucht, und über eine Operation oder eine Chemotherapie kann man zu einem späteren Zeitpunkt noch nachdenken.« Draußen vor ihrem Zimmer, nach der Untersuchung, wollten wir wissen, ob der Chefarzt tatsächlich eine OP in Erwägung zog. »Man müsste einen Teil des Magens und Dünndarms sowie die Galle entfernen, das ginge schon.« Seine Sätze verunsicherten uns, wir hatten uns doch schon entschieden. Ich rief das Schinkenbrot an. »Ich würde es nicht machen«, sagte er. »Ich würde sie überhaupt nicht mehr ins Krankenhaus bringen, es sei denn, die Gelbsucht kommt zurück. Das Beste, was Sie jetzt tun können, ist, ihr die verbleibende Zeit möglichst schön zu machen.« Und so blieben wir bei unserer Entscheidung.

Wenige Tage später war die Gelbsucht abgeklungen, und Mami kam nach Hause. Sämtliche Verwandte und Freunde erkundigten sich nach ihr. Das hatten wir nicht bedacht: Wir mussten jetzt lügen. Ihre Schwester und ihre Schwägerin waren besonders hartnäckig: Was war die Ursache für die Gelbsucht? Du warst acht Tage im Krankenhaus, und die haben nichts gefunden? Sie insistierten. Wir eierten herum. Es war schlimm.

Aber ich fand, die anderen hatten kein Recht auf die Wahrheit, wenn nicht einmal unsere Mutter die Wahrheit kannte. Nur wenige Angehörige haben wir eingeweiht. Natürlich haben wir mit unserer Entscheidung einige überstimmt, auch ihre Enkel. »Ihr wollt sie einfach so sterben lassen?«, fragte meine Tochter weinend am Telefon. Ich beruhigte sie, erklärte ihr unsere Beweggründe, aber sie blieb nicht die Einzige.

Als meine Schwägerin Mami zu ihrem langjährigen Hausarzt begleitete, hatte sie den Befund aus dem Krankenhaus dabei, und auch er fragte diskret: »Wollen Sie ihr wirklich die Diagnose verschweigen?« Schließlich respektierte er unseren Wunsch. Er hat nie etwas gesagt. Von ihm bekam Mami von nun an die starken Schmerzmittel und in den letzten Wochen auch Morphium-Pflaster. Bauchspeicheldrüsenkrebs zählt zu den schmerzhaftesten Krebsarten.

Meistens dämmten die Medikamente die Schmerzen gut ein. Mami merkte nichts. Nur einmal, sie war seit Monaten wieder zu Hause und hatte abgenommen, sagte sie: »Vielleicht ist es doch Alterskrebs.« Ich musste schlucken. »Der Doktor damals im Krankenhaus meinte doch, eine Chemo würde womöglich helfen.« Ich sagte nichts.

Ich ertrug den Gedanken an eine Chemotherapie bei meiner achtzigjährigen Mutter nicht – die Übelkeit, der Haarausfall, ein langer Krankenhausaufenthalt –, und doch ließ mich ihr Satz erneut zweifeln. Wieder rief ich das Schinkenbrot an. »Sie redet von Chemotherapie. Was machen wir jetzt?« – »Sagen Sie ihr, wir versuchen es weiter konservativ.« Ich folgte seinem Rat, und Mami fragte nicht, was »konservativ« bedeutete. Und auch nicht, ob es reichen würde.

Ich könnte sagen, jener Oberarzt sei an allem schuld. Aber das stimmt nicht. Wir haben es beschlossen. Ich allen voran. Vielleicht hätte sie mit OP und Chemo länger gelebt. Aber auch besser? So oft hat sie auch nach der Diagnose zu mir gesagt: »Ich hatte doch ein gutes Leben.« Das Schlimmste war: Obwohl sie so krank war, konnte ich sie nicht viel öfter besuchen als sonst. Sie hätte sofort Verdacht geschöpft. Einmal, als ich zu ihr fuhr, dachte ich: Jetzt sage ich es ihr. Aber ich wusste nicht, wie. Ihre Hand nehmen und ein feierliches Gesicht aufsetzen? So ein Pathos hätte nicht zu uns gepasst.

Heute frage ich mich manchmal, ob sie mir innerlich Vorwürfe gemacht hat. Ich erinnere mich an ihre fragenden Augen, als sie schon abgemagert war und immer blasser und kleiner zu werden schien. Vielleicht dachte sie, meine Tochter muss doch merken, dass ich es wissen will. Aber Mami gehörte einer Generation an, die das eigene Sterben nicht groß verbalisiert hat.

Der Oberarzt hatte ihr maximal ein halbes Jahr gegeben, das hatte sie längst überlebt. Sie war fröhlich. Den Sommer über fuhr sie auf ihrem Fahrrad durchs Dorf, sang im Chor und werkelte im Garten. »Schau mal her, jetzt hab ich wieder abgenommen«, sagte sie manchmal verärgert, aber dann setzte sie sich an ihre geliebte Nähmaschine, an der sie so viele Faschingskostüme für die Kinder genäht hatte, und machte ihre Kleider wieder ein Stück enger.

Fast ein Jahr nach der Diagnose ging es zu Ende. Ich war dabei, ein Fest für meinen Mann vorzubereiten, er wurde sechzig. Sie war zu schwach, um eine Karte für ihn zu schreiben, und bat mich, das zu übernehmen. Sie diktierte, ich schrieb – und musste mich zusammenreißen, dass keine Tränen auf die Karte tropfen.

Ein paar Tage später rief mich meine Schwägerin weinend an und sagte: »Sie möchte das Grab bepflanzen, stell dir vor, ich soll mit ihr Blumen kaufen!« Seit dem Tod ihres Mannes hatte sie jedes Jahr vor Allerheiligen dessen Grab bepflanzt, 43 Jahre lang. Ich beruhigte meine Schwägerin: »Ich komme vorbei.« Als ich kam, sah ich Mami über die Stiefmütterchen gebeugt. Sie bepflanzte das Grab, in dem sie wenig später selbst liegen sollte. So makaber kann das Leben sein.

Zum Friedhofsgang an Allerheiligen kam es nicht mehr. Sie war zu schwach und konnte nicht aufstehen. Ihre Enkel besuchten sie, um sich zu verabschieden. Einen Tag und eine Nacht haben wir gemeinsam an ihrem Bett gesessen und gesungen, geweint und gebetet. Der Tod kam friedlich zu ihr nach Hause.

Freunde fürs Leben

VON MICHALIS PANTELOURIS **FOTOS** CAMERON BLOOM

Ein Junge rettet eine kleine Elster – und die rettet seine ganze Familie.

Noahs typische Art, Penguin zu halten. So hat sich die Elster immer am wohlsten gefühlt.

Das ist es, was sie Anfängern sagen, die zum ersten Mal einen Golfschläger in die Hand nehmen: Halte ihn wie einen Vogel! Fest, damit er nicht wegfliegt, und dabei zart, damit er nicht zerdrückt wird. Jene Zartheit setzt sich fort durch den ganzen Körper, jeden Muskel. Der Golfschwung ist eine der kompliziertesten Bewegungen aller Sportarten – wahrscheinlich eine der schwierigsten überhaupt. Man lernt ihn mit der Idee eines Vogels im Kopf. Was also lernt man erst mit einem echten Vogel in der Hand? Und ist das nicht alles, was wir unseren Kindern über das Leben beibringen wollen: die Balance zu finden zwischen Loslassen und Festhalten?

Zwischen etwas bekommen und gleichzeitig die Verantwortung für etwas haben? Zwischen Liebe und der Arbeit, die sie macht? Dafür bekommen Kinder Haustiere. Und Eltern auch.

Noah Bloom hat einen Vogel. Penguin heißt er, oder genau genommen sie, aber das ist nur der Name, tatsächlich ist Penguin eine Elster, als Baby aus dem Nest gefallen, gefunden und gerettet von dem Jungen und seiner Familie. Seitdem lebt Penguin bei den Blooms in Newport in Australien, etwas nördlich von Sydney. Die Elster ist dort praktisch ein Haustier, jedenfalls wenn man einem Haustier zugesteht, dass es immer mal wieder für ein paar Tage, inzwischen auch ein paar Wochen verschwindet und sein eigenes Leben lebt. Penguin stakst ins Haus und macht es sich auf irgendwem bequem, singt mit Noah zur Gitarre und ist generell so zauberhaft, dass fast 120 000 Menschen auf Instagram den Bildstrom abonniert haben, den Noahs Vater Cameron für sie angelegt hat. Er ist Fotograf, und die Bilder sind zärtliche Momentaufnahmen aus dem Leben seiner drei Söhne, seiner Frau und ebenjenes Vogels, von dem Cameron sagt, er habe seine Familie gerettet. Denn die Geschichte von Penguin Bloom ist mehr als nur niedlich. Sie ist eine, die nur das Leben schreibt. Insofern das Leben manchmal scheiße ist.

Es ist nicht klar, ob Tiere lieben können. Die rührenden Geschichten von verliebten Tierpärchen, die über Jahrzehnte zusammenleben, lassen sich erklären: Die Chemie stimmt, am Geruch erkennen sie, ob das eigene Erbgut zu dem des Partners passt, alles unromantisches Zeug. Zum Menschen haben Haustiere ganz andere Gefühle: Sie akzeptieren ihn als Leittier, vergöttern ihn, beschützen ihn und treiben ihm Beute zu (das ist das unromantische Prinzip des Hirtenhundes). Und es hat kaum Tradition, dass Menschen ihre Haustiere gut behandeln. Selbst in Deutschland, wo Tierquälerei verpönt ist und Hunde aufs Sofa dürfen, waren Haustiere noch bis 1990 privatrechtlich gesehen leblose Sachen, die gepfändet werden durften und »beschädigt«, indem man sie verletzte oder umbrachte. Kaninchen im Garten waren als Braten gedacht, überzählige Katzenkinder wurden im Eimer ersäuft und Hunde geschlagen und getreten. Die meisten Haustiere schienen trotzdem ihre Halter zu lieben. Wenn die Liebe deines Lebens dich verlässt, die Kollegen dich mobben und deine Kinder sich nie melden, dann bleibt dir wenigstens dein Hund, der dich liebt? Mag sein, aber das unterwürfige Vieh weiß es einfach nicht besser. Nein, das Geheimnis von Haustieren ist nicht, dass sie ihre Halter lieben. Und unter der Verantwortung von Kindern würden Haustiere verhungern und in ihrem Dreck ersticken. Aber Haustiere können, was Menschen am schwersten fällt: Sie können Liebe annehmen, ohne jemals das Gefühl zu haben, etwas dafür schuldig zu sein.

Kurz bevor Penguin aus dem Nest fiel und von Noah gefunden wurde, war dessen Mutter, Sam Bloom, im Urlaub in Thailand durch ein morsches Geländer fünf Meter tief gestürzt und ist seitdem von der Brust abwärts gelähmt. Die Geschichte der Rettung von Penguin Bloom ist auch die Geschichte ihrer Rettung. Sie half, den kleinen Vogel aufzuziehen, der sie brauchte und dem sie helfen konnte. »Sie hatte etwas zu tun«, so sagt es Cameron Bloom, und etwas zu tun, das größer ist als man selbst – und sei es nur ein elsterkleines bisschen größer –, ist die Definition eines erfüllten Lebens. Es ist Sinn. Es ist Freude. Es kann der Unterschied sein zwischen den grauen Gängen der Depression und dem Blick hinaus in die Welt. Und Penguin war so etwas: Die vor ihrer Verletzung sportlich aktive Sam fand an ihr den Weg aus einer langen Nacht der Seele, fährt heute Kajak und trainiert für die Paralympics. Die Elster und sie haben fliegen gelernt, gleichzeitig, aneinander.

Festhalten und loslassen. Liebe geben, ohne sie zurückzufordern. Liebe nehmen, ohne etwas schuldig zu sein. Leben.

Die Freundschaft zu Penguin,
erklärt Cameron, sei für Sam eine große Motivation gewesen.

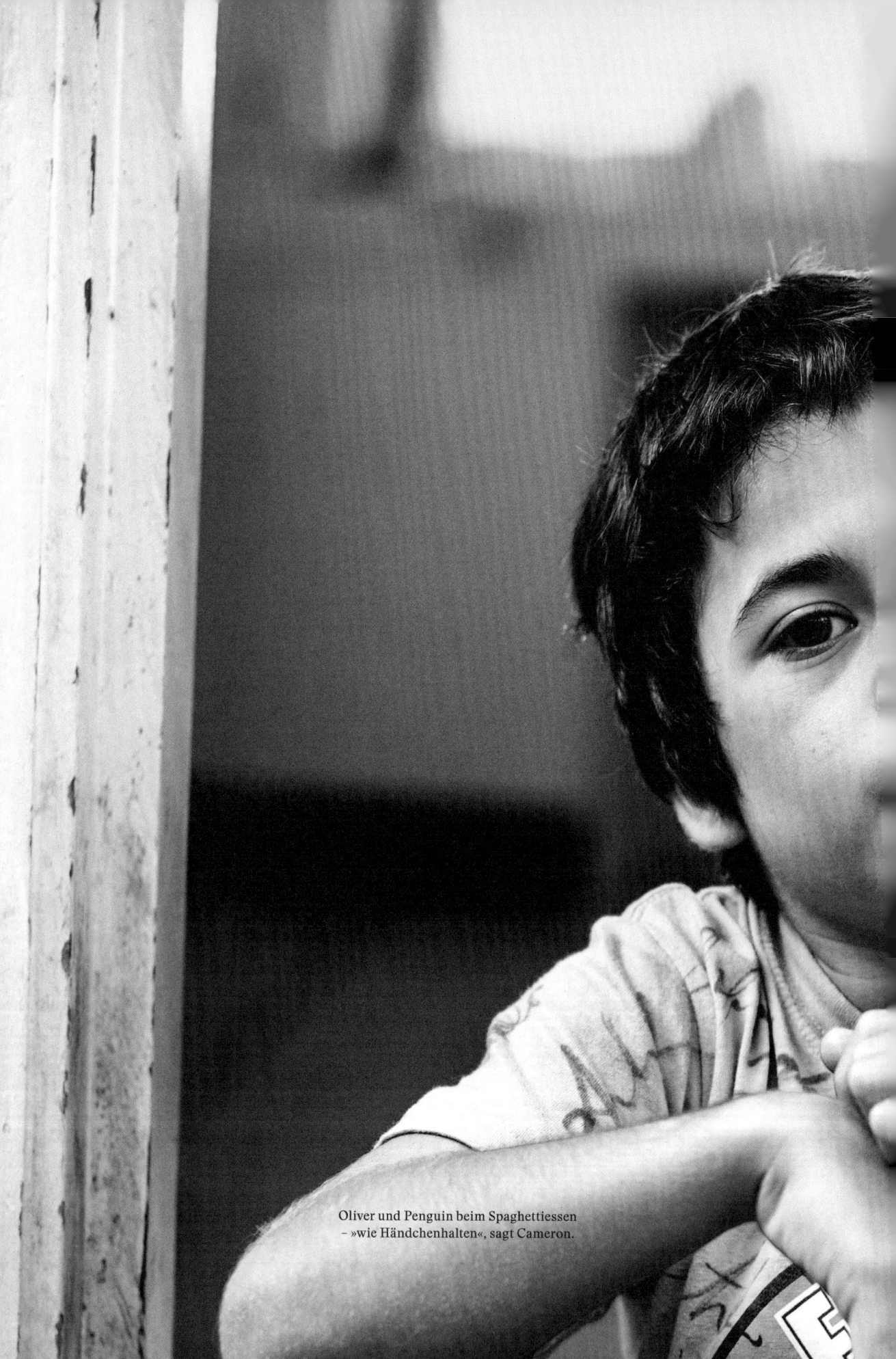

Oliver und Penguin beim Spaghettiessen
– »wie Händchenhalten«, sagt Cameron.

Oben: Noah mit Penguin, eines von Camerons Lieblingsfotos.
Unten: Die Elster ist vom Geschmack von Zahnpasta angetan.

Oben: »Wie sie sich einem in den Arm legt, ist surreal«, meint Cameron Bloom zu diesem Bild von der Elster und seinem Sohn Noah. »Sie hört auch sehr gern Musik.« Unten: Oliver ist mit Turnen beschäftigt, Penguin mit nichts.

Noah fand die Elster, als sie ein Baby war.
Zu ihm hatte sie immer die engste Beziehung.

Mein alter Mann und das Meer

VON ALEXANDRA ROJKOV   **ILLUSTRATION** JEAN JULLIEN

Der Vater unserer Autorin liebt die See. Immer wenn die Welt ihm zu viel wurde, floh er aufs Boot. Doch inzwischen hat das Meer ihn ganz davongetrieben. Die Geschichte einer Entfremdung.

Nichts als blaue Wellen zu blauem Himmel.

Es habe mit einem Traum begonnen, sagt mein Vater. In den Achtzigerjahren war er Offizier der russischen Armee, ein Zwanzigjähriger mit wildem Haar. Seine Eltern hatten ihn überredet, sich bei der Militärakademie zu melden; eine Laufbahn dort versprach Sicherheit und Ruhm. Also wurde mein Vater Soldat. Er marschierte und trat zum Appell an und fragte sich jeden Tag, welchen Sinn dieses Leben hatte. Er wollte desertieren. Er traute sich nicht. Eines Nachts, im Schlaf, sah er Wellen. Er träumte von der Weite des Wassers, und als er am Morgen aufwachte, wusste er, was zu tun war. Er stiftete einen seiner Soldaten an, mit ihm ein Kajak zu suchen. In einem Vorort von Moskau fanden sie ein gebrauchtes Faltboot. Mein Vater kaufte es für 40 Rubel. Er lebte damals in einer Soldatenbaracke, und weil er keinen anderen Ort wusste, baute er das Kajak in seinem Zimmer auf. Das Boot war so lang, dass es zum Fenster hinausragte. Er sah es an und wusste nicht, wohin damit. Es gab nur Kasernen in der Nähe, kein Wasser.

Er nahm es wieder auseinander und ließ sich in die Psychiatrie einweisen. Den Verrückten zu mimen, war die einzige Möglichkeit, aus der Armee zu scheiden. Manchmal aber schickte die Armee psychisch Kranke als Kanonenfutter an die Front. Mein Vater hatte Glück. Er blieb einige Monate in der geschlossenen Abteilung, danach durfte er – als unfähig zum Krieg befunden – die Streitkräfte verlassen. Als wir 1992 aus Russland emigrierten, verschenkte er das Boot.

Er sagt, das Meer habe ihn gerettet. Der Gedanke an die Freiheit der See habe ihm die Kraft gegeben, dem Militär zu entkommen. Von da an war die See sein Fluchtpunkt: Wenn ihm die Welt zu viel wurde, entkam er aufs Wasser. Mein Vater wurde 1963 in den Bergen geboren, im Ural, der Europa von Asien trennt. Seine Heimatstadt Tscheljabinsk ist bekannt für ihre Metallwerke, rundherum liegt nichts als Wälder und Felder.

In unseren ersten Jahren in Deutschland spielte das Meer keine Rolle. Erst als ich acht war, begann er wieder davon zu sprechen. Er kaufte ein Kajak und fuhr damit in den russischen Norden. Den ganzen Sommer hörten wir kein Wort von ihm. Als er zurückkehrte, war nichts wie vorher. Er zog aus. In seiner neuen Wohnung hingen Seekarten voller handgezeichneter Linien, die vom Salzwasser wellig geworden waren. Er nagelte Treibholz an die Wand, und die Bilder, die er aufhängte, zeigten dunkelgraues Wasser. Fast jedes Jahr fuhr er jetzt fort. Immer an Orte, wo der Wind selbst im Sommer pfiff und die wild und menschenleer waren. Einmal brachte er aus Russland einen Helm mit, den er auf einer Insel gefunden hatte, dort, wo im Zweiten Weltkrieg die Frontlinie zwischen der Roten Armee und den Finnen verlief. Ein anderes Mal zeigte er mir eine vergilbte Karte. Er hatte sie in einem verwahrlosten Kajak gefunden – später erfuhr er, dass eine junge Frau damit gekentert und ertrunken war. Statt diese Dinge in einer Kiste zu verwahren, hängte er sie auf wie Mahnmale.

»Das Meer ist stärker als du«, sagte mein Vater. »Das darfst du niemals vergessen.« Er war nie ein religiöser Mensch gewesen. Nun sah er das Treibgut an wie Ikonen des einzigen Gottes, an den er glaubte.

Mein Zwillingsbruder und ich waren Jugendliche, als er beschloss, uns mit ans Meer zu nehmen. Die Anreise dauerte zwei Tage und endete an einem Ufer irgendwo am russischen Polarkreis. Wir schraubten das Kajak zusammen und ließen es zu Wasser. Danach gossen wir ein Glas Wodka in die Flut, als Opfergabe an Neptun.

Jeden Tag nichts als blaue Wellen zu blauem Himmel. Ich langweilte mich. Ich paddelte, bis mir die Arme wehtaten, und wollte nach Hause. Wenn mein Vater abends vor dem Zelt saß und aufs Wasser sah, täuschte ich Bauchschmerzen vor – vergeblich.

Mein Vater hing seinen Gedanken nach. Wenn ich ihn ansprach, reagierte er nicht sofort, so wie es bei einem Ferngespräch etwas länger dauert, bis das Klingeln ertönt.

Wann immer ich ihn nun in Deutschland in seiner Wohnung besuchen kam, sprach er von Wellen und Wind. Noch heute, Jahre später, erzählt er selten von Problemen. Er ist Informatiker und zum dritten Mal verheiratet, aber ich weiß weder, wie er seine Frau kennengelernt hat, noch ob er

Mein Vater sagt, das Meer habe ihn gerettet. Der Gedanke an die Freiheit der See habe ihm die Kraft gegeben, dem Militär zu entkommen.

seinen Chef mag. Ob er gern in Deutschland lebt oder lieber in Russland wäre. Er spricht nur über das Meer. Wie er in der Ferne einen Walrücken sah und die See so stürmisch war, dass sie ihn fast versenkte. Wie es sich anfühlt, am Ende einer Eskimorolle nach Luft zu schnappen. Wie ruhig es auf dem Wasser ist. Er erzählt von dem Moment, wenn nichts mehr Bedeutung hat, außer der Laune des Wassers. Wenn die Sorgen nur ein Punkt am Horizont sind. Kürzlich saß er beim Essen und sagte: »Das Meer. Es hat so eine Macht.« Einfach so, über dem Salat, als spräche er ein Tischgebet.

Die meisten Menschen fahren gern ans Meer. Mich macht das Meer wütend, weil es mir meinen Vater genommen hat. Das Meer hat meinen Vater befreit, seine Sorgen gelindert. Aber es hat uns entfremdet. Natürlich, das Meer hat keine Schuld daran. Andere Väter verkriechen sich bei Krisen in ihrem Hobbykeller oder laufen den Jakobsweg, dafür können der Hobbykeller und der Jakobsweg auch nichts. Mein Vater wurde eben süchtig nach dem Meer.

Wenn ich meinen Vater frage, wie es ihm geht, spricht er über Windstärken und Wellengang. Wie ein Seemann, der landkrank geworden ist und nur darauf wartet, wieder aus dem Hafen zu laufen. Als ich ihn im Herbst besuchte, lag ein lateinisches Zitate-Lexikon auf dem Tisch. Er hatte darin einen Satz angestrichen: Navigare necesse est – Seefahren ist notwendig. Ein römischer Feldherr soll das gesagt haben, als man ihm erklärte, die See sei zu stürmisch, um hinauszufahren. Direkt daneben hat mein Vater ein anderes Zitat vermerkt: Naturam quidem mutare difficile est. Es ist schwer, sein Wesen zu ändern.

Ich bin heute 27, das vergangene Jahr habe ich am Meer gewohnt. Es lag kaum zehn Minuten von meiner Haustür entfernt. Ich habe nie einen Fuß hineingesetzt.

Ins Ungewisse

VON JULIA LATSCHA   **FOTOS** JULIA ZIMMERMANN

Das Leben mit einem schwer behinderten Kind setzt unserer Autorin sehr zu. Also wagt sie mit ihrer Familie eine fast unmögliche Reise – vielleicht können die Wüste oder der Schamane helfen.

Die Autorin und ihre Tochter Lotte im Auto, Wüste Gobi, Gurwan-Saichan-Nationalpark.

Als wir am Flughafen in der Warteschlange stehen, schreit Lotte lauthals und beißt sich vor Wut die linke Hand blutig. Kasimir liegt auf dem Boden und hält sich mit beiden Händen die Ohren zu. Die ganze Warteschlange glotzt uns an. Sebastian ermahnt die Kinder ununterbrochen, und ich wische im Wechsel Tränen und Spucke weg. Es ist wie immer. Nur: Diesmal kann ich die Situation fast genießen. Ich fühle, dass wir endlich eine neue Perspektive haben. Neben unserem gigantischen Gepäck haben wir ein Bündel Probleme dabei. Auf dieser Reise wollen wir endlich einigen Ballast loswerden.

Vor der Reise habe ich immer wieder versucht, mir vorzustellen, wie es danach sein würde. Manchmal hatte ich Bilder von einer entspannten und glücklichen Familie im Kopf. An anderen Tagen hatte ich Angst, dass alles beim Alten bleibt. Jetzt, drei Jahre später, bin ich in der Lage zu beurteilen, was die Reise tatsächlich bewirkt hat. Es sind viele grundlegende Veränderungen. Keine blitzartigen, sondern schleichende. Wir sind immer noch keine entspannte Familie. Ganz im Gegenteil. Und doch geht es uns allen besser. Vor allem Lotte. Die unlogische Entscheidung, diese Reise anzutreten, war eine meiner besten Entscheidungen überhaupt.

Die Reiseplanung war ein Kraftakt. Alles musste durchdacht und organisiert werden. Eine Reise mit einem behinderten Kind ist an sich schon eine Herausforderung. In ein unwegsames Land wie die Mongolei erst recht. Lotte ist heute zwölf Jahre alt, bei der Reise war sie neun. Wegen eines ärztlichen Fehlers bei der Geburt kam es zu einem Sauerstoffmangel. Große Bereiche ihres Gehirns wurden zerstört. Sie sitzt im Rollstuhl und ist permanent auf Hilfe angewiesen. Gemeinsam mit ihrem drei Jahre jüngeren Bruder Kasimir kämpfen wir gegen Lottes Aggressionen. Sie kann so wütend werden wie Rumpelstilzchen. Wenn sie zu toben beginnt, beißt sie in ihre Hände und Arme. Sie schlägt mit dem Kopf gegen den Boden, bis ihre Zähne wackeln und ihr Mund blutet. Ihre Finger zerren an ihren Haaren, und ihre Augen sind fest geschlossen. Dann hilft kein Drücken und Herzen und auch kein Ermahnen und Schimpfen. Vor allem möchte Lotte nachts nicht allein in ihrem Bett schlafen. Sie wacht regelmäßig auf, schlägt brüllend gegen den Holzrahmen ihres Bettes, stürzt sich kopfüber auf den Fußboden und robbt mit aller Kraft zur Tür.

Wir haben Fachbücher gelesen, Verhaltenstherapien begonnen und abgebrochen, wochenlange Klinikaufenthalte hinter uns gebracht, Medikamente angesetzt und wieder ausgeschlichen, hundeartig neben dem Bett unserer Tochter gekauert, kapituliert und wieder neue Hoffnungen geschöpft. Vor dieser Reise merke ich, wie dringend ich Veränderung brauche.

Wir fliegen also nach Ulaanbaatar, in eine andere Welt. In der mongolischen Hauptstadt empfangen uns Tulga, unser Reiseführer, eine flirrende Hitze, riesige Regenpfützen und postsozialistische Bauten. Auf der Fahrt zum Hotel verwandelt das Licht die aufgereihten Plattenbauten in ein märchenhaftes Labyrinth. Dunst steht in den Straßen, nur wenige Autos sind unterwegs. Ein Hund liegt tot am Straßenrand. Wir haben den Flug ohne epileptische Anfälle und Schreiattacken überstanden und sind aufgeregt und unbekümmert.

Am nächsten Morgen wachen wir von Lottes Gebrüll auf. Obwohl ich mit ihr die Nacht gemeinsam in einem Bett verbracht habe, ist ihre Laune sehr schlecht. Sie will nicht kuscheln und auch keine Lieder leise ins Ohr gesungen bekommen. Sie will nur raus aus dem Bett und Radau machen. Schreiend krabbelt Lotte zur Zimmertür. Sie scheint ein Ziel zu haben, und während ich noch darüber nachdenke, verschwindet sie mit Windel und T-Shirt bekleidet auf dem Hotelflur. Es ist sieben Uhr am Morgen. Sebastian und Kasimir stellen sich schlafend. Ich springe aus dem Bett. Lotte liegt ausgestreckt auf dem roten Hotelteppich und schlägt wütend ihre Stirn gegen den Boden. Durch einige Zimmertüren blicken erschrockene, blasse Gesichter anderer Hotelgäste. Niemand traut sich, bei dem Anblick unserer Tochter zu schimpfen. Ich nehme Lotte auf den Arm und hoffe inständig auf die Begegnung mit guten Geistern während unserer Reise. Ich bin bereit, viel auszuprobieren und einiges zu riskieren. Hauptsache, unser Leben ändert sich.

An der Grenze zu Sibirien leben in den Sommermonaten Rentiernomaden. Dort will ich hin, um dem ursprünglichen Schamanismus zu begegnen. In Berlin habe ich einen Reisebericht über eine Familie gelesen, die mit ihrem autistischen Sohn Heilung bei den Schamanen in der Mongolei gesucht hatte.

Diese Geschichte ließ mich nicht mehr los. Ich kontaktierte den Autor und erfuhr viele Details. Vor allem erhielt ich die Empfehlung, Tulga in Ulaanbaatar zu kontaktieren. Tulgas Lächeln ist mir auf Anhieb sympathisch. Am Flughafen empfängt er uns in traditioneller mongolischer Kleidung, einem hellbraunen Deel und einer orangefarbenen Schärpe. Er hat Erfahrung darin, Familien mit Kindern mit Behinderung durch die Mongolei zu begleiten. Wir haben vier Wochen Zeit und wollen quer durchs Land reisen. Von der Osttaiga bis in die Wüste Gobi. Tausende Kilometer im Auto. Temperaturen von null bis vierzig Grad.

In einer Propellermaschine geht es nach Mörön, weit im Norden der Mongolei. Dort treffen wir das gesamte Reiseteam. Neben Tulga begleiten uns Ariuka, der stille zweite Autofahrer, die kichernde Köchin Pujee, und Border, ein junger schmaler Mongole, der uns in allen Lebenslagen assistieren wird. Mit zwei Geländewagen starten wir in die Osttaiga. Zelte, Isomatten und Schlafsäcke, Rucksäcke, Kochutensilien, ein Klostuhl für Lotte und der Rollstuhl stapeln sich in den Kofferräumen. An oberster Stelle muffelt ein toter Hammel vor sich hin, der uns erstaunlich lange begleiten wird.

Wir sitzen bis zu acht Stunden am Stück zusammengepfercht in den Jeeps. Unsere Lieder werden leiser, Gespräche verebben im Staub und Getöse. Kasimir verschanzt sich unter seinen Kopfhörern. Lotte dagegen machen die langen, wilden Autofahrten über die Schotterpisten Spaß.

Auch ich genieße die schweigsamen Fahrten. Der Blick in die Weite der Mongolei befreit meinen Kopf. Meine Gedanken werden immer dünner. Dieser Zustand ist neu für mich. Das Leben mit Lotte erfordert permanente Präsenz und ein hohes Maß an Organisation. Neben meinem Job sind die Tage gefüllt mit Anträgen für neue Hilfsmittel und Auseinandersetzungen mit den Kassen. Ergotherapie, Physiotherapie und Logopädie müssen aufeinander abgestimmt werden, die Einzelfallhelferinnen eingeplant und angeleitet. Immer wieder gibt es Notfälle und Krankenhausaufenthalte. Auch Kasimir braucht Aufmerksamkeit. Mit drei Jahren fing er an zu stottern. Die Logopädin erkannte die Situation sofort. Kasimir brauchte ein eigenes Leben. Ein Leben jenseits Lottes Therapien. Klavierunterricht und Sport finden auch noch statt. Manchmal vergesse ich zu atmen.

Im Auto sortiert Lotte am liebsten Schuhe im Fußraum und wirft sie dann voller Freude aus dem Fenster, was Tulga zum Glück meistens rechtzeitig bemerkt. Auch Tulgas Musikgeschmack begeistert Lotte. Vor allem bei Modern Talking klatscht sie laut den Rhythmus mit, wippt ihren Oberkörper nach vorn und hinten und wirft die Arme voller Freude in die Luft. Ich hasse Modern Talking. Lottes Summen macht mich glücklich. Lotte kann nicht sprechen. Nur vereinzelte Wörter wie »Mama« und »Papa« oder »Ja« und »Nochmal« verstehen wir. Es gibt auch Laute, die Lotte permanent wiederholt und deren Sinn wir selbst nach Jahren nicht entschlüsseln. Viel zu lange hat es gedauert, bis wir verstanden, dass Lotte morgens, bevor sie sehr früh vom Schulbus abgeholt wird, ihren Bruder verabschieden will. Stattdessen haben wir sie oft aufs Klo gesetzt - bis Kasimir irgendwann bemerkte, dass Lotte seinen Namen und ihr Bedürfnis, auf die Toilette zu gehen, auf sehr ähnliche Art artikuliert. Dass Lotte da wütend auf uns ist, kann ich gut verstehen.

Wir fahren zu einer mongolischen Bauernfamilie, wo unsere Pferde für den Ritt zu dem Schamanen warten. Die Landschaft verändert sich: Die Seen werden größer und die Bergketten dunkler und rauer. Schließlich markieren 13 Steinsetzungen, sogenannte Obos - eins für jedes der zwölf Jahreszeichen und ein Hauptobo -, den Übergang in die magisch anmutende Region der Mongolei. Abends schwebt der Geruch von gebratenem oder gekochtem Hammel in der Luft. Lotte liebt das mongolische Essen. Der strenge und ungewürzte Geschmack von Hammel ist eine Wonne für sie. Im Gegensatz zu Kasimir, der regelmäßig Aufstände wegen des Essens macht, isst Lotte alles, sogar die fettige Hammelsuppe zum Frühstück.

Oben: Mit dem Flugzeug weiter nach Mörön im Norden der Mongolei. Unten: Sebastian und Lotte nähern sich Kamelen – da sind sie am Ende ihrer Reise, die sie erst in die Taiga an der Grenze zu Sibirien führt, dann in den Süden in die Wüste Gobi.

An diesem Abend öffnet Lotte Tulgas Herz. Wir sitzen alle zusammen an einem langen Tisch in einer Holzhütte, als Lotte plötzlich ihre Ärmchen ausstreckt und um seinen kräftigen Hals legt. Hastig und etwas grob übersät sie sein Gesicht mit feuchten Küssen und kleinen Essensresten. Vielleicht dankt sie ihm so für das Abendessen. Vielleicht spürt sie auch, dass sie die nächsten Tage mit Tulga auf einem Pony sitzen und sich sogar einen unbequemen Holzsattel teilen wird. Tulga genießt es, im Mittelpunkt zu stehen. Lottes Spucke scheint ihn nicht zu stören, und er erwidert warmherzig die Umarmungen.

Als wir auf den Ponys sitzen, ahnen wir noch nicht, wie anstrengend diese Tour wird. Ich teile mir mit Kasimir den Rücken des eindeutig langsamsten Ponys. Wir traben stundenlang durch Kiefernwälder. Hin und wieder sehe ich stahlblauen Eisenhut zwischen den Bäumen aufblitzen. Tiere begegnen uns nicht. Wir werden durchgeschüttelt, unsere Hintern schmerzen, Pausen machen wir so gut wie nie. Lotte kann sich nur schwer aufrecht halten. Sie hat über Nacht Fieber bekommen und ist schlapp und abwesend. Zeitweise schläft sie ein. Tulgas Gesichtsausdruck ist angespannt. Er muss Lotte halten, sein Pferd kontrollieren, den Weg navigieren, die Gruppe motivieren und die müden Pferde immer wieder mit einem lauten »Tschu!« antreiben. Für Sebastian ist es der erste Ritt in seinem Leben. Seitdem will er das nie wieder tun. Für das Wohlergehen seiner Tochter nähme er aber nach wie vor so einige Unbequemlichkeiten auf sich. Sebastian ist extrem belastbar. Er besitzt die Fähigkeit, seine Bedürfnisse ganz hintanzustellen. Er beschäftigt sich mit einer unglaublichen Geduld mit den Kindern. Stundenlanges Ballspielen mit Lotte oder ergebnisloses Angeln mit Kasimir scheinen ihn nicht zu stören. Beide Kinder lieben ihren Vater sehr.

Auf einer Anhöhe müssen wir alle – bis auf Lotte – von den Pferden steigen. Es geht einen steilen Geröllberg abwärts, der in Schlamm übergeht. Die Ponys rutschen und stolpern. Sebastian überlässt mir sein Pony, denn Tulga braucht Hilfe. Tulga führt das Pferd, Sebastian schlittert so gut es geht neben ihm her und hält Lotte fest. Kasimir weigert sich, weiterzureiten, und läuft schimpfend neben mir. Mit einem Schmatzen verschwindet Sebastians Schuh im Schlamm. Es ist wichtiger, Lotte fest in den Sattel zu drücken, als sich um den Schuh zu kümmern. Kasimir übernimmt die Ausgrabung.

In schwierigen Situationen funktionieren wir erstaunlich gut. Dann wird nichts hinterfragt, sondern gehandelt. In diesen Momenten fühlen wir uns als Einheit. Haben wir keine großen Sorgen oder Ängste, zerfällt die Familie in Einzelteile. Jede und jeder von uns kämpft dann um die Erfüllung der eigenen Bedürfnisse. Wir rechnen auf und gegen, beschuldigen einander, schreien. Die jahrelangen schlaflosen Nächte und die körperliche und psychische Auseinandersetzung mit Lotte lässt uns manchmal zu Monstern werden. Zumindest mich. Ich kann nachts ähnlich laut wie Lotte brüllen und mir vor Wut in die Hände beißen und die Haare raufen und scheußliche Gedanken haben. Manchmal vergesse ich mich, dann zupft es an meinem Nachthemd, und Kasimir fragt: »Kannst du sie nicht einfach in den Arm nehmen?«

Und dann, noch während unserer Rutschpartie durch den Schlamm, werden am Horizont zahlreiche weiße Tipis sichtbar: die Nomaden. Genau im richtigen Moment. Nach dem achtstündigen Ritt können wir uns kaum noch auf den Beinen halten.

Am nächsten Tag freundet sich Kasimir schnell mit den Kindern an und wird schon nach kurzer Zeit huckepack weggetragen. Zusammen mit den mongolischen Mädchen und Jungen spielt er Uno – das Kartenspiel haben die mongolischen Kinder bei sich – und tobt mit den Hunden. Wir sitzen vor dem Zelt, warten auf die schamanische Zeremonie und trinken heißen, salzigen Tee mit Rentiermilch, essen Sauerteigbrot und getrockneten Rentierquark. Mit Lotte, aber ohne Rollstuhl.

Im Sitzen vergeht der Tag sehr langsam. Lotte hört Musik. Das Anstrengende ist, dass Lotte ständig unterhalten werden will. Sie findet keine Möglichkeiten, sich allein zu beschäftigen, und wir haben häufig keine Kraft oder Ideen mehr. Dann gehen wir mit ihr spazieren. Das ist hier nicht möglich, und so sind wir darauf angewiesen, dass die Erlebnisse zu uns kommen.

Nach kurzer Zeit bekommt Lotte einen Wutanfall. Wahrscheinlich aus Langweile. Sebastian und ich lassen sie schreien, denn es scheint hier niemanden zu stören. Wir beobachten die Rentiere. Auch sie sind neugierig und kommen immer näher, so nah, dass wir die weichen Geweihe anfassen können. Sie lassen sich nicht von Lottes Gebrüll abschrecken. Ein unerklärliches Geräusch bringt Bewegung in die Herde, und die Tiere rennen so nah an uns vorbei, dass wir ihre Körper spüren. Wir bleiben ganz ruhig sitzen. Lotte scheint die Situation zu mögen. Das klackernde Geräusch der Hufe und die grunzenden Laute der Rentiere bringen sie zum Lachen.

Am Abend versammeln wir uns im Zelt des Schamanen. Draußen ist es stockdunkel. Die Sterne und die Augen der Rentiere funkeln. Es ist spät, und Kasimir schläft bereits vor dem ersten Trommelschlag. Er hat es sich hinter uns auf einer Matratze gemütlich gemacht. Lotte hingegen ist voller Wut und kaum zu bändigen. Vielleicht, weil sie müde und angestrengt ist. Wacholderzweige werden angezündet, es duftet. Ganbaa, der Schamane, wird von zwei Frauen mit einem zotteligen schwarzen Mantel, einer Federkopfbedeckung, einer Maske und dicken Stiefeln bekleidet. Dann fängt er an zu trommeln und zu tanzen. Leises Singen ist zu hören. Lotte wird immer ruhiger und aufmerksamer. Nach einer Weile bewegt sie ihren Oberkörper rhythmisch vor und zurück. Weiße Stofffetzen flattern gespenstisch neben der Trommel. Das Singen und Trommeln wird lauter. Ganbaa beginnt zu schwanken und wirkt bereits wie in Trance. Plötzlich bleibt er stehen und reckt seinen Kopf so weit nach oben, als wollte er die vielen Sterne vom Himmel saugen. Die Trommel schweigt jetzt. Nur die Glöckchen vibrieren an Ganbaas Mantel. Ein gewaltiges Zucken durchfährt seinen Körper.

Wir werden angewiesen, uns nacheinander vor den Schamanen hinzuknien. Ich ziehe Lotte hoch und schleppe sie in die andere Ecke des Zeltes, wo wir uns gemeinsam vor Ganbaa hocken. Lotte beißt sich in die Hand, gibt aber keinen Laut von sich. Mein Herz klopft schnell. Ich habe von Tulga viel über schwarze Magie, böse Mächte und schwere Krankheiten erfahren. Er liebt es, geheimnisvolle Geschichten über Schamanenkämpfe und den Missbrauch von Magie zu erzählen. All das geistert in meinem Kopf umher und vermischt sich mit dem muffigen Geruch des Mantels. Was wohl Lotte jetzt denkt? Vielleicht mute ich ihr zu viel zu? Ich habe Lotte nie gefragt, ob sie mit diesem Experiment einverstanden ist. Einer meiner großen Wünsche besteht darin, nur für ein paar Minuten die Welt so wahrzunehmen, wie Lotte sie sieht und spürt. Gerade in diesem Moment.

Ein leichtes Rütteln an meiner Schulter holt mich zurück aus meinen Gedanken. Ganbaas Frau deutet mir an, dass ich aufmerksam sein soll. Ganbaa beugt sich zu Lotte und mir und riecht intensiv an unserer Kopfhaut. Dann wird ihm ein kleiner, mit Wodka gefüllter Holzbecher gereicht, den er auf seine Trommel stellt. Beim ersten Schlag fliegt der Becher in die Luft. Ich soll ihn fangen. Es gelingt mir nicht. Später erklärt man uns: Lande der Becher mit der Öffnung nach oben, spreche dies für einen ausgeglichenen Zustand der Seele. Zeige die Öffnung nach unten, benötige die Seele Hilfe zur Stärkung. Und bei uns sei das der Fall. Zuerst bekommen Lotte und ich einen kleinen Schluck Wodka. Auf Anweisung reibe ich Lottes Achseln und Schienbeine mit dem Wodka ein. Ein Trommelsturm baut sich über unseren Köpfen auf. Lotte lacht. Wie durch einen Sog kommen Ängste und Kummer in mir hoch. Tränen laufen über meine Wangen. Ganbaa tanzt wild vor und zurück. Die Zotteln seines Mantels peitschen uns ins Gesicht. Mit kleinen seitlichen Schritten bewegt er sich schließlich zum Zeltausgang. Es sieht so aus, als beförderte er etwas Unsichtbares hinaus in die Nacht. Der Schamane verschwindet in der Dunkelheit. Es ist sehr kalt geworden. Die Frauen zünden den Ofen wieder an. Sie verteilen warmen Tee und stellen eine große Schüssel mit Bonbons in unsere Mitte. Lotte ist begeistert. Ständig sagt sie »Nochmal« und winkt allen fröhlich zu. Kasimir schläft.

Als der Schamane wieder erscheint, wirkt er blass und zerbrechlich. Wir sitzen im Kreis, und der Holzbecher mit Wodka macht die Runde. Die magische Welt um uns herum verblasst ein wenig. Ganbaa erzählt, und Tulga übersetzt: Während der Schwangerschaft sei ich von bösen

Lotte in ihrer typischen Sitzhaltung.

Tulga und Lottes Vater Sebastian ziehen Lotte eine Düne hinauf – mitsamt Rollstuhl.

Oben: Die Jurte gilt, im Unterschied zum Tipi, in der Mongolei als feste Behausung.
Unten: Lotte mit Tulga in einer Bauernhütte nach dem Abendessen. Sie liebt seinen Musikgeschmack: Modern Talking.

Mächten attackiert worden. Diese Energie habe die Geburt gestört und die Komplikationen verursacht. Jetzt seien die Störfaktoren beseitigt worden, wir müssten uns nicht weiter ängstigen. In Zukunft werde Lotte ausgeglichener sein und besser schlafen.

Am nächsten Morgen öffnet Lotte ihre Augen und brüllt wie gewohnt lauthals los.

»Lotte, are you okay?« Tulgas Frage zaubert immer wieder ein Lächeln in Lottes Gesicht. Sie kann noch so schlecht gelaunt sein, Tulgas Stimme scheint sie zu beruhigen, und sie beantwortet seine englische Frage mit »Ja«. Wahrscheinlich versteht sie an dem Singsang, was er meint. Nach den Strapazen des Rückwegs ist die Freude groß, als wir erfahren, dass die Bauernfamilie warmes Wasser zum Duschen vorbereitet hat. Mit Hilfe einer Solartherme sind die großen Wasserkanister auf dem Dach einer Duschhütte beheizt worden. Ich kann Lotte bequem auf den Holzfußboden setzen und sie mit dem warmen Wasser abduschen. Wärme tut Lottes Muskeln immer besonders gut. Sie entspannt sich dabei, weil so ihre Spastik in den Armen und Beinen nachlässt. Dann formt sie ihren Mund zu einem kleinen Schnabel, und ihr Blick wird ruhig. Lottes Augenmuskulatur ist ebenfalls von der Spastik betroffen. Nystagmus ist die medizinische Bezeichnung für die permanent horizontal zuckende Bewegung ihrer Iris. Nach der Geburt hieß es, Lotte sei blind.

Im Laufe ihrer Entwicklung griff Lotte aber gezielt nach Gegenständen. Was sie tatsächlich erkennt, wissen wir nicht. Doch während dieser Reise hat sie einen anderen Blick bekommen. Auf den Autofahrten bemerken wir, dass Lotte uns viel mehr ansieht als sonst. Sie blickt uns so intensiv und lange in die Augen, als läse sie in ihnen unsere tiefsten Geheimnisse. Ich bemerke, dass ich zum ersten Mal Lottes Augenfarbe richtig erkennen kann. Sie hat keine blaugrauen Augen, wie im Reisepass steht. Sondern grüne wie ich.

An das tägliche Auf- und Abbauen der Zelte haben wir uns mittlerweile gewöhnt. Wir wissen, wer nach den langen Autofahrten welche Aufgaben zu erledigen hat. Je mehr wir Lotte in diese Arbeiten integrieren, desto friedlicher wird sie. Wir packen ihr die Schlafsäcke und Isomatten auf den Schoß, die sie einzeln mit ihrem Rollstuhl zu unserem Schlafplatz transportiert. Sie will schwere Äste festhalten und zur Feuerstelle bringen. Beim Holzhacken sitzt sie begeistert daneben und lacht über die Bewegungen und Geräusche. Selbst das Waschen im kalten Wasser des Sharga-Sees toleriert Lotte. Das archaische Leben in der Mongolei gefällt ihr. Es scheint sie auch nicht zu stören, wenn sich in den Ortschaften eine Traube von Menschen um ihren Rollstuhl bildet. Lotte wird hemmungslos angestarrt. Sie ist eine Attraktion. Ich verstehe, warum. Auf unserer Reise sehen wir nicht einen einzigen Menschen mit Behinderung. Immer wieder begegnen uns ganze Familien auf einem Moped, die schaulustig neben Lottes Rollstuhl stehen bleiben, sie intensiv anschauen und ohne ein Wort zu sagen weiterfahren.

Einige wollen Lotte anfassen. Manche nur aus Neugierde und andere, um sie zu heilen. Eine ältere Frau mit einem geblümten Kopftuch kommt auf Lotte zu und legt ihre runzligen Hände auf Lottes Kopf. Erst murmelt sie ein paar Worte, dann beginnt sie, mit Tulga zu sprechen. Lotte leide an einer Nervenkrankheit, erklärt die Mongolin. Sie dürfe keine direkte Sonne auf die Stirn bekommen. Nachts sollen wir ihr einen feuchten Wickel mit Kiefernrindenstückchen und viel Liebe um den Hals legen. So würde Lotte geheilt und ein glückliches Leben führen.

Noch heute träume ich regelmäßig, dass Lotte plötzlich in mein Zimmer gelaufen kommt und mit mir spricht. Im Traum bin ich dann verwirrt und renne wild umher. Ich suche andere Menschen, dir mir bestätigen können, dass Lotte gar keine Behinderung hat. Aber ich finde niemanden.

Das ist eine tolle Vorstellung für mich. Ein, zwei Handgriffe, ein bisschen Liebe, und Lotte ist gesund. Ich quäle Lotte ein paar Nächte mit den feuchten Holzwickeln. Es funktioniert nicht. Natürlich nicht. Obwohl ich weiß, dass sich Lottes Behinderung nicht einfach so in Luft auflösen wird, ist es mir unmöglich, solche Tipps zu ignorieren. Ich bin mit Lotte nach Lourdes gepilgert, obwohl ich nicht katholisch bin. Mich ziehen Menschen und Orte an, die Veränderungen anstoßen. Immerhin wird mein Leben so bunter und freundlicher. Auch die ältere Mongolin hinterlässt ein warmes Gefühl in mir.

Die Landschaft um uns herum wird farbenfroher. Schafgarbe, Glockenblumen, Wolfsmilchgewächse, Sauerampfer und viele unterschiedliche Gräser blühen. Die Autofahrten werden bei zunehmender Hitze immer anstrengender. Sebastian döst schlecht gelaunt vor sich hin. Er wäre, statt so viel zu fahren, lieber direkt in die Wüste geflogen. Die Hitze lähmt auch die Kinder, die müde und verschwitzt am Rücksitz kleben. Erst der Regen und das Unwetter lassen uns alle wieder erwachen. Es blitzt, und Donner kracht über unseren Köpfen.

Das schlechte Wetter eignet sich hervorragend, um in Kharkhorin das historische Museum zu besichtigen. Sebastian und ich blicken einander kurz an, bevor wir mit Lotte die Eingangshalle betreten. Lotte hasst Museumsbesuche. Es ist Jahre her, dass wir uns dieser Stresssituation ausgesetzt haben. Eine Mongolin führt uns durch die unterschiedlichen Räume und erläutert in kaum verständlichem Englisch einige Exponate. Das interessiert mich alles nicht. Ich beobachte Tulga, der mit Lotte nahe bei uns steht, ihre Hand hält und leise eine Walzermusik summt. Lotte ist ganz still und aufmerksam und beginnt, sich im Rollstuhl zu dieser Musik zu drehen. Es ist unglaublich. Statt zu brüllen, tanzt Lotte mit Tulga durch die Ausstellungsräume.

Als wir die Reste des Ongi-Klosters besichtigen, einer buddhistischen Klosteranlage, fängt Lotte an, sich heftige Beißwunden an den Händen zuzufügen. Sebastian schiebt seine brüllende Tochter geduldig durch die Ruinen. Tulga erzählt uns, dass die Sowjets hier mehrere hundert Mönche gefoltert und getötet haben. Lottes Brüllen wird immer verzweifelter. Auch Tulgas Stimme beruhigt sie nicht. Wir machen uns Sorgen. Sebastian versucht ihr etwas zu essen und zu trinken zu geben. Nichts hilft. Sie wirft die Wasserflasche und die Kekse auf den Boden. Erst als Tulga seine Vermutung äußert, dass Lotte das Leid der getöteten Mönche spüre, verändert sich die Situation. Ich versuche, mich auf ihren Schmerz einzulassen und mit Verständnis und Mitgefühl auf das Gebrüll zu reagieren. Und wirklich, Lotte hört auf zu schreien und beginnt, bitterlich zu weinen und zu schluchzen. Dicke Tränen tropfen in ihren Schoß. Es dauert lange, bis Lotte wieder lächeln kann. »Are you okay?«, fragt Tulga. Und ein ganz leises »Ja« ist zu hören.

Ich kann mir gut vorstellen, dass Lotte Gefühle und Dinge wahrnehmen kann, die uns verborgen bleiben. Vielleicht ist Lottes Behinderung nur aus unserer Sicht eine Behinderung. Vielleicht sind wir in unserer Wahrnehmung eingeschränkt und können deswegen Lotte nicht immer verstehen.

Lottes Verhalten uns gegenüber lässt sich gut in Schwarz und Weiß einteilen. Entweder ist sie euphorisch und unkontrolliert laut, oder sie ist schlecht gelaunt und schreit aggressiv. Grautöne erleben wir selten. In der Schule oder auf integrativen Ferienreisen ist das anders. Dort hat sie nie, wirklich nie schlechte Laune. Sie ist aufgeschlossen, geduldig und fröhlich. Häufig still und zurückhaltend und manchmal auch albern. In der Schule lernt sie, selbstständiger zu werden, allein mit einem Löffel zu essen und auf die Toilette zu gehen. Auch ihre kognitiven Fähigkeiten werden dort gefördert. Mithilfe eines Computers kommuniziert sie sogar mit den Lehrkräften. Sie tippt zum Beispiel, ob sie lieber Wurst oder Käse auf das Frühstücksbrot haben möchte. Im Rechnen ist sie die Beste in der Klasse. Manchmal zweifle ich, ob wir wirklich alles richtig machen.

Wir übernachten zum ersten Mal in einem Ger-Camp. Die dicht beieinander stehenden mongolischen Jurten sehen wie kleine weiße Ufos aus. Wir haben die Wüste Gobi erreicht. Tagsüber herrschen vierzig Grad, und wir suchen die wenigen Schattenplätze auf, um mit den müden Kindern während der Mittagshitze Kniffel zu spielen. Es gibt wenige Spiele, die Lotte und Kasimir gemeinsam spielen. Würfelspiele funktionieren immer. Mit einem Würfelbecher kann Lotte hervorragend und ausdauernd würfeln. Lotte besitzt sogar Zauberspucke. Wenn wir ein bisschen Glück brauchen und Lotte den Würfelbecher hinhält, spuckt sie hinein, und es ist schon häufig passiert, dass dann ein Kniffel oder Fünfer-Pasch gefallen ist.

Die Wüste Gobi ist riesig. Die Sanddünen begeistern uns. Berge aus weißem Sand vor einem stahlblauen Himmel. Das ist ein Moment, in dem wir alle glücklich sind.

Der Abschied von Tulga fällt Lotte schwer. Auch uns fehlt Tulgas beruhigende Stimme bereits beim Abflug in Ulaanbaatar. Lotte brüllt wie gewohnt. Kasimir hält sich wieder die Ohren zu, lehnt sich aber brüderlich an Lottes Schulter.

Ich habe lange gebraucht, um über diese Reise schreiben zu können. Nach der Rückkehr hatte uns der Alltag sehr schnell wieder im Würgegriff. Zu unserem schon wahnsinnigen Leben kamen Operationen an Lottes Hüften und schwere epileptische Anfälle hinzu. Zudem leben Sebastian und ich mittlerweile getrennt, die Kinder pendeln hin und her. Trotz alledem bin ich mehr und mehr in der Lage, auch die Fülle in unserem Leben zu sehen. Die Reise hat meine Einstellung zu unserem Leben geändert. Mein Blick auf die Dinge, die wir aufgrund von Lottes Behinderung nicht machen können, ist schwächer geworden, und die Freude an der Herausforderung größer – auch wenn wir weiter Probleme mit Lottes Aggressionen haben. Ich mute ihr und mir jetzt mehr zu. Und Lottes kognitive Fähigkeiten sind bei Weitem höher ausgebildet, als wir je zu hoffen gewagt haben. Sie kann mittlerweile ganze Sätze auf ihrem Tabletcomputer schreiben. Jetzt sitze ich beim Frühstück neben ihr und warte, bis sie mir schriftlich mitteilt, was sie essen möchte. Die Reise hat nicht bewirkt, dass sich Lottes mentaler Zustand extrem verändert hätte. Aber sie hat dazu geführt, dass wir mit Lotte viel mehr auf Augenhöhe kommunizieren können. Und das scheint ihre Entwicklung enorm zu fördern.

Wir haben außerdem einige schamanische Rituale in unser Abendprogramm aufgenommen. Kasimir und ich streuen Salz vor die Tür, um böse Geister fernzuhalten, und zünden Kerzen beim Vorlesen an, um den Raum zu reinigen. Über den Kinderbetten hängen jetzt Fotos vom Schamanen Ganbaa. Seitdem kann Lotte durchschlafen. Zumindest immer wieder mal.

Eine mongolische Familie, zu viert auf einem Motorrad, interessiert sich für Lottes Rollstuhl,
der in dieser Gegend ein exotisches Gefährt ist – vor den Saridag-Bergen, in der Nähe von Ulaan-Uul.

Bildnachweise

Impressum

© Magazin Verlagsgesellschaft Süddeutsche Zeitung mbH,
für die Süddeutsche Zeitung Edition 2016

Herausgeber

SÜDDEUTSCHE ZEITUNG MAGAZIN

Redaktion

GABRIELA HERPELL, BIRTHE STEINBECK

Projektmanagement

TILL BRÖMER

Gestaltung und Layout

JULIA OTTERBACH, BIRTHE STEINBECK

Bildredaktion

JAKOB FEIGL, MARTINA HEMM

Repro

COMPUMEDIA GMBH, MÜNCHEN

Herstellung

HERBERT SCHIFFERS, HERMANN WEIXLER

Druck- und Bindearbeiten

GRAFISCHES CENTRUM CUNO, 39240 CALBE

Printed in Germany

ISBN: 978-3-86497-367-3